視野 起於前瞻，成於繼往知來

Find directions with a broader VIEW

寶鼎出版

視野 起於前瞻，成於繼往知來

Find directions with a broader VIEW

寶鼎出版

THE GREAT SUCCESSOR

The Divinely Perfect Destiny of Brilliant Comrade Kim Jong Un

偉大的接班人

ANNA FIFIELD

安娜·費菲爾德

★

目錄

第一部 小小學徒期

第二部

權力鞏固期

第三部
信心滿滿期

獻給二千五百萬北韓人民
願你們很快就能自由追逐夢想

我能一面微笑，一面動手殺人，
對令我痛心之事大聲叫好，
並用虛偽的淚水浸潤雙頰，
見人說人話，見鬼說鬼話……
我能比變色龍變出更多花樣，
如海神普羅透斯巧妙幻化形狀，
就連心狠手辣的馬基維利也要學學我的模樣。
有才若此，豈不該加冕為王？

——理查於《亨利六世》（*Henry VI*）第三部，第三幕第二景

各界讚譽

「簡單來說，沒有哪個語系的記者能夠比安娜・費菲爾德在發掘及講述金正恩驚人事蹟這方面更厲害。偉大的接班人創造出自己的神話，進而催生出這本其時代下不可或缺的生動傳記。」——歐逸文（Evan Osnos）／《野心時代：在新中國追求財富、真相和信仰》（*Age of Ambition: Chasing Fortune, Truth, and Faith in the New China*）作者

「很少有記者（包括我本人）能夠如此完美地掌握這個最難以捉摸的主題——也就是關於北韓的各種見聞。如今安娜・費菲爾德做到了。」——芭芭拉・德米克（Barbara Demick）／暢銷書《我們最幸福：北韓人民的真實生活》（*Nothing to Envy*）作者

「聰慧、有見地，時而令人發笑，時而令人擔憂，安娜・費菲爾德針對這個全世界最神祕的國度，以生動且吸睛的方式描繪統治該國的流氓家族。」——大衛・裴卓斯（David Petraeus）／美國陸軍四星上將、金正恩就任時的中央情報局局長

「安娜．費菲爾德擁有記者追查細節的敏銳目光以及講故事的天賦，寫出了一本經典的金正恩聖經。任何試圖解開北韓謎團的人都不該任由此書在書架上蒙塵，這是本必讀之作。」——溫蒂．謝爾曼（Wendy R. Sherman）／前美國國務院政務次卿、《膽小勿試：關於勇氣、力量與毅力的一堂課》（*Not for the Faint of Heart: Lessons in Courage, Power, and Persistence*）作者

「安娜．費菲爾不僅是個無畏的記者，更是妙筆生花的作家，詳實且引人入勝地描寫了金正恩這個『偉大的接班人』如何崛起、開創新局的重要記事。她搜羅各方資料——包含脫北者的證詞——描繪出一個令人惴惴不安的國家面貌：仰賴躁進且充滿妄想的軍事力量、霸道且怪異可笑的意識形態，不僅傾盡所有資源發展核武，還藉著國民對冰毒成癮的力量而得以成長。以下劇透：書裡充斥著各種血腥畫面，請做好心理準備。」——埃文斯．李維亞（Evans J.R. Revere）／歐布萊特石橋集團（Albright Stonebridge Group）資深顧問、前國務院亞太首席副助卿

「安娜．費菲爾德仍在為《華盛頓郵報》撰寫韓國議題報導時，我便已十分欣賞她的文章，如今她自我突破，針對這位世上最高深莫測的領導人，完成了第一本英文書寫的傳記。她從過往

報導中精心揀選出精華，進行額外研究、實地考察，以及獨家專訪與金氏家族有密切關係的人，《偉大的接班人》揭露了金正恩的心理以及北韓不太樂觀的未來。無論你是一般讀者或專家學者，這都是非讀不可的佳作！」——車維德（Victor Cha）／戰略與國際研究中心（Center for International and Strategic Studies）韓國研究主任、《不可能的國家：北韓的過去與未來》（*The Impossible State: North Korea, Past and Future*）作者

「《偉大的接班人》揭示了年輕矮胖的王位繼承者如何利用弒親、核武恐攻、裙帶資本主義與策略性曲意逢迎美國總統等手段鎮住江山，扎穩根基成為二十一世紀的馬基維利。在描繪這位現任金氏獨裁者的過程中，安娜．費菲爾德專業剖析了北韓專制政體下的第一家庭。」——布萊因．哈登（Blaine Harden）／《逃出14號勞改營：從人間煉獄到自由世界的脫北者傳奇》（*Escape from Camp 14: One Man's Remarkable Odyssey from North Korea to Freedom in the West*）作者

「《偉大的接班人》是報導文學的傑作。安娜．費菲爾德深入了解環繞在金正恩周圍的祕密和神話，從不同層面、令人印象深刻的方式側寫這位年輕且令人難以捉摸的北韓領袖。書中所展現出來的統治者樣貌，是費菲爾德根據訪談內容——包含曾與金正恩接觸或曾在其體制內

的眾多人物，以及自身在北韓實地訪查的所見所聞撰寫而成，並不是那個人們時常拿來取笑或諷刺、動不動就發射飛彈的『火箭人』形象，反而更像是一個聰明又無情、外交手段高明、決心不惜一切代價生存的人。若想了解這個可能將一統北韓數十載的男人，此書便是你不可或缺的指南。」——邁克．齊諾伊（Mike Chinoy）／前美國有線電視網（CNN）亞洲區資深記者、《熔毀：北韓核武危機內幕》（*Meltdown: The Inside Story of the North Korean Nuclear Crisis*）作者

「生動地描繪出這位野心勃勃又偏執的年輕獨裁者。」——AXIOS

「混合傳記、文化歷史與政治陰謀的引人入勝之作。」——《科克斯書評》（Kirkus Reviews）

「偉大的接班人」是如何煉成的？

陳慶德／雲科大應外系韓語與文化科目講師、「現象．韓國」專欄作家

熟諳韓語的本書作者安娜．費菲爾德，二〇一四年八月二十八日搭乘高麗航空，首次於金正恩掌權後，飛往北韓一揭「偉大的接班人」金正恩的世界。據她所言，至二〇一八年，她已經來回北韓十餘次，為的就是帶給世人，她對於金正恩與北韓政權、社會，做出的全面觀察。

但要一窺外人難以理解、帶點神祕，甚至嚴格監控國家（surveillance state）的北韓現況，作者除了前往當地田野調查（如書內訪問北韓近十年興起的新興階層「財主」）外，也間接採訪多名脫北者和曾與金正恩有所接觸的相關人士（如金氏家族御用壽司師傅藤本健二等人），以橫跨八國、超過數百小時的訪談紀錄方式，拼湊出這位從元山豪華宅邸長大，少時迷上籃球、愛玩遙控飛機，於二〇一二年陪其父閱兵，首次出現在世人面前，繼之掌權，刺殺其兄、憑著

核武器與美國總統川普互罵的第三代「偉大接班人」金正恩的內心世界。一言以蔽之，此書視角如同親臨在金正恩身旁，細膩地記錄下他一路成長，告知人們：金正恩非一日而成，而是漸漸被打煉、塑造出來的。

然而，此書讓我深感驚豔幾點是，安娜．費菲爾德於二〇〇一年前往倫敦，進入《金融時報》成為一名駐外記者後，迄今有著近二十年的專業新聞工作者訓練與寫作素養外，她在此書也針對一些北韓現況提出反思，諸如現今大多記者，多藉由採訪脫北者，好試圖得知北韓境內的內幕抑或八卦消息，但安娜．費菲爾德一針見血地指出，有些脫北者已經不惜用「證詞」來換取報酬的亂象，甚至扭曲北韓，好符合社會大眾「期待」的面貌出現，而她提醒著我們，得小心地檢驗這些具有對價關係與「價錢」的脫北者證詞。

此外，安娜．費菲爾德娓娓道來北韓爭權內鬥、金正恩的煉成外，也言及許多人都納悶的一點：北韓為何未像蘇聯趨向瓦解，或像中國產生變化？原因一是「現今許多北韓人有能力靠市場來養活自己，事實上過得更安穩了」，二則，最主要的原因是「恐懼」，這牽涉到北韓的刑罰與當地的社會階層區分體系（請參閱第七章），正因如此，北韓迄今屹立不搖，尚未垮臺。

綜觀之，此書有著第三人稱客觀地陳述事實，也有著第一人稱主觀地反思北韓現況，而這都只為了讓世人一解「偉大的接班人」金正恩身影。

最後，今逢寶鼎出版社引入此書，以饗國內讀者，而慶德倍感榮幸，寫作此短文，推薦此書給大家，謝謝。

二〇一九年十一月
己亥年冬

了解對金氏王朝與神祕北韓之渴

劉德海／政治大學外交學系教授、前中華民國韓國研究學會理事長

十九世紀西洋人憑藉船堅炮利來到東方，逼各國開放門戶進行貿易，當時中日韓三國中以李氏朝鮮最後對西方開放，因此有「隱士王國」之稱。今日的北韓承繼祖先，堪稱當代「隱士王國」，因為就算美國中央情報局（CIA）也承認難以滲透進北韓。對北韓相關報導與分析多屬臆測，難以查證。我自二十世紀七〇年代學習韓文以來，不久就對神祕的北韓產生興趣，尤其對金氏王朝的發展興趣最為濃厚。此次得以嚐鮮，有機會在出版本書前拜讀感到異常興奮，特此感謝寶鼎。

本人非常佩服作者費菲爾德認真查證相關報導的精神，為吾人對神祕北韓的渴望了解提供寶貴的參考。在一口氣讀完該書後，最令我感興趣而值得一提的是，作者對金正恩母親高容姬的詮釋。一般對高氏的交代多一筆帶過，或是強調她的才藝，如何獲得金正日的寵愛，很少論及她在

金正恩崛起過程中所扮演的角色，費菲爾德著墨高容姬用心培養她的兒子，很像朝鮮傳統王朝中爭權奪勢母后的角色。作者的另一項貢獻則是深入剖析金正男之母成惠琳的個性及其與金正日的感情矛盾，這也是之前少有其他分析言及的。其次，作者對金正男個性的描述、內心的鬱悶與心理的不平衡有深刻的探討，這與一般普遍認為金正日原來決定由金正男接班，在其日本行曝光後才換掉有所出入。

總之，全書的鋪陳讓我得到的結論是，金正日的選擇是正確的，他沒看錯人，因為他的三個兒子中只有老三堪稱「孺子可教」，老大與老二都是扶不起的阿斗。金正男嬌縱隨性，缺乏謀略，又沉迷女色賭博。作者未提到的是據悉金正男自以為是，常與金正日在公開場合意見不合，讓他老爸感到不悅，私底下亦有對其父的政策與做法有微詞。反觀金正恩則如作者所言寡言慎行，父親不問他就不發言，但一問他則有獨到的見解。老二金正哲如作者所述軟弱無能，沉迷享樂，既無大志，也無心國事。而作者與金氏家族的前任廚師藤本健二的訪談彌足珍貴。作為金正恩兒時「玩伴」，他對金正恩觀察與評論理當最接近事實。雖然之前已有藤本對金正恩評論的報導，但此次的訪談結果最能凸顯何以金正恩二十多歲就任北韓最高領導人時表現得老成持重（從小都跟大人周旋），以及金正恩的領袖特質（對自己角色扮演與未來使命清晰並掌握恰當，對軍事戰略有偏好，且長於謀略，雖有主見，但必要時也會尋求專業意見）。

作者的話

許多在本書中提及的脫北者皆要求我別使用他們的真實姓名，他們擔憂這麼做可能會危害到仍在北韓生活的家人。因此在提及這些案例時，我會使用化名或乾脆不列出姓名。

另外，我會使用北韓羅馬拼音與其慣用的拼寫方式*來標注北韓地名與人名，因此金正恩會拼成「Kim Jong Un」而非「Kim Jeong-un」，李會拼成「Ri」而非「Lee」，白頭山會拼成「Paektu」而非「Baekdu」，勞動新聞會拼成「Rodong Sinmun」而非「Nodong Shinmun」，以此類推。

*「馬科恩－賴肖爾表記法」（McCune-Reischauer，簡稱（MR法））會根據實際發音選擇相對應的羅馬字母，為北韓官方常用轉寫系統。

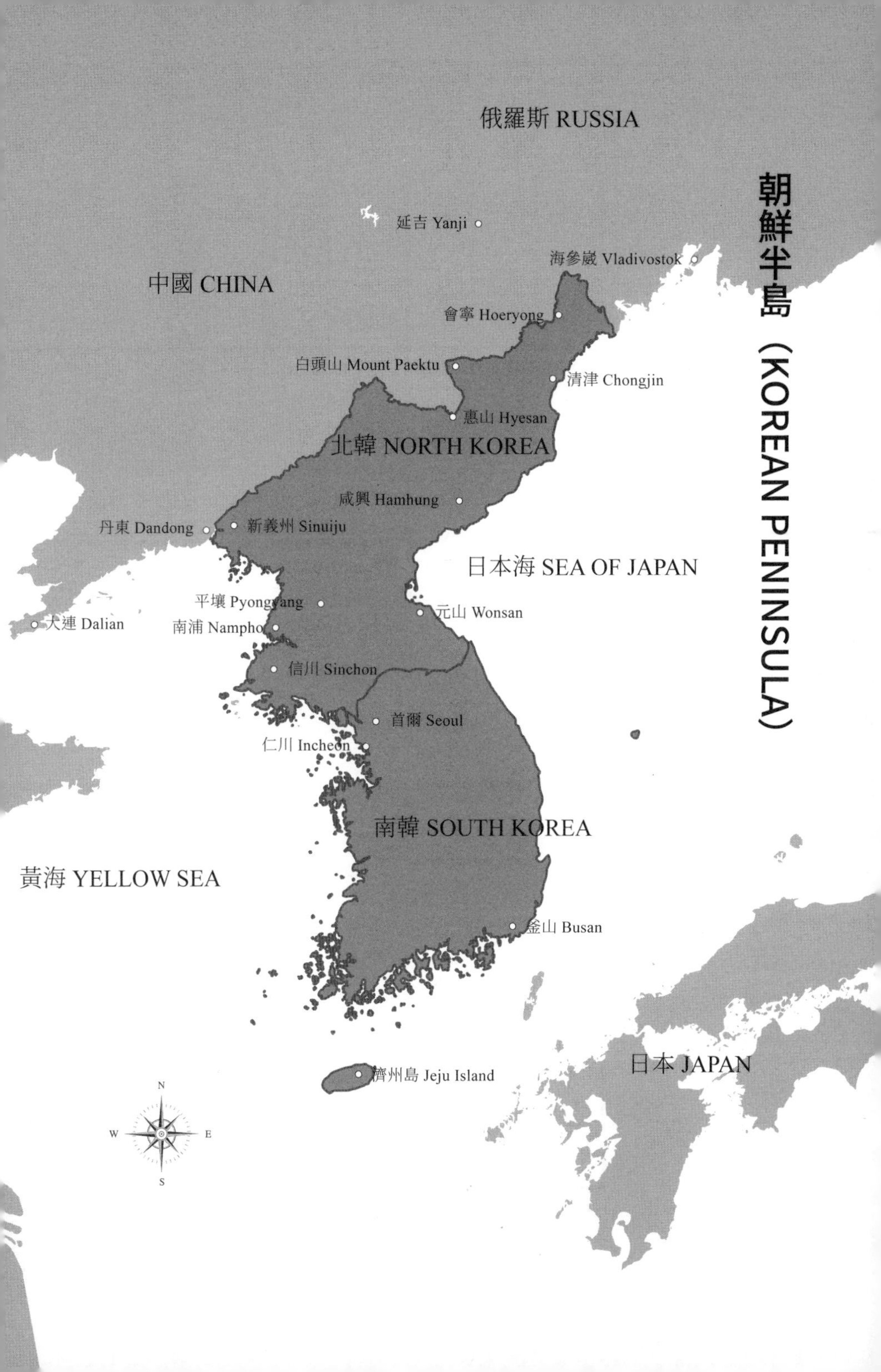
朝鮮半島（KOREAN PENINSULA）
俄羅斯 RUSSIA
延吉 Yanji
海參崴 Vladivostok
中國 CHINA
會寧 Hoeryong
白頭山 Mount Paektu
清津 Chongjin
惠山 Hyesan
北韓 NORTH KOREA
咸興 Hamhung
丹東 Dandong
新義州 Sinuiju
日本海 SEA OF JAPAN
平壤 Pyongyang
元山 Wonsan
大連 Dalian
南浦 Nampho
信川 Sinchon
首爾 Seoul
仁川 Incheon
南韓 SOUTH KOREA
黃海 YELLOW SEA
釜山 Busan
濟州島 Jeju Island
日本 JAPAN
N
W
E
S

金氏家族系譜
（僅列出主要成員）

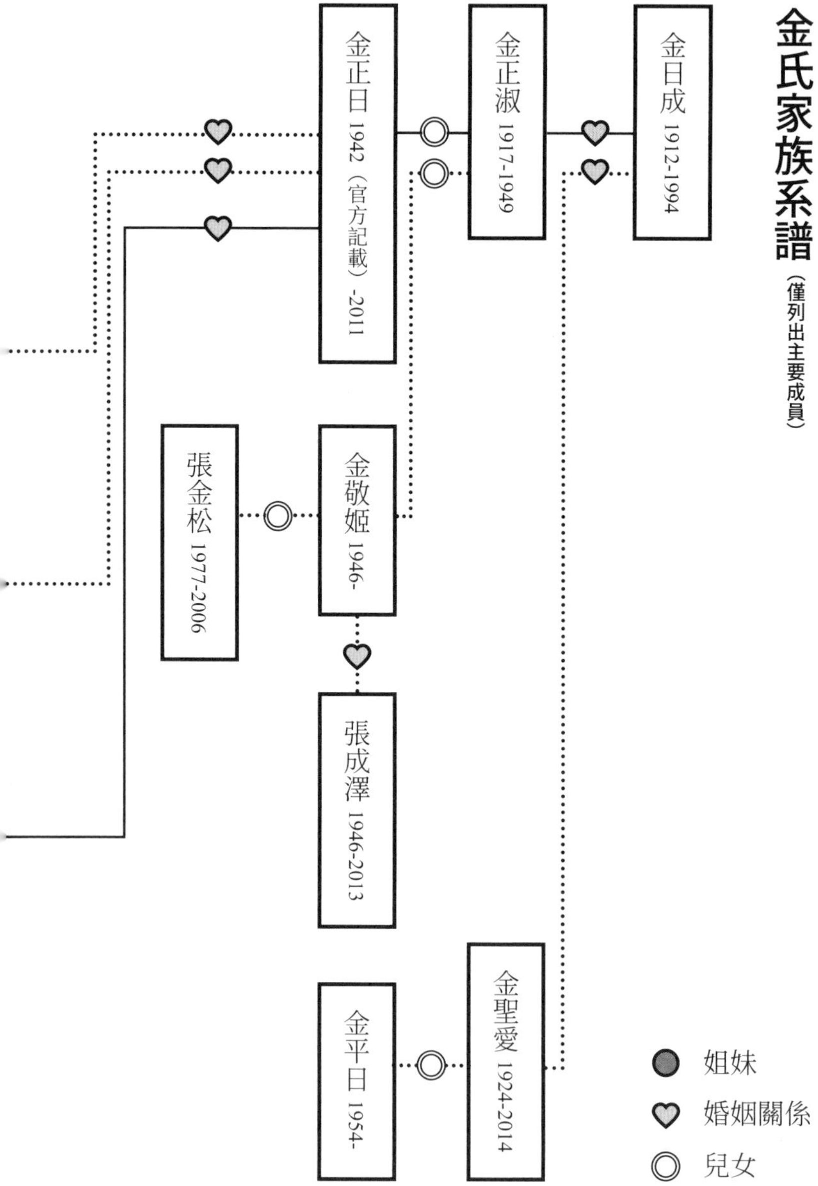

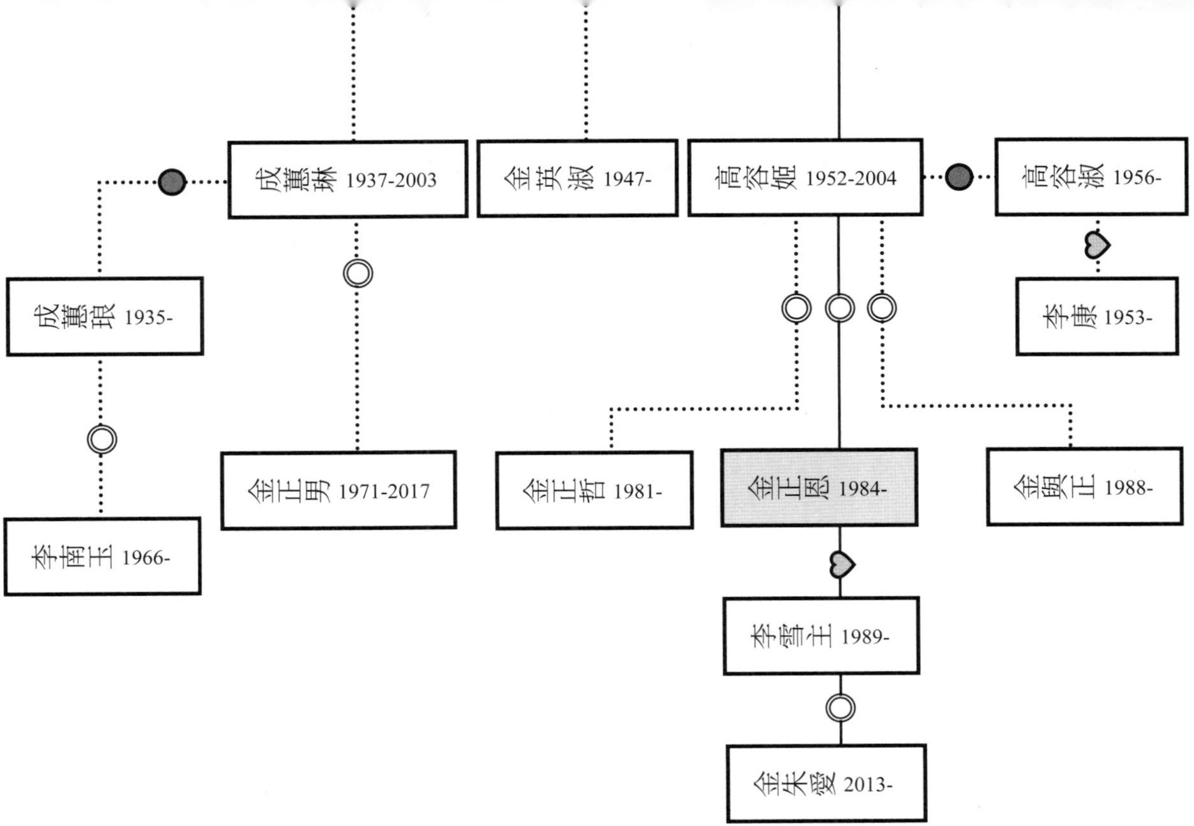
成蕙琳 1937-2003
金英淑 1947-
高容姬 1952-2004
高容淑 1956-
成蕙琅 1935-
李康 1953-
李南玉 1966-
金正男 1971-2017
金正哲 1981-
金正恩 1984-
金與正 1988-
李雪主 1989-
金朱愛 2013-

序幕

當時，我坐在高麗航空（Air Koryo）一五二班機上，準備飛往平壤。這算是我第六次去北韓首都，不過，自第三代領導人金正恩（Kim Jong Un）上任以來，卻還是第一次。那天是二〇一四年八月二十八日。

以記者身分前往北韓，向來是既令人著迷、又令人沮喪的奇特經驗，但這趟旅行超現實的程度前所未有。

我呢，就坐在瓊．安德遜（Jon Andersen）旁邊。安德遜是舊金山來的職業摔角手，擂臺綽號「強人」（Strong Man），著名招式包括跳水式碎頸摔（diving neckbreaker）、金剛式平舉墜擊（gorilla press drop）。

那天搭機，有個乘客想要我在經濟艙的位子，以便和朋友坐在一起，所以最後我換到商務艙（你沒看錯，共產國家國營航空也分階級的），隔壁就坐著安德遜。我們在紅座椅上坐好。這架伊留申噴射客機年久陳舊，座椅頭枕上裹著白色網眼布，底下則是金色錦緞座墊，看起來就像阿嬤家客廳放的扶手椅。

安德遜和另外兩位美國摔角手一樣，過了選手生涯的黃金時期後，在家鄉榮光不再，於是飄洋過海到日本，靠著他們魁梧的身型再次成為超級吸票機。在那裡，他們雖甘於平凡的名氣與收入，卻也仍留在市場上尋找新機會。因此，他們三人正準備接下一項絕無僅有的任務：破天荒第一屆平壤國際職業摔角比賽。這場武術綜合賽事在週末兩天舉行，由安東尼奧．豬木（Antonio Inoki）籌辦。豬木是日本摔角手，生得一副闊長方正的下巴，致力於透過運動促進和平。

我們起飛後，安德遜告訴我，他對北韓很好奇，想要越過美國媒體的陳腔濫調，親眼看看那裡真正的模樣。我實在不忍心告訴他，迎面而來的將是經過數十年精心打造的假象，為的就是確保北韓的真正模樣不被任何訪客看到。既遇不上未經安排的邂逅，也吃不到庶民家常的食物。

我後來再次見到安德遜時，他身穿一件萊卡黑短褲（或許有人會說這是內褲），屁股上還堂堂印著「強人」（STRONGMAN）字樣。在平壤柳京鄭周永體育館（Ryugyong Chung Ju-yung

Gymnasium）中精選出來的一萬三千名北韓觀眾面前，他輕輕鬆鬆拿下勝利，擴音系統隨即響起刺耳的讚嘆：「他是男子漢。」

安德遜不穿衣服時看起來更龐大了。我看著他的肱二頭肌和大腿肌，震撼得倒抽一口氣。那些肌肉繃得鼓鼓的，就像香腸肉塞得外膜快要爆裂般，簡直要突破皮膚逃走了。我只能想像北韓人有多麼震驚，他們許多人曾經歷饑荒，眼睜睜看著數十萬同胞餓死。

過了一會兒，一位更壯碩的摔角手罩著綴有亮片和羽毛的披風現身。鮑勃．薩普（Bob Sapp）這身打扮是為了懺悔星期二（Mardi Gras）*，而不是為了隱士王國（Hermit Kingdom）*。

另外兩個日本摔角手個頭小得多，而當這兩個美國人朝他們暴衝，安德遜大喊：「幹掉他們！」

此情此景如同我在北韓見過的一切，陌生得令人費解——心狠手辣的政治煽動分子的家鄉，正上演一齣美式鬧劇。觀眾席上的北韓人熟知受騙的滋味，沒多久，他們頓時明白這一切都經過精密編排，與其說是體育活動，不如說是娛樂節目。看出這一點後，他們開始取笑臺上誇張的演出。

我呢，卻幾乎分不清什麼是真、什麼是假了。

距離我上一次來北韓已經六年了。那是二〇〇八年冬天，我來這裡採訪紐約愛樂交響樂團

（New York Philharmonic），而我還覺得那趟旅行將成為歷史的轉捩點。

當時，美國聲望崇隆的管弦樂團，正要在以仇視美國為基礎而建立的國家演出。在舞臺兩側，美國國旗和北韓國旗宛如兩面書擋，各自豎立成排，而管弦樂團就在臺上奏起喬治．蓋希文（George Gershwin）的〈一個美國人在巴黎〉（An American in Paris）。

「有一天，作曲家或許會譜寫出一首〈美國人在平壤〉（Americans in Pyongyang）。」在劇院裡，樂團指揮洛林．馬捷爾（Lorin Maazel）這麼告訴北韓人，接著，他們開始演奏令人心酸的韓國民謠〈阿里郎〉（Arirang）。即使這群平壤居民是精挑細選出來的，卻顯然也深受這支樂曲感動。

然而，轉捩點始終未曾到來。

同一年，北韓「敬愛的領袖」金正日（Kim Jong Il）在一次中風發作後虛弱不已，幾乎丟掉性命。從那一刻起，北韓政權就只把全副心思放在一件事情上：確保金氏王朝完好無損。

檯面下的計畫正悄悄成形，準備將時年僅僅二十四歲的么子金正恩，擁立為北韓下一代領

＊在聖灰星期三（Ash Wednesday）齋戒前舉行，是為期兩週的大型嘉年華會。

＊指稱自行與世隔絕的封閉國家或社會，常用於形容北韓。

導人。

而北韓還要再過兩年，才會對外宣布這位年輕領袖的加冕儀式。當時消息一傳出，有些分析家還指望金正恩成為一個改革者。畢竟這個年輕人曾在瑞士求學，遊歷過歐美國家，又曾接觸資本主義，理所當然會試著將其中一些思維引進北韓吧？

二〇〇〇年巴夏爾．阿塞德（Bashar al-Assad）在敘利亞即位成為總統時，我們對這位在倫敦受過教育的眼科醫師，也曾懷著相似的期許；二〇一七年王儲穆罕默德．沙爾曼（Mohammed bin Salman）在沙烏地阿拉伯掌權後，先是造訪矽谷，接著又允許女性開車上路，同樣引起外界對他的殷殷盼望。

南韓首爾延世大學（Yonsei University）長期研究中國的專家魯樂漢（John Delury）認為，金正恩也像他們一樣，在一開始表現出正面跡象。魯樂漢留神注意各種徵兆，想知道這位年輕領袖能否為北韓帶來改革與繁榮，一如一九七八年鄧小平在中國實施改革開放。

然而，當時多數人抱持的是另一種樂觀態度——認為極權時代不久就要終結了。從鄰近的南韓首爾到遠在美國的華府，許多政府官員和分析家都大膽預測（有時是竊竊私語，有時是高聲叫嚷），北韓將出現大規模動盪、大量人口外流到中國、軍事政變，以及政權瀕臨瓦解。這些唱衰的論調背後都有一種共通的思維：北韓政權移轉當然撐不到第三代姓金的極領袖即位，更別說他年僅二十多歲，在奢華的歐洲學校受過教育，還是（NBA）芝加哥公牛隊（Chicago Bulls）球迷——一個據悉沒有軍政背景的年輕人。

車維德（Victor Cha）擔任過小布希（George W. Bush）政府對北韓交涉的首席談判代表，曾在《紐約時報》（*New York Times*）上大膽預言，金氏政權不出幾個月（若非幾週內）就會瓦解。

車維德大概是說得最斬釘截鐵的人，但絕非只有他這麼想。當時，多數北韓問題觀察家都認為極權時代即將告終，還有廣為流傳的懷疑論指出，金正恩就是幕後推手。

而我也半信半疑，無法想像金家第三代領導下的北韓是什麼模樣。數年來我持續追蹤，從極近或極遠的距離觀察北韓。二〇〇四年，我成為《金融時報》（*Financial Times*）派駐首爾記者，負責報導南北韓事務，從此長久癡迷於研究北韓問題。

接下來四年裡，我前前後後又去過北韓十次，其中有五次是去平壤採訪。我參觀過用來憑弔金氏領袖的紀念碑，也訪問過政府官員、企業主管和大學教授——無論何時，都有甩也甩不掉的政府監管人員同行。他們在場的目的，就是確保我看不到任何不妙的東西，以免對眼前精心布置的場景起疑。

而我隨時都在搜索真相的蛛絲馬跡。儘管金氏政權極力掩飾，卻還是可以輕易看出這個國家敗絮其中，什麼都不是表面上看到的那樣。經濟運作幾乎停滯，人民眼中的恐懼再也不容忽視。

二〇〇五年，我站在平壤綾羅島五一競技場（Rungrado 1st of May Stadium）裡，距離金正日僅約四十六公尺，耳裡傳來周遭為他鼓掌的聲音，聽起來就像罐頭掌聲。

這套體制不可能撐到第三代還存在吧。可能嗎？

然而，預言將出現大規模改革的專家錯了，預言政權即將瓦解的人錯了。我錯了。

✪✪✪

在睽違朝鮮半島六年後，二〇一四年我以《華盛頓郵報》（*Washington Post*）特派記者的身分，再度踏上這塊土地。

我駐外數個月後，距金正恩成為終身領袖也將近三年了。就在那時候，我跑去平壤採訪職業摔角錦標賽——記者為了拿到北韓簽證都得這麼做。

結果我大吃一驚。

雖然我知道首都平壤正大興土木，卻沒料到規模如此浩大，在市中心似乎每隔一條街，就有一幢新的公寓大廈或電影院正建起來。以前來連看到曳引機也覺得稀奇，但轉眼間到處都是卡車和吊車，在幫身穿橄欖綠軍服的人蓋房子。

從前我走在這兒的街上，即使招搖著一張罕見的外國面孔，卻還是誰也不多瞧我一眼，只會一個勁低著頭走過我身邊；現在，城裡的氛圍沒那麼緊張了，市民穿得比較體面，孩子在新溜冰場上溜直排輪，整體上氣氛變得更加輕鬆。

然而，在如櫥窗般用來展示富庶的首都中生活，無疑仍是一片愁雲慘霧：年久失修的無軌電車依然長長排成好幾列；依然有眾多身形佝僂的老太太駝著巨大的布袋；觸目所及依然沒有半個肥胖的人，連勉強稱得上豐腴的也沒有——唯有**那位大人**例外。不過，作為維繫金正恩政權的權貴巢穴，平壤顯然不是什麼搖搖欲墜的城市。

朝鮮民主主義人民共和國（Democratic People's Republic of Korea）成立七十年後，我沒看到這個共產主義幌子出現任何敗亡的跡象。

在那七十年裡，還有許多獨裁暴君崛起當權，世所共睹。他們為了滿足私利不惜折磨人民，包括：阿道夫．希特勒（Adolf Hitler）、約瑟夫．史達林（Joseph Stalin）、波布（Pol Pot，柬埔寨前赤棉領導人）、伊迪．阿敏（Idi Amin，烏干達前總統）、薩達姆．海珊（Saddam Hussein，伊拉克前總統）、穆阿邁爾．格達費（Muammar Gaddafi，利比亞前領導人）、費迪南．

馬可仕（Ferdinand Marcos，菲律賓前總統）、莫布杜．塞塞．塞科（Mobutu Sese Seko，剛果前薩伊總統）、曼紐爾．諾瑞嘉（Manuel Noriega，巴拿馬軍事領袖）。其中有些是意識形態倡導者（ideologue），有些是竊國統治者（kleptocrat），還有更多兩者皆是。

其他地方甚至出現家族獨裁的情況：在海地，「爸爸醫生」（Papa Doc）弗朗索瓦．杜瓦利埃（Francois Duvalier）把權位傳給兒子「娃娃醫生」（Baby Doc）讓-克洛德．杜瓦利埃（Jean-Claude Duvalier）；在敘利亞，總統哈菲茲．阿塞德（Hafez al-Assad）把領導權交給兒子巴夏爾；在古巴，斐代爾．卡斯楚（Fidel Castro）安排弟弟勞爾（Raul Castro）接掌大權。

話說北韓三位金氏領袖與眾不同之處，就在於金家把持國柄日久天長。光是金日成（Kim Il Sung）統治期間，從哈利．杜魯門（Harry S. Truman）到比爾．柯林頓（Bill Clinton），美國就歷經了九任總統，而日本也換過二十一任首相。此外，從毛澤東逝世後算起，金日成多活了將近二十年，在史達林逝後更多活了四十年，而北韓至今也已經比蘇聯存在得更久了。

我想弄清楚這個年輕人及他繼承的政權，是如何扭轉劣勢反敗為勝的。我想極盡所能找出線索來了解金正恩。

因此，我開始和每個曾見過他的人談話，追查這位最神祕莫測的領導人的相關情報。這項工作十分棘手：接觸過他的人本來就少之又少，即使找出這麼一群人，其中稱得上和他相處過的人更是寥寥無幾。話雖如此，我仍不放過任何可能尋得的見解。

我找出金正恩的阿姨與姨丈，兩人在他於瑞士求學時曾擔任監護人。為了尋找關於他青少年養成時期的線索，我前往瑞士首都伯恩（Bern），不但坐在他住過的公寓外頭，也去他以前的學校走一走。

我在日本立山黑部阿爾卑斯山（Japanese Alps）上一家髒兮兮的餐館裡，和窮愁潦倒的廚師藤本健二（Kenji Fujimoto）一起用過兩次午餐。藤本曾是金正恩父親的御用壽司師傅，也曾像兒時玩伴般侍奉這位未來領袖。我也跟偕同NBA球員丹尼斯·羅德曼（Dennis Rodman）前往北韓的隨行人員談過，這才知道當時有人酒醉失態，還表現得不太得體。

然後，一聽說金正恩同父異母的哥哥金正男（Kim Jong Nam）命喪吉隆坡，我立刻就跳上飛機，趕到幾小時前他才剛被暗殺的地點。我在停放金正男屍體的太平間外候著，眼看氣沖沖的北韓官員來來去去，接著又跑去北韓大使館，才發現他們被記者煩得忍無可忍，竟然把大門門鈴的按鈕給拆了。

後來，我還找上金正男的表姐。這個女子實質上就像金正男的親姐姐，脫北後長期和流亡異鄉的他保持聯繫，過去二十五年來，已經以全新的身分過著全新的生活。

接著迎來二〇一八年一片狂熱的外交氣氛，突然間，要把曾和這位北韓領袖打交道的人找出來，變得容易多了。

金正恩和南韓總統文在寅（Moon Jae-in）及美國總統唐諾．川普（Donald Trump）分別召開過幾場高峰會，其間南韓與美國都有人協助安排並到場出席。於是，我去訪問那些曾在平壤和金正恩交談的人，當中從南韓歌手到德國體壇官員都有。在新加坡，我眼睜睜看著他的車隊快速駛過我身邊。我努力從他人和這位謎樣君王的所有邂逅中，一點一滴蒐集任何有助於理解他的資訊。

不僅如此，我也再三詢問北韓駐聯合國外交官，能否允許我訪問金正恩。這群文質彬彬的官員一同住在紐約東河（East River）羅斯福島（Roosevelt Island），有時我們戲稱他們是紐約社會主義共和國。話說我的主意雖然成功機會不大，卻還不至於徹底瘋狂，畢竟金日成於一九九四年去世前不久，也曾跟一批外國記者共進午餐。

所以囉，每一回見面，我都會問上一問——我們總是約在曼哈頓中城（Midtown Manhattan）一家牛排餐廳吃午餐，而他們總是點四十八美元一份的菲力牛排，不點當日特餐。每一回，我都惹來一陣哄堂大笑。

我最近一次提出這項請求，是在二〇一八年中，川金高峰會過後一個月。而負責面對美國媒體的大使李容弼（Ri Yong Phil），是個八面玲瓏的外交官，當時他取笑我說：「你作夢比較快。」

但我沒作夢，倒開始聽說在粉飾太平的首都之外，也就是北韓政權不許我造訪的地帶，現實光景是如何天懸地殊。我找到一些熟知金正恩的人，他們不曾接觸過他，而是透過他推行的政策認識他——也就是曾在其統治下生活並成功逃脫的北韓人。

在我專職報導北韓那幾年裡，見過許多人（或許甚至有數百人）逃出金氏國家。他們常被稱為「叛逃者」*（defector），但這個詞暗示他們逃離金氏政權是不正當的行為，所以我不喜歡。我偏好用「脫北者」（escapee）或「難民」（refugee）來稱呼他們。

現在要找到願意談談的人愈來愈困難了。其中一個原因，是金正恩在位年間加強邊防，國內生活水準又不斷提升，導致脫北潮減緩到只剩零零星星。另一個原因是，脫北者愈來愈期望用證詞交換酬金，但基於職業倫理我絕不這麼做。

然而，透過一些協助北韓人逃跑或安居南韓的團體，我順利找到數十名願意無償受訪的人。他們來自社會各個階層：有些是在平壤享受過榮華富貴的官員與商人；有些是在邊境靠買賣維生的老百姓；還有一些人，只是犯了芝麻綠豆大的小罪，就被政府關進慘無人道的監獄。

*雖然臺灣媒體已經普遍將 defector 譯為「脫北者」，但此處配合作者文意採取不同譯法，並沿用至本書其他章節。

當中也有人曾看好這位年輕領袖，覺得他會帶來積極改變；對於他發展富庶鄰國所沒有的核計畫，也有人依舊感到自豪。

我在南韓見了其中一些人，通常約在他們一天工作完後，到他們所在的衛星郊區，找一家廉價燒烤餐廳邊吃邊聊。我也趁著一些人在凶險的逃亡之旅上短暫停留時，前往寮國和泰國濱臨湄公河（Mekong River）一帶，在陰暗骯髒的旅館房間內，坐在地板上和他們談。

最危險的是，我還跑到中國北方見過幾個人。中國把脫北者當經濟移民來對待，也就是說一旦被抓到，他們就會被遣返北韓接受嚴懲。儘管如此，這些脫北者依然躲在租借的公寓中，勇敢告訴我他們的故事。

經歷橫跨八國、超過數百小時的多次訪談，我總算拼湊出這幅名為金正恩的拼圖。

而我開始明白，對至今仍困在北韓的二千五百萬人民來說，前景並不樂觀。

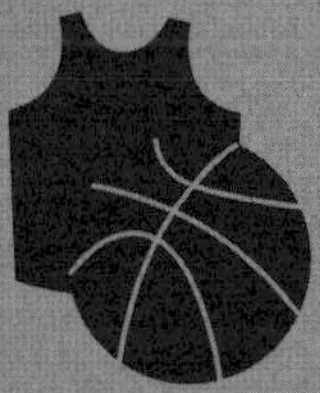

第一部

小小學徒期

第一章 開端

「英明神武的同志金正恩從天堂下凡，由白頭山（Mt. Paektu）所孕育。」

——《勞動新聞》（*Rodong Sinmun*）*，二〇一一年十二月二十日

元山（Wonsan）是人間的天堂，或者最起碼，是北韓的天堂。

北韓峰巒嶙峋、土壤多岩，不時受到西伯利亞寒流與暴洪侵襲。在這個國家裡，元山東岸一帶是少數美景環繞的自然勝地，不僅擁有多處白沙灘，以及一座小島遍布的庇護港，也是北韓僅占百分之〇．一的菁英階級夏季度假的場所。這裡就像他們的瑪莎葡萄園島（Martha's Vineyard）*，他們的蒙地卡羅（Monte Carlo）*。

他們在海裡游泳，或在海灘別墅的游泳池裡放鬆。他們享用名貴的本地大閘蟹，將鮮美絕頂的蟹肉從覆有絨毛的蟹螯吸吮出來，然後拿匙子挖出裡面油嫩的蟹黃來吃。他們專程前往侍中湖（Lake Sijung），那裡設有約攝氏四十二度的泥療池，據說可以舒緩疲勞、消除皺紋，上了年紀的黨幹再怎麼疲憊，只要來這裡泡一泡，馬上就變得神清氣爽。

而且，菁英中的菁英，也就是已經宰制北韓超過七十年的金氏家族，尤其鍾愛這一帶。一九四五年，日本在二戰中戰敗後被逐出朝鮮半島；同一年，就是在這裡，有個年紀輕輕的反帝國主義鬥士化名金日成，順利登陸回到故鄉韓國。

戰爭結束後，就是在這裡，藏著當時年僅四歲的金正日，同時他的父親正想方設法，企圖在才剛成立的北韓當上領導人。其後，朝鮮半島一分兩半，北方這塊將有共產主義的蘇聯和中國撐腰，南方那塊將由民主主義的美國支持。

就是在這裡，一個名叫金正恩的小男孩，有時在海灘上玩耍，有時乘著香蕉船破浪奔馳，悠哉地度過了童年的漫漫夏日。

---

* 北韓勞動黨機關報。
* 美國麻州度假島嶼。
* 位於摩納哥，以豪華賭場聞名於世。

拜英國小說家喬治．歐威爾（George Orwell）之賜，無論何時提到「一九八四年」，外界總會聯想到壓迫與反烏托邦。一九八四年一月八日，金家小男孩出生時，他的祖父已經統領朝鮮民主主義人民共和國長達三十六年，已經成了「偉大的領袖」、「民族的太陽」、「百戰百勝的英明指揮官金日成」。

而小男孩的父親沉迷電影，身材矮小，性情乖戾，當時正邁入四十二歲，已經獲選為政權繼承人，準備好賦予這個政權一項弔詭的榮耀——成為世上第一個共產主義王朝。未來，他將接著成為「敬愛的領袖」、「天堂下凡的光榮將軍」，以及「二十一世紀的嚮導星」。

金日成與金正日都很喜歡在元山消磨時光，正因如此，有一天將效法他們榜樣的小男孩也喜歡這麼做。

成長期間，小男孩經常來這裡消磨夏天，不但曾從西邊的平壤過來，也曾從極西邊的瑞士學校遠道而來。多年以後，他想炫耀這個專為他打造的遊樂場，便帶著一位作風奇特的美國籃球員，來這裡划船、開派對——開一大堆派對。而再過更久，一位標新立異的房地產開發商當上美國總統後*，一樣來到了元山。這位總統不只讚美「漂亮的海灘」，還說這裡是蓋豪華大樓的好地方。

金氏政權找來幾個精選外賓同享元山的自然美景，是為了將北韓是「社會主義樂園」的迷思宣傳出去。元山市本身其實不怎麼吸引人，早在韓戰時期，就因美軍曠日持久的轟炸行動而飽受摧殘，後來又按照單調的蘇維埃風格來重建。在市中心灰溜溜的混凝土建築最上方，有大紅告示敦促著「偉大的領袖金日成同志萬壽無疆」，還有一些廣告看板推銷著極權主義，而北韓老百姓別無選擇，只能照單全收。

在元山，位於松濤園（Songdowon）的白沙灘向來是主要景點。整個一九八〇年代，亦即金正恩開始在這片沙灘戲耍的那段日子裡，元山成為共產活動的聚會中心。一九八五年，那裡辦過一次男童軍夏令營，招募對象包括來自蘇聯和東德的兒童，而世界各地來的孩子聚集在元山歡度夏日的照片，後來也刊登在官方媒體上。[1]

然而，即使一九八〇年代蘇聯還沒解體，還在支持旗下亞洲僕從國（client state），現實情況卻仍與此情此景大相逕庭。

農業工程師李佑泓（Lee U Hong）是一位在日朝鮮人。他於一九八三年來到元山，開始在農學院教書。當他見到一班年輕女學生在學習著名植物金松，還以為自己參觀的是一所國中，隨後才知道她們是一群大學生——只是生得太過營養不良，看起來比實際上幼小。[2]

隔年他前往這片沙灘，想看看元山知名的多花薔薇，卻一朵也找不到。後來有個當地人告訴

*暗指川普。

他，北韓兒童不堪飢餓，摘光了花朵去吃裡面的種子。

此外，北韓政府及其官員向來喜歡誇耀先進農法，以及機械化農田，但李佑泓完全沒看到這樣的技術，反而看到數千人在田裡手工收割稻米與玉米。[3]

但金氏政權非得維持這個迷思不可。一九八四年南韓水患災情慘重，北韓還曾派出糧食援助船隻，從位於南北韓非軍事區（Demilitarized Zone）以北的元山港口南下賑災。非軍事區距離元山僅約一二九公里，為寬四公里的無人地帶，自一九五三年韓戰結束後就將朝鮮半島分為兩半。

就在金正恩出生八個月後，北韓老百姓已經面臨嚴重糧食短缺，日子苦不堪言。但即使如此，政府仍不斷從元山發船，將印有「南韓水災災民賑濟物資」及北韓紅十字會標誌的大袋子送往南韓。

一九八四年，北韓執政黨——朝鮮勞動黨（Workers' Party of Korea）的傳聲筒《勞動新聞》寫道：「這是分裂四十年來史上第一等大喜事，碼頭洋溢著激昂的熱情。偌大的碼頭迴盪著雀躍鼓舞的歡送聲……整座港口充滿了對家人的愛。」

當然，金正恩對這些一無所知。他要不是在平壤某一處家族宅第，就是在元山海邊的度假別墅，過著與世隔絕的極樂生活。據說元山的房子占地廣大，金家的孩子常開著電動高爾夫球車四處晃。[4]

一九九〇年代，北韓兒童靠著吃種子來獲得營養時，金正恩正享用壽司、觀賞動作片。在這段期間，他培養出對籃球運動的熱情，還曾飛到巴黎去歐洲迪士尼（Euro Disney）玩。

他原本一直藏在世上最神祕兮兮的政權幕後生活，直到二〇〇九年邁入二十五歲，正式以父親接班人的身分被引介給菁英階層後，才在元山拍攝生平第一張紀念照。這張紀念照後來在北韓電視上只出現過一兩次，雖然拍得很模糊，卻還是可以認出身穿黑色中山裝的金正恩，正和父親、哥哥、妹妹及另外兩個男人站在樹下。

元山在金正恩心中一直是個意義非凡的地方。他繼任成為領導人後，大概想要重溫年少時期無憂無慮的歡樂時光，就挹注大把資金，在元山造了一座巨大的遊樂園。如今，元山市有一座水族館（裡面有一條穿過水箱的隧道）、一幢移動遊樂場式的鏡子屋，以及松濤園水上樂園（Songdowon Water Park，一處包含室內外水池的碩大建築，有一條蜿蜒流向一系列圓形水池的滑水道）。可說是社會主義樂園在主題樂園時代的改頭換面。

二〇一一年末，金正恩成為「我們深愛並尊敬的最高領導人」不久後，就穿著一襲夏季白襯衫，並在心口前襟別著印有父親與祖父頭像的紅別針，回到元山視察建設成果。他彎腰湊近滑水道仔細檢查一番，接著咧開嘴露出大大的微笑，宣稱自己看到北韓能夠獨力建造水上樂園，覺得「非常開心」。

當小朋友站在高高的跳水板上，就能看到海灘上五顏六色的遮陽傘，以及海灣裡的腳踏船。據官方媒體報導，夏天在元山可以「看到別開生面的景象，學生成群站在沙灘上，肩上掛著色彩繽紛的管子，而老爺爺和老奶奶笑容滿面，一邊牽著蹦蹦跳跳的孫兒女，一邊眺望著大海」。

這是無產階級的娛樂設施，王公貴戚自有他們的祕密基地。

像是家族成員專用的海濱豪宅，以及一間間為了保障賓客隱私，相隔遙遠又有樹蔭屏障的寬敞客房，都是金家大院的一部分——即使身在權貴圈，依然是謹慎至上。為了盡情游水又不必擔心外海潛藏的危險，金家人有一座大型室內游泳池，以及幾個漂浮在近海的駁船泳池。在一座有頂船塢裡，更泊著金家幾艘遊艇和十多部水上摩托車。此外，他們還有一座籃球場，以及一片直升機停機坪，不遠處則是一條新建的簡易飛機跑道，方便金正恩搭私人飛機降落在這個度假樂園。

金家把這個遊樂場分享給協助維繫政權的菁英。舉例來說，國家安全保衛省（Ministry for the Protection of the State）是殘酷的國安部門，主司政治犯集中營，在這裡就有一處海濱避暑官邸。此外，據說專幫金家祕密金庫撈油水的「39號辦公室」（Office 39），也一樣享有這種優待，畢竟祕密樂園就靠他們辛辛苦苦賺錢維持，有福同享也是應該的。[5]

元山海濱倒有個不尋常的特色，是任何迪士尼樂園都找不到的——飛彈發射場（換作迪士尼，就只是湊合著施放沒那麼刺激的煙火秀）。金正恩成為領導人後，在元山一帶已經發射過數十枚火箭，並監督過數場大規模砲兵演習。

有一次，他親眼看著軍火部門主管發射三百公釐新型火箭砲，把一座離岸島嶼轟得灰飛煙滅。還有一次，金正恩要求火箭科學家用移動式發射器，朝著海濱豪宅對面的定點發射一枚飛彈，而他甚至不必離開屋子，就能一邊舒舒服服坐在靠窗的桌邊，一邊笑咪咪看著飛彈朝日本方向射進無邊的大氣中。

二〇一四年，一樣就是在這裡，在他的私人海灘上，金正恩為海軍指揮官員辦了場游泳訓練。這些官員看起來都老得該領退休金了，他們被迫脫掉白色的軍禮服和軍禮帽，換上泳裝，接著跑進海裡游上四．八公里，彷彿正在「沒有砲火的戰場上」。

這樣的景象堪稱奇觀。在沙灘上，這位剛邁入三十歲的年輕領袖坐在桌邊，一面拿雙筒望遠鏡監視一面下令，要一群年紀大他一倍、體型小他一半的男人吃力游過海面。這個毫無軍事資歷的男人正在下馬威，要他們明白誰才是老大，而最合適的場所，莫過於他的地盤及元山的海濤。

金氏家族取得北韓領導權的由來，可以追溯至一九三〇年代。當時，金日成正在滿洲國的中國北方區域，以抗日游擊戰士身分闖出名號。

金日成原名金成柱（Kim Song Ju），於一九一二年四月十五日在平壤郊區誕生，同一天也是鐵達尼號（Titanic）撞上冰山沉沒的日子。當時，平壤是基督教信仰中心，因信徒眾多而有東方耶路撒冷之稱，而金日成就生在一個新教家庭，外祖父還是一位牧師。

在他出生前兩年，大日本帝國已經併吞當年還是一個國家的韓國，展開暴虐無道的日據時期。一九二〇年代，金家為了躲避日本殖民統治，舉家逃往滿洲。後來，這一帶就成了韓國人群聚譴責日本殖民的重要場所，而金成柱也於一九三〇年代初化名金日成（意思是「成為太陽」），以反帝國主義領袖之姿崛起。

金日成在官方回憶錄中誇大了抗日軍隊的兵力，他寫道：「敵人覺得我們就像『大海裡一滴水』，但我們背後有力量無窮的萬千群眾。我們能打倒挾著大量武器而來的強盛敵軍……因為我們擁有名為人民的龐大堡壘，擁有名為百姓的無垠海洋。」[6]

同樣地，北韓的官方歷史也對金日成的貢獻言過其實，不顧當時他上頭還有中國與韓國將領，竟把他塑造成武裝抗日的靈魂人物，還說游擊行動少了他就是一盤散沙。況且，金日成明明只是抗日部隊的小螺絲釘，卻獨占了二戰擊敗日本的榮耀。

與官方敘事不同的是，抗日行動到了某個階段，金日成就離開原本在滿洲的根據地，帶著一名女子前往蘇聯，而這名女子，正是後來於一九四〇年成為他妻子的金正淑（Kim Jong Suk）（即使沒有經過正式婚禮，起碼也是世所公認的實質妻子）。一九三五年兩人初遇時，她大概只有十五歲左右，以裁縫為業。

根據官方歷史，一九四二年（實際上應該是一九四一年），在蘇聯遠東城市哈巴羅夫斯克（Khabarovsk，又稱伯力）附近的軍營裡，金正淑生下第一個兒子金正日。

後來太平洋戰爭結束，韓國脫離日本統治重獲自由，一時間朝鮮半島變得前途未卜。雖然此前韓國作為一個國家，已經存在了將近十四個世紀，美國和蘇聯——太平洋戰爭戰勝國——卻決定瓜分這塊土地，就連問一問韓國人意願的力氣都省了。

當時，年輕的美軍上校狄恩．魯斯克（Dean Rusk，後來成為美國國務卿），以及另一位軍官查爾斯．邦尼斯迪爾（Charles Bonesteel，後來成為四星上將），找來一幅出自《國家地理》雜誌（*National Geographic*）的地圖。就憑這幅地圖，他們沿北緯三十八度畫出一條橫越朝鮮半島的分界線，提議讓美國人管南半部、讓蘇聯人管北半部，姑且當作一種解決方案。出乎他們意料的是，莫斯科那邊竟然同意了。

魯斯克和邦尼斯迪爾沒料到，這項「暫時」方案比原本計畫持續得更長久，一九五〇至一九五三年韓戰後更落實為非軍事區，變得更加鞏固，至今已經維持六十年之久——而且還在繼續。

這時，蘇聯人必須在新國家安插一個領導人。北半部領土層巒疊嶂，面積約為十二萬平方公里，就跟美國密西西比州一樣大，跟英格蘭比則小一點點。

金日成對這份工作虎視眈眈。

之前在鄰近哈巴羅夫斯克的軍營裡，金日成就已經成功討好那些蘇聯大金主，獲得新北韓政權的權位封賞，但他們可從沒想過他是當北韓領導人的那塊料。蘇聯人小心提防著金日成的野心，史達林則希望他繼續待在蘇聯占領軍，根本不想讓他自立門戶發展權力基礎。[7]

因此，一九四五年九月十九日，當金日成身穿蘇聯軍裝回到韓國，乘著軍艦「普加契夫號」（Pugachyov）進入元山港口時，場面只能說是冷冷清清。就連才剛把最後一批日本占領軍趕出韓國，已經凱旋行軍進入平壤的蘇聯部隊，也不准金日成加入他們。

莫斯科當局屬意的新僕從國領袖，其實是民族主義分子曹晚植（Cho Man Sik）。當時曹晚植六十二歲，已經皈依長老教會，此前由於受到甘地（Mohandas Gandhi）與托爾斯泰（Leo Tolstoy）啟發，還領導過一場非暴力改革運動。雖然蘇聯人依舊懷疑他和日本人的關係，沒當他是完美人選，但至少他積極推動教育與經濟發展，致力於確保韓國的前景光明而獨立。[8]

金日成可就沒有這種理念了。沒多久，他就開始把自己定位成新韓國的領袖候選人，角逐過程中更設宴招待他的蘇聯靠山，花天酒地，不一而足。

他藉由這種方式，提高了自己在蘇聯將領們眼中的地位。回韓國後不到一個月，金日成就在平壤一場集會上現身，發表一份由蘇聯官員替他擬好的演講稿。他一站上講臺，四周就震耳響起一片叫喊：「金日成指揮官萬歲！」透過道聽塗說，民眾已經從一些令人敬畏的傳聞中，認識這位傑出的游擊隊領袖，以及他在滿洲國幹下的英勇事蹟。

偏偏臺上這個男人不太符合民眾心目中的形象。本來，他們期待看到一位頭髮花白的資深老兵，一位激動人心的英雄人物，沒想到卻是一個年紀輕輕的小夥子，不但看起來比實際年齡三十三歲更稚嫩，還穿著一件尺寸小到顯然是借來的海軍藍西裝。

雪上加霜的是，金日成出娘胎三十三年以來，有長達二十六年都流亡海外，唯一受過的那一點教育又是透過中文，所以就連韓語也說不好。蘇聯占領軍替他寫的稿子內容枯燥，充斥著勉強翻譯成拗口韓語的共產主義術語，到了他嘴裡更是唸得結結巴巴。再者，他本人甚至把自己搞得更加狼狽——曹晚植的祕書後來寫道，金日成演講的聲音宛如一副「鴨子嗓」。[9]

有個現場目擊者說，金日成留著「像中國服務生一樣的髮型」，看起來就像「一個替街坊上中國小吃攤跑腿的胖男孩」。其他人則說他是個騙子，或叫他蘇聯走狗。[10]

金日成搞砸了。

但他後來幸運地碰上一個好機會。史達林那夥人發現，原來反戰分子曹晚植既不是共產主義者，也不是好說話的人，還開始提出一些惹人不高興的要求，企圖將北韓視為獨立實體來治理。突然間，無才無德的金日成看在他們眼裡，倒成了有用又聽話的替代人選。

於是，曹晚植很快就遭人逮捕並消失無蹤，而莫斯科當局也打定主意，要指派野心勃勃的金日成擔任傀儡領袖。在蘇聯占領時期正式告終以前，他們利用一連串職銜不斷拔擢金日成的地位；到了一九四八年九月九日，便宣布朝鮮民主主義人民共和國成立，並將金日成任命為國家領導人。

金日成一獲任就搞起個人崇拜，那無孔不入的程度很快就把史達林給比下去了。不到一年，金日成就已經自封為「偉大的領袖」。他的雕像一個接一個在各地出現，歷史也開始改寫。

而一九四五年那場出師不利的演講，在他的官方傳記中反倒成了震撼人心的一刻。根據傳記的描述，民眾「無法將視線從他大無畏的身影移開」，並發自內心「對偉大的領袖懷抱無限的愛與尊敬」來為他歡呼。[11]

另一方面，金日成也迅速成立一支朝鮮人民軍（Korean People's Army），並交由當年和他一起打過抗日戰爭的老同袍領導。接著，他構思出一套奪取南韓政權的計畫，並於一九四九年三月在莫斯科的會議上，試著說服史達林支援他武力入侵，企圖重新統一兩韓。但史達林不想跟擁有核武的美國開戰，拒絕了這項提案，並告訴他唯有遭到進犯時才能祭出軍事反擊。

然而，當中國共產主義分子於一九四九年下半年，把民族主義領袖蔣中正和國民黨趕出中國，真真羨煞了金日成和他手下的將領；再加上同年美國將作戰部隊通通撤離後，朝鮮半島南方更是脆弱不堪。因此，他繼續纏著史達林幫忙出兵南韓。

距離金日成首次舉證主張出兵有理一年後，史達林終於讓步了。原則上他答允發動侵略，但條件是中國方面的毛澤東也同意才行。於是，金日成於一九五〇年五月前往北京，試圖說服毛澤東，然而當時這位中國領導人更煩惱的，卻是臺灣的蔣中正及效忠他的國民黨員。直到史達林進一步施壓後，毛澤東才終於改變主意表示首肯。[12]

金日成趕緊抓住這個機會。一九五〇年六月二十五日凌晨天還沒亮，朝鮮人民軍士兵就駕著一百五十輛T-34型蘇聯製坦克，越過軍事分界線大舉南進。一共七個師轟隆轟隆朝著首爾進攻，後面還跟著一些步行進軍的北韓部隊。

沒多久，除了南方城市釜山（Busan）附近一帶不算，北韓人已經拿下了幾乎整個國家。照這樣看來，似乎輕輕鬆鬆就能獲勝。

另一方面，駐日美軍指揮官道格拉斯．麥克阿瑟將軍（Douglas MacArthur）雖然大吃一驚，反應卻十分迅速；同年九月，其麾下軍隊在首爾以西的仁川（Incheon）泥灘上登陸後，很快就擊退了北韓軍隊。與此同時，中國眼看大事不妙，便派出軍隊支援北韓。

六個月後，北方軍回到他們的起點——北緯三十八度線。在接下來兩年半裡，雙方僵持不下，誰也無法越雷池一步。

倒不是美國不夠努力打破僵局，當時，距離廣島與長崎莫名其妙被摧毀才過了五年*，麥克阿瑟就鄭重其事提議，說要在北韓扔下一枚核子彈。

核攻提案很快就遭到否決，不過，美國還是選擇發動名副其實的焦土戰術（scorched-earth approach），往半島北半部投下六十三萬五千噸的常規炸彈，比二戰時期整個太平洋戰場的用量五十萬三千噸還要多。[13] 其中，有二十萬枚炸彈就炸在平壤的土地上——相當於首都市民一人一顆。

美國戰略空軍指揮部司令柯蒂斯．李梅（Curtis LeMay）說，他們「把北韓每一座城鎮都燒毀了」。將城鎮目標轟炸殆盡後，美軍轟炸機接著破壞水力發電暨灌溉堤壩，因而淹了農田又毀了莊稼。後來空軍甚至發起牢騷，說他們已經炸到沒有東西可炸。[14] 戰後一份蘇聯評估報告發現，北韓境內百分之八十五的建設被夷為平地。

根據歷史學家記載，戰爭進入尾聲時，有將近三百萬韓國人（約占朝鮮半島總人口百分之十）傷亡或失蹤。而李梅估計約有二百萬名死者葬身北方[15]；另一方面，約有三萬七千名美國士兵在戰鬥中喪生。

後來漸漸可以看出，不論是靠中國和蘇聯撐腰的北韓，或是找美國相挺的南韓，都無法徹底攻敵致勝。就這樣過了好長一段時間，再加上這一切家毀人亡的慘狀，雙方終於都同意暫時停火。一九五三年七月二十七日，戰爭平息，但因為兩軍始終未曾簽署和平條約，所以這場戰爭一直沒有正式告終。

在北韓，金日成政權把這次衝突怪到南韓頭上，說它仗著美國靠山前來入侵，到現在還是不斷對北韓人民宣傳這套謊言，甚至宣稱自己才是這場戰爭的贏家。

時至今日，北韓依然用「祖國解放戰爭」來指稱這場戰事。平壤有一座紀念這場戰爭的博物館，完整保存著當年取得的美軍戰鬥機殘骸。這也是一種讓人民長期處於戒備狀態的方式，只要對壯烈戰事的記憶依然鮮活，北韓公民就會團結效忠金氏家族。

韓戰餘波盪漾之際，金日成監督由北韓盟友資助的大規模重建計畫，在這個滿目瘡痍的國家

*指二戰末期美國投下原子彈。

鞏固了自己的領導地位。此外，他肅清一些高級軍事領袖和勞動黨官員，說他們害老百姓家破人亡，同時也鎮壓其他敵對派系。

另一方面，他手下的政治宣傳人員也加緊腳步吹捧他的威望。金日成強迫北韓人民景仰他，而蘇聯官員——他們自己就熟知個人崇拜的套路——也開始對他的手段表示憂慮。一九五五年在一封蘇聯電報中，駐守北韓的官員寫道，勞動黨高級官員之間「對金日成曲意奉承、逢迎巴結，形成一種有害的氣氛」。[16]到了這段時期，就連蘇聯也漸漸不愛搞這種偶像崇拜了。史達林去世（一九五三年三月）後，尼基塔·赫魯雪夫（Nikita Khrushchev）就曾私下發表言論，譴責這位前任領導人助長的造神風氣。

話說回來，北韓新任領導人金日成也開始採取行動，企圖證明自己不是中國或蘇聯的傀儡。他重新定位自己——一個偉大的思想家，領導著一個獨立的不結盟國家。[17]

他鼓吹一種似是而非的觀念，稱為主體（juche，주체），韓語發音為「joo-chay」，通常意譯為「自立自強」（self-reliance）。

「主體」的中心思想，就是北韓完全自給自足，是「靠著我們的國家本身」努力獲得今天的成就，明明以前徹底仰仗其他共產盟國救濟，卻取巧裝作沒這回事。不過在其他方面，北韓倒是達到了自給自足（autarky）*的水準，相對能更獨立制訂外交及國防政策。

一九七〇年代，北韓政權將「主體」視為政治方針，正式納入憲法保障。不過學者布萊恩·邁爾斯（Brian Myers）老愛提醒我們，「主體」的概念實在太過空泛，導致北韓百科全書收錄的詞條「主體思想塔」（Juche Tower，一座位於平壤的紀念塔），竟然比代表思想本身的詞條「主體」足足長了一倍。

一九七〇年代中期以前，北韓經濟體一直比南韓還要大。部分原因是半島北部坐擁豐富的自然資源，所以金日成唯一要做的事，就是將日本占領軍建設的重工業與礦業改造一番。此外，他還有蘇聯供給這個僕從國的物資，以及身為社會主義國家享有的勞工動員能力。反觀南韓，戰後不得不從零開始。

金日成邁入六十歲後，開始思考自己身後能留下些什麼，也想確保他一手建立的獨裁政體長治久安。當蘇聯與中國都採用共產黨的最高權力機構來冊立新任領袖，金日成卻想要由自家人來繼承。雖然他曾動念將權位傳給弟弟，但最後還是指定自己的長子擔任繼承人，導致一些人為此怏怏不樂。

然而首先，這套體制有幾個地方需要稍微調整。

＊此採希臘語原意，常譯為「封閉經濟」，指稱一國的政治體制與經濟系統隔絕外部交流，獨立生存與維持。

在北韓，一九七〇年版的《政治術語辭典》（*Dictionary of Political Terminologies*）還寫著，世襲繼承是「一種剝削社會裡的反動派風俗」。後來在改版的辭典中，這段描述就被悄悄拿掉了。[18] 官方媒體提及金正日從事的活動時為了含糊其辭，開始用「黨中央」這個字眼來避免直呼其名。在勞動黨的組織階層中，金正日的地位也開始節節高陞。

北韓的盟友很早就注意到金日成的計畫。一九七四年，東德駐平壤大使發了封電報回外交部，說在全國各地的勞動黨會議上，當局都要求北韓人「對金正日宣誓效忠，以防金日成遭遇重大變故時措手不及」。這位大使說，金正日的肖像開始出現在政府辦公室牆上，旁邊還有他針對兩韓統一與社會主義建設提出的宣傳標語。

官方刊物開始把金日成塑造成慈父般的人物，照片與繪畫上的他，對快樂的北韓人民仁愛有加，也會和小朋友一起哈哈大笑。差不多五十年後，當金正恩模仿起他的祖父，搬出同一副笑咪咪獨裁者的形象，這種好心腸皇帝的假象還會捲土重來。

金日成的第一任妻子和長子頭一次扮演重要角色，三人形成北韓版的聖三位一體。從照片中可以看到，金正日也會像父親般指導政治宣傳人員及電影製作人。東德駐平壤大使寫道：「通常，只有金日成才會那樣對北韓人民講話，但他現在就已經擺出那種姿態了。在這裡觀察到的景象，其實驗證了我們先前的假設：金日成正一步一步將長子培養成接班人。」[19]

一九八〇年，在平壤召開的第六屆朝鮮勞動黨全國代表大會上，金日成更進一步讓野心昭告天下，一舉將金正日擢升至黨內三大機關的高位，包括中央委員會政治局常務委員會（Presidium of the Politburo）、中央軍事委員會（Central Military Commission），以及中央委員會政務局（Executive Policy Bureau）*。在北韓就只有金日成和金正日，身兼這三個勞動黨主要機關的領導權。[20]

將金正日以繼承人身分引介給世人後，金日成表示，他的兒子將確保革命事業繼續「代代相傳」。

此後金正日在黨內承擔的職責愈來愈多，還陪同父親旅行到全國各地「現場指導」（on-the-spot guidance，현지지도）*——所謂「仁慈全知」的北韓領袖一聲不響就現身，親自教農夫用最好的方法來種植作物，或教工廠主管用最好的策略來生產鋼鐵。從照片上可以看到，那些受教的人正把一字一句抄在小小的筆記本上。

一九八三年，金正日第一次踏上那場舉世皆知的外交旅行，沒有父親陪同，就獨自前往新興中國的工廠參訪。未來幾年裡，這位「敬愛的領袖」還會數度造訪中國，而這次訪中有一部分原因，

---

* 前身為中央委員會書記局（Secretariat）。
* 特指北韓的政治宣傳模式，金氏領導人會親自下農莊與工廠現場視察並提供建議，蘊含鞏固個人崇拜與展現體懷人民的意圖。

是北京想要促使北韓效法中國經驗，展開非民主化經濟轉型。

金正日當上北韓領導人後不久，一份關於他生平的官方北韓史也跟著問世，裡頭這麼寫著：「長達三十年來他孜孜不倦從事革命活動，終於開啟繁榮的新時代。」[21]

在形象上，沉默寡言的金正日和愛交際的父親大相逕庭。外界將金日成奉為大無畏的游擊隊戰士，相信他曾一馬當先對抗帝國主義日本人。金正日卻幾乎沒有軍事經驗，平時頂著一顆蓬蓬頭，是個熱衷電影又酗酒的花花公子，對這個國家最大的貢獻就是他導演的那些電影。

儘管如此，到了一九九一年，當局仍然宣布他成為朝鮮人民軍最高指揮官。只不過，在那個節骨眼上奠定繼承地位實在不太吉利。柏林圍牆已經倒塌，而他晉升指揮官短短兩天後，蘇聯就瓦解了。在經濟與意識形態上，共產主義陣營向來支持著北韓政權，如今卻不復存在。

為了在這嚴峻的形勢中鞏固世襲繼承的正當性，北韓政權從韓國神話與基督教借用大量典故，將金正日的來歷捏造成一段荒誕不經的故事——他成為領袖不只是因為老爸指定他，更是君權神授的緣故。

於是，金正日的出生地不再是哈巴羅夫斯克的游擊隊軍營，變成了白頭山。白頭山是一座位於朝中交界的火山，在韓國文化中具有傳奇地位；據說，神話中半熊半神的開國始祖檀君（Tangun），就是在這座山上出生。這個神話人物賦予韓國人民神聖的起源。多虧有這個故事，金正日也彷彿是神仙下凡。

北韓政治宣傳人員可沒有到此為止。他們還說，金正日在一間木屋中誕生，在他呱呱墜地那一刻，天空中有一顆特別耀眼的星星發出光芒——只差沒把那屋子說成馬槽、把他母親說成處女*。此外，他們在這個故事中，倒是添上了一道在山頭自動出現的雙彩虹，而神聖白頭山血統的神話也於焉成立。

首先，一九六六年嫁給金正日的那名女子*出身革命世家，是他父親挑選出來的合格配偶。據說他們在一九六八年生了個女兒，但婚姻維持不了多久，兩人就在一九六九年離婚了。雖然如此，這名女子在往後的歲月裡依然維持著相當的地位，先是在最高人民會議任職十五年，接著又成為國內一流教育學院的校長，任期長達二十年左右，直至進入金正恩時代。

離婚後，金正日開始和知名女演員成蕙琳（Song Hye Rim）來往。以前金正日導演電影時，就已經注意到這名女演員，雖然對方年紀比他大，當時已經結婚又育有一子，他卻仍堅持要她和丈夫離婚並和他在一起。後來，金正日把她安置在他平壤的豪宅裡，一九七一年她生下兩人的兒

*暗指耶穌降生的場景。
*指洪一天（Hong Il Chon）。

子金正男時，可把他樂壞了。在儒家傳統根深蒂固的韓國，男性負責繼承家族姓氏與祖宗香火，因而備受重視。然而，不論是兩人的關係或這個私生子，金正日都一直沒讓父親金日成知道，直到一九七五年左右才曝光。

在金正男這孩子年僅三歲時，「偉大的領袖」就對金正日說他必須再結一次婚。由於情婦和兒子的事不能被發現，他只好遵照父親的指示，再娶了當時公認唯一「正式」的妻子*，並和她生下兩個女兒。

但要不了多久，出生於日本的韓裔舞者高容姬（Ko Yong Hui）就迷住了金正日。高容姬年輕漂亮，和他生了三個孩子：兩個男孩先後於一九八一年、一九八四年出生，分別取名為金正哲（Kim Jong Chol）、金正恩，後來在一九八八年又誕下一女，名叫金與正（Kim Yo Jong）。

關於金正恩的真實出生日期仍然存在爭議。有些消息來源認為，實際上他在一九八三年出生，只是考慮到祖父在一九一二年出生，父親又在一九四二年出生（此為官方說法，其實是一九四一年），為了形成對稱才把官方說法改成一九八二年。

我向金正恩的阿姨高容淑（Ko Yong Suk）問起她外甥的生日時，把她逗得哈哈大笑。雖然距她逃離北韓政權已經過了大約二十年，但她十分肯定金正恩在一九八四年出生。她在金正恩出生前一個月，才剛生下自己的兒子，還曾同時替兩個娃娃換過尿布。

當時，高容淑負責照顧所有的孩子。自從金正日獲選為下一任北韓領導人，開始在黨內和軍中一步步往上爬後，身為姨太太的姐姐高容姬就成天忙著照料他。

高容姬和丈夫住在平壤的豪宅大院，大院外牆警備森嚴，裡頭幾棟房子有一棟為兩人共有，還有一棟為金正日所有。而金正日的專屬豪宅還有另一道圍牆，據說裡面設有家庭劇院和大型兒童遊樂室，建得十分巨大。

雖然生活環境極盡奢華，孩子們卻過著相對孤寂的生活。他們只能和堂表兄弟姐妹一起玩，或趁父親回豪宅待在家時陪伴在側。

大院裡除了他們幾個，沒有任何其他的孩子。金正日疑神疑鬼到極點，甚至不准身邊幾個不同家庭混在一塊兒。這意味著他的孩子在成長過程中，完全不曉得同父異母手足的存在，也不會認識和他們年齡相仿的同儕。即使要把孩子送去瑞士念書，他還是把他們分隔開來：金正男去日內瓦，其他三個孩子去伯恩*。

根據官方傳記，金正日在那段期間繼續管理宣傳煽動部（Propaganda and Agitation Department）、

---

*指金英淑（Kim Yong Suk）。

*指高容姬所生三個孩子。

導演電影，還寫了六部歌劇。此外，他也不斷跟著父親現身各種現場指導的場合，將他們寶貴的智慧分賜給黎民百姓，從農業方法到軍事戰術無所不包。

接著迎來他們已經做好萬全準備的這一天：一九九四年七月八日，金日成在一次嚴重心臟病發作後逝世。事發後三十四小時內，北韓政權將死訊祕而不宣，以便確認有關繼承事宜的最終安排，[22]然後平壤廣播電臺（Radio Pyongyang）才終於發布消息：「偉大的心臟停止跳動了。」

朝鮮中央通訊社（Korean Central News Agency，簡稱 KCNA）在一份長達七頁的聲明中說，世人將永遠記得金日成是一個能夠「化腐朽為神奇」的男人，「他將我們這個長年落後又普遍貧窮的國家，改造成一個獨立、自給又自主的社會主義國家」。[23]

雖然過去二十五年來，北韓政權為了這一刻早已準備就緒，但金日成之死畢竟是一件動搖人心的大事。原本圍繞個人崇拜建立的體制失去偶像，因此，現在必須做一件其他共產政權未曾做過的事：將領導權從父親傳給兒子。

金正日接著開始守喪三年，倒不是因為他有多哀痛逾恆，而是父親把一場爛攤子遺贈給他，所以他急著要推諉塞責。

由於金氏政權數十年來治理不善，一場慘絕人寰的饑荒才剛重創北韓。在冷戰時期，這個國家靠著蘇聯和中國持續供應糧食，對於協助人民在國內貧瘠的土地上生產食物，也就不是那麼起勁。隨著外來糧運中斷後，北韓也不得不自力更生，偏偏境內可耕地不足，而提高作物產量所需的化學肥料，又沒有足夠的能源可以用來製造。

這場政治災難還伴隨著一系列自然災害：一九九〇年代中期水災與旱災頻傳，徹底摧毀了北韓僅能生產的那一點糧食。誰也不知道那些年裡究竟死了多少人，有的專家說是五十萬人，也有的說可能高達二百萬人。

其間衣衫襤褸的流浪兒人數暴增。他們要不是父母亡故，就是因遭到拋棄而流落街頭。有人異想天開，把這些孩子稱為「花燕」（flower swallows，꽃제비），彷彿他們只是東轉西晃找花蜜吃；但事實上在那些年裡，他們為了自謀生路，從人孔蓋到廢電線無所不偷。

當中許多倖存者都瘦得形銷骨立，為了活下去只好吃掉老鼠或牛糞裡的玉米粒。有些人甚至做出傷天害理的事，包括吃人肉，只為了撐過在北韓遭當局粉飾其辭的「苦難的行軍」（arduous march，고난의 행군）。這原指金日成在滿州奮鬥的過程，為了將大饑荒塑造成另一場漫長艱辛的民族戰爭，才會在這段時期拿出來舊調重彈。

另一方面，這場饑荒也以前所未有的方式，放鬆了北韓政權對平民的箝制力量。糧食配給停止發放後，人民就只能靠自己。這個共產主義國家的公民迫於無奈，漸漸變得像是資本主義者，而當局知道國家什麼也給不起，不得不勉強容忍這一切。

在饑荒時期，有個名叫朴賢勇（Pak Hyon Yong）的年輕人住在元山以北的咸興（Hamhung）。他先後看著弟弟、姐姐的孩子們，以及姐姐活活餓死後，覺悟到自己即將成為下一個，於是開始用「脫皮玉米粒」（corn rice）做麵條。狀如「米粒」的「脫皮玉米粒」由乾燥玉米粒製成，在北韓是一種少得可憐的替代性主食。每天做好麵條後，朴賢勇自己吃一些，剩下的就拿去賣掉，再用微薄的利潤買下更多脫皮玉米粒，來製作隔天要賣的另一批麵條。

脫北後，朴賢勇躲到中國北方的延吉市生活，他在這裡告訴我：「警察會來找我，勸我別再賣麵條了，還說我不該向資本主義屈服，『偉大的領袖』一定會搞定糧食短缺問題。」[24] 但「偉大的領袖」壓根兒沒搞定這個問題。

實際上，北韓大饑荒幾乎就和金正日登基同時發生，從此以後，大家只要一提起他，就會想到這段民不聊生的日子。即使到今天，脫北者往往仍帶著愛戴之情懷念金日成；他們不僅僅是在官媒報導中，更是在現實生活中記得北韓曾經強盛一時。

然而，他們對金正日可就沒有這種情感了。北韓人不解的是，**如果他真的這麼在乎我們，為什麼我們還會餓肚子？**

經過饑荒時期，北韓生活回復原狀——老百姓僅僅蒙受飢餓煎熬與營養不良——後，金正日就積極發展軍事力量，開始推動「先軍政治」（"military first" policy，선군정치），並將軍隊

提升到政權階層中最有利的地位。此外，朝鮮勞動黨作為金氏政權的政治力量，也採用了新的口號：「軍隊即黨、人民與國家。」[25]對一個財政困難又執意增強武力的政府來說，核子彈比任何武器更容易以小搏大。因此，北韓政府長年來傾其所有力量與資源，偷偷摸摸發展核計畫。直到二〇〇六年首度進行核試驗後，金正日才將駭人的祕密公諸於世。

至此這位領導人已經邁入六十四歲，看得出來健康正在走下坡，原本豐腴的體格憔悴不堪，皮膚也變得蒼白。到了二〇〇八年八月中，他更經歷一次中風發作。

雖然後來康復了，但他最後一次公開露面時宛如風中殘燭，看起來變得又瘦又小，左側身體似乎還有癱瘓情形，導致左腿與左臂無法順暢活動。

外界也愈來愈熱烈猜測「敬愛的領袖」的繼承人選。

按照傳統北韓長幼有序的規矩，本來應該由長子金正男來繼承大位。

多年來許多人都斷言，是因為二〇〇一年發生了那件醜事，才導致這位第一公子失去儲君地位。

那一年，金正男持多明尼加共和國假護照並化名「Pang Xiong」（即中文的「胖熊」），企圖溜進日本卻被逮到。當時他還帶著妻子和幼小的兒子，並告訴日本當局，他純粹是想帶家人去東京迪士尼。在那之後，他就流亡到鄰近香港的中國領土——澳門，並以那裡為根據地度過餘生。

而外界始終不清楚他流亡究竟是迫於無奈，還是出於自願。

然而事實上，金正男早在多年前就已經不得父親歡心。繼承權問題和母親的野心大有關係，兒子適任與否反倒沒那麼重要。

一九七四年，金正日開始和下一任「妻子」過從甚密，從此金正男的母親就幾乎一直住在莫斯科。她真的回到平壤後，變得喜怒無常，除了患有偏頭痛，也常突然情緒爆發，給整個家裡帶來一片愁雲慘霧。況且，她從小受的教育是要她擁有自己的抱負與事業，不是變成一個傳統家庭主婦。做人家溫順的妻子任勞任怨，始終是這位女演員拒絕扮演的角色。

另一方面，金正恩的母親變成金正日生命中的固定班底。身為備受寵愛的妃子，她在幕後推動改變；漸漸地，隨處都可以看到她造成的影響。舉例來說，電視忽然就播起韓語配音的卡通《唐老鴨》（*Donald Duck*）、《湯姆貓與傑利鼠》（*Tom and Jerry*），還恰恰好是她孩子看電視的時間。[26]

大約同一時期，金正日發現當時二十歲左右的金正男違背命令，回到平壤後還跑出去交遊喝酒，因而氣得大發雷霆，將他們一家人軟禁在家一個月，不但中斷食物供應，還要他們自己打掃家裡。金正日甚至威脅要把他們送進勞改營，像其他政治犯一樣在礦場工作。

而且，金正男的母親結過一次婚，還和前夫有過至少一個孩子，這也導致金正男的私生子身分備受爭議。

金正男的表姐和他共同生活，親眼看見「另一個女人」暗中操弄這一切的痕跡。她認為是金正恩的母親設下圈套，先慫恿金正日給予大兒子更多自由，再趁這個年輕人盡情享受時告他的狀。[27]

此外，向來不乏北韓相關議論的情報中心首爾，也有人推測是金正恩那野心勃勃的母親耍心機，故意把金正男的旅遊行程洩露給日本當局，害他被抓又失去威信。[28]

這麼一來，就該輪到她的孩子遞補上繼承順位，只要大家不去注意那些礙眼的事實就行：她同樣沒和金正日依法正式結婚，兩個兒子嚴格說來也不算名正言順的繼承人；她的出生地是「帝國主義侵略者」的國家——日本；她的妹妹已從北韓叛逃。

據瑞士的同班同學描述，他們的長子金正哲寡言內向，而過去為北韓皇室切魚多年的日本壽司師傅藤本健二也說，他從來沒顯露過半點野心。無論如何，金正哲似乎患有某種荷爾蒙失調，因而金正日認為他「像個小女孩」，不適合擔任領袖。[29]

藤本曾透露，金正日將指定三兒子金正恩為接班人。結果證明他說的話沒錯。

第二章　與帝國主義者共同生活

「金日成同志告訴鄰居：日本鬼子是抓走韓國人的混蛋，他們的娃子也一樣是混帳東西。我們必須混進他們當中行動，一旦他們亂講話，我們就一擁而上，把他們打得落花流水。」

——出自一本關於金日成父親的傳記，該傳記於一九六八年出版[1]

在位於平壤以南的信川（Sinchon）的皇室居所裡，六歲的金正恩正站在遊戲室的撞球桌邊，跟哥哥一起等父親和一些官員開完會走出來，當中包括他們的姑丈張成澤（Jang Song Thaek）。兩個男孩穿著兒童尺寸軍制服，橄欖綠套裝上綴有金鈕扣和紅滾邊。此外，他們頭上戴著月形軍帽，肩上佩有金星勳章，看起來活脫是兩個小將軍。

父親走進遊戲室時，他們圓嘟嘟的臉蛋露出嚴肅的表情，馬上像士兵一樣立正站好，向父親敬禮。金正日見狀龍心大悅，想要先將男孩們介紹給官員，再前往隔壁的餐廳。於是，所有人排排站好，正式認識兩位小王子。

藤本健二已經從日本遷居北韓，平常就在皇家宅邸做壽司。現在他站在隊伍最末位，小王子們每走近一步，他的心跳就加快一點，心情也變得愈來愈緊張。

首先走上前來的是金正哲。藤本率先伸出手，而八歲的男孩也報以堅定有力的一握。接著，藤本向比較年幼的那個男孩伸出手，但這一位可就沒那麼有禮貌了。

金正恩沒握藤本的手，反而用「銳利的目光」瞪著他看，彷彿在說：「你這個可惡的日本人！」堂堂一個四十歲男人，竟然被一個小孩子瞪得敗下陣來，令這位大廚覺得又驚又羞。經過對藤本來說漫長而煎熬的幾秒鐘後，金正日終於出面解圍。

「這位是藤本先生。」金正日說。在他敦促下，「小王子正恩」儘管興趣缺缺，總算還是願意跟他握個手。這位壽司師傅心想，也許小王子對他的名字有印象。說不定他們以前曾一邊吃著他準備的壽司，一邊聽到人家說，那是「從日本來的藤本」做的。

藤本面對這種反應不禁納悶，「反帝國主義」一向是北韓敘事的關鍵部分，莫非這個男孩已經養成這種思維了？不過也有可能，只是藤本的怪模樣對他來說太過震撼的緣故。如果要形容藤本的長相，「異於常人」只能算是一種厚道的說法。

一九八二年，藤本時運不濟又不滿意婚姻，在日本報紙上看到北韓徵壽司師傅的廣告後，就決定跑去應徵。當時日本經濟正高速成長，對開著藍寶堅尼的銀行家來說，一頓要價數千元的生魚片晚餐根本不算什麼。從這個角度看，藤本的職涯選擇更顯得非比尋常。至於北韓……再怎麼說，畢竟是北韓嘛。

就這樣，藤本獲得這份工作，離鄉背井來到北韓。他不斷為金正日片魚肉做壽司，直至大約十五個年頭過去，在金正恩度過童年與青春期的日子裡，也經常親眼看到他。

到了二〇一〇年，金正恩即將成為下一任領導人的消息曝光，而藤本能提供北韓領導高層祕辛，一下子成了意想不到的情報來源——比他更令人跌破眼鏡的情報來源，大概是後來那個穿環刺青的美國籃球員「壞男孩」*吧。

藤本於一九八二年起先在北韓待了一年，這時金正恩尚未出生；接著他又於一九八七年重返北韓，一待就待到二〇〇一年。他居住的祕書處宿舍區位於平壤一塊樓群院落中，裡頭還有朝鮮勞動黨辦公室，以及金正日的一個住處。

廚師團隊替金正日準備的餐點極盡奢華，包括烤雉雞、魚翅湯、俄式燒烤山羊肉、蒸甲魚、烤雞和烤豬，以及熱融瑞士拉可雷特起司（Raclette）佐馬鈴薯。北韓皇室成員只吃國內某個特別地區生產的稻米；在那裡，由女性勞工一一精揀出每一粒稻米，以確保中選的米粒大小均等，完美無瑕。[2]

壽司每週都會在菜單上出現一次。藤本用山葵醬油搭配龍蝦生魚片，用鮪魚前腹、青甘魚、鰻魚和魚子醬來製作握壽司。其中，海鱸魚是金正日的最愛。

藤本在核心集團中扮演這種角色，因而經常造訪國內各地的皇家大院，包括位於元山的海濱宮殿。藤本曾跟金正日去騎水上摩托車，還曾在毗鄰中國的西部邊界附近，跟著他騎摩托車——金正日騎的本田（Honda）馬力超強，藤本騎的山葉（Yamaha）馬力比較弱——在陸地上奔馳。此外，他也曾加入金正日的狩獵探險隊，一起到鄉間去打野鴨。他們旅行時可能搭金家的豪華列車，也可能坐在一支賓士車隊裡。

另一方面，藤本接觸金家孩子的時間也很多。

金正恩形單影隻度過童年。他平常被關在平壤的豪宅大院裡，在家接受私塾教育，和哥哥正哲兩人沒有任何朋友，最小的妹妹又比他們倆年幼好幾歲，根本當不了好玩伴。在另一個完全隔離開來的地方，同父異母的哥哥正男同樣過著僻靜的生活，所以他們倆甚至也無法和他玩

*丹尼斯．羅德曼的綽號。

在一起。

似乎就是這個緣故，他們才這麼牢牢把握任何擁有外來同伴的機會。即使是什麼也不缺的小王子，也一樣會渴望擁有朋友。

為了發掘小時候的金正恩是什麼模樣，我搭上駛離東京的子彈列車，飛快奔向位於日本阿爾卑斯山的小鎮佐久平（Sakudaira），也就是藤本健二——他說這是為保護自己而採用的假名——當時居住的地方。

在那座寂寥的小鎮上共進午餐時，藤本告訴我：「他小時候有點寂寞，於是我成為他的某種形式上的玩伴。我們變得像是朋友一般。」

在這之前，我就從照片上看過藤本，知道他總會偽裝成某種樣子來稍微掩飾身分。儘管如此，當我走出佐久平車站並發現他正在等我時，卻還是受到很大的衝擊：他頭上罩著印有一個白色骷髏頭的黑色大頭巾，臉上掛著一副紫色鏡片的眼鏡，手上則戴著一支巨大的手錶，以及一只鑲有鑽石的方戒指——與其說是證人保護計畫扮低調用的，不如說比較像饒舌歌手戴的閃亮配飾。

第一次去那裡見藤本，他在我們上樓走向中國餐館的私人房間時，遞給我一張他的名片。名片一面印有金正恩摟著他的照片，另一面則印有一段字樣：「如果您想聊聊北韓，就打給我吧。」他揣著一塊寫字板，上面夾著一些剪報，全是關於他最近一次去平壤的日本新聞；此外，板子上還有一些他以A4尺寸列印出來的照片。因為外界幾乎沒人和那位年輕的北韓領袖來往過，所以藤本變得有點像是一位「金正恩學家」。

雖然北韓的存在是以抵制美國、抹黑民主世界秩序為基礎，卻也同時建立在仇視日本上。因此，皇室內廷出現藤本的身影，形同北韓政權出現矛盾。

二十世紀前半葉，韓國在帝國主義日本殖民下備嘗艱辛。在二十世紀之前的數十年裡，日本開始在亞洲不斷侵略擴張，不僅在軍事上擊敗中國與俄羅斯，更控制了整個朝鮮半島。一九〇五年，日本將韓國納為保護國（protectorate）；到了一九一〇年又正式武力兼併朝鮮半島，展開長達三十五年的暴虐殖民統治。

殖民時期接近尾聲時，韓國人開始被迫改用日本姓名，在學校與職場都必須說日語。後來第二次世界大戰一開打，男性就被強徵到日本的工廠與礦場，並編入大日本帝國陸軍旗下；同時，數以萬計女性被迫前往「慰安所」，受到日本士兵性奴役。

一九四五年日本戰敗後，不得不將朝鮮半島控制權讓渡給戰勝國。即使時至今日，這段記憶在南北韓兩地都還是一樣深植人心。

而金氏家族的政權，就建立在金日成反帝國主義的抗日資歷上。一九四八年發行的傳記以肯定口吻寫道，日本人「在三千萬韓國人當中，最痛恨的就是金日成將軍」。[3]

日本戰敗數十年後，北韓政府發現維持仇日怒火熊熊燃燒的好處，同時積極展開報復行動。自一九七〇年代末開始直至一九八〇年代，北韓諜報人員陸續劫持了數十名日本公民；他們先從日本西岸的海灘和公園把人擄走，再匆匆塞進小船裡。

這些日本俘虜來到北韓後，政府特工便設法迫使他們心理崩潰。一旦他們變得任憑擺布，當局就會用他們來當間諜或教日語。[4]

日本政府官方表示，有十七名日本公民被抓到北韓去，而北韓只承認其中十三人情況屬實。當中最廣為人知的俘虜是橫田惠（Megumi Yokota），一九七七年，她在放學回家路上被綁架時年僅十三歲。二〇〇二年北韓允許五名俘虜回日本，卻同時聲稱其他八名俘虜——包括橫田惠在內——已經在北韓撒手人寰。

直到今天，北韓還是經常在官方媒體上將日本妖魔化，一邊公開痛批「日本反動派」*，一邊威脅要用核武把日本變成「一片火海」。

然而，北韓政府的煽動言論卻對一項重要細節絕口不提：金正恩私底下和日本淵源甚深，他摯愛的母親就在那裡出生。

在日本殖民統治下的朝鮮半島，出了一個名叫高京澤（Ko Kyon Taek）的男人。一九二九年，船夫之子高京澤正值二十六歲，從南韓濟州島（Jeju Island）遷居日本大阪。而在地韓裔社群日益壯大後，也漸漸開始將大阪視為故鄉。

高京澤定居在大阪市中心一帶的生野區（Ikuno），並在一家名為「廣田裁縫所」（Hirota Saihojo）的裁縫工廠幹活，而當地的韓裔社群至今依然相當壯盛。後來，那家工廠不再製造商務襯衫，轉而生產軍服與軍帳。

戰爭結束後，正當日本急速將自己改造成一個現代化民主國家，高京澤和妻子也開始共創家庭。他們首先生了一個兒子，接著又在一九五二年六月二十六日生下女兒，並取名為高容姬。

後來，高容姬化名為高田姬（Hime Takada）就讀大阪的公立小學。她熱愛表演，每逢星期天就在教堂唱詩班唱聖歌。距離她出生四年後，妹妹高容淑也誕生了。

戰後，她們的父親被日本警方盯上。外傳他暗中經營一艘非法船隻，往返於大阪與濟州島之間，已經遭當局勒令驅逐出境；此外還是一個浪蕩男，曾和不同情婦生過一堆孩子。為了斷絕和其他女人的關係，同時擺脫自己的困境，高京澤決定趕緊離開日本。[5]

---

*意指反對進步與社會變革的群體。

正巧時逢一九五〇年代末，北韓開始鼓勵在日韓裔同胞回歸故土。儘管絕大多數在日韓國人都來自南韓，日本政府卻仍支持北韓出的主意，並視之為縮減國內韓裔人口的方法。

金氏政權對可能移民歸國的同胞宣稱，北韓是地球上的社會主義樂園——一個免費提供住宅、教育與醫療照顧的國家，保證人人都有工作，再也不必像在日本那樣忍受任何歧視。

而且，當時北韓的經濟看起來比南韓更景氣，時任南韓總統的李承晚（Syngman Rhee）是個強悍的保守派，在外界眼中如同美國的傀儡。

一九五九至一九六五年間，超過九萬三千人對金氏政權的行銷話術信以為真，就這樣從日本遷居北韓。

而高京澤一家也不落人後。在高容姬滿十歲後，他們搭上第九十九號遣返船隻，展開長達約九百公里的旅程前往北韓，最後在海港城市清津（Chongjin）下船。清津位於朝鮮半島東岸，是距離高家祖籍濟州島最遙遠的地方。

戰後日本正迅速蛻變成為世界經濟強國，因此，許多韓裔人士離開日本回到「故鄉」後，一顆心都涼了大半截。有些人發現自己遭到愚弄後，一到北韓就自殺了。

而平壤方面談及歸國生活的說詞自然大不相同。在北韓雜誌《朝鮮畫報》（*Korean Pictorial*）一九七二年十二月號裡，有篇關於高京澤一家人的專題報導，標題寫著「我的美滿家庭」。[6]

照片中的高氏一家團聚桌邊，形成一幅充滿天倫之樂的畫面。高京澤站在一旁，望著桌邊笑逐顏開的妻子和兩個女兒，同時祖母懷裡正抱著一個小男嬰。每個人都穿得很體面，臉上帶著微笑，室內則擺滿了家具，其中包括一架大型收音機，在當時想必是十分新潮的玩意兒。

高京澤在照片底下的報導中表示，一九二九年他去日本後，生活困苦又飽受歧視，直到搬來北韓才結束那悲慘的日子。雜誌引用他的話寫道：「現在沒有哪個家庭比我們更幸福。」此外，報導也提到他們最年長的女兒——那個大家沒怎麼聽過的高容姬，已經加入聲譽卓著的萬壽臺藝術團（Mansudae Art Troupe），曾獲金日成頒發獎牌。

隔年，這位高容姬搭著渡輪回到日本。一九七三年夏天，她和另外三十五名萬壽臺藝術團舞者前往日本，展開為期兩個月的巡迴演出，演出地點包括東京、名古屋、廣島、福岡，以及她的出生地——大阪。

然而，高容姬的身分已經遭到掩蓋。在這趟日本之旅期間，日本親北韓報紙《朝鮮新報》（*Choson Sinbo*）將她稱為柳日淑（Ryu Il Suk），並說她在曲目〈祖國的杜鵑花〉（Azaleas of the Motherland）中是主要舞者。而該報記者說，雖然高容姬是團裡的大明星，但其他舞者團團圍起來守著她，導致他無法靠上前去採訪。

在北韓國內，藝術團美麗的舞者常受邀出席金正日的狂歡酒會，並在宮廷內為他的入幕之賓演出。

據團內另一位舞者回憶，金正日突然就迷上了高容姬，常在派對上請她坐到自己身邊來。這位舞者自北韓叛逃後，在回憶錄寫道：「金正日迷她迷得要命，常常跑進彩排室來看她排練。」[7]後來高容姬愈來愈常缺席排練，謠言也開始在其他舞者間傳得滿天飛，有的說她已經和金正日同居，有的說她已經替他生了孩子。

一九七五年，高容姬和金正日「結婚」——雖然看樣子他們並非正式結合，但後來她妹妹就是這樣描述的。兩人關係導致高家人在北韓一下子雞犬升天。高容姬的父親當上萬景臺紀念品工廠（Mangyongdae Souvenir Factory）的經理，直到一九九九年以八十六歲高齡逝世時，都一直住在首都平壤。

藤本健二記得自己見過高容姬，還說她長得很漂亮，完全不輸以美貌著稱的兩個日本女演員：吉永小百合（Sayuri Yoshinaga）和原節子（Setsuko Hara）。北韓領導人金正日向來瘋迷電影，聽到這種比喻想必很開心吧。

但高容姬可不只是擺好看的花瓶嬌妻。她常常熬夜和金正日一起研讀文書資料，並提出自己的意見。據說有一次，某個保鑣喝醉酒後揮舞手槍指向金正日，她還奮不顧身衝上去擋在兩人中間。高容姬是在日本出生沒錯，但她已經證明自己是真的愛國，不只忠於北韓，也忠於她權傾天下的丈夫。

✪✪✪

藤本師傅第二次遇到兩個男孩時，氣氛就比較融洽了，地點一樣是信川的金家大院。當時，每個人都在巨大的花園裡，藤本正在放風箏，叫男孩們看得目不轉睛。

「好極了，謝謝藤本吧，風箏飛起來了。」高容姬對兒子們說。金正恩很興奮，而這件事似乎也稍稍緩和了原本緊張的關係。藤本說大約一個月後，上頭就請他成為兩個男孩的「玩伴」。

藤本聽了這話十分驚訝，好歹他已經是個大人，對方卻還是兩個小男孩。然而，他也不可能回絕這個要求。他猜想也許因為自己是個外國人，所以在男孩們眼中頗有一點特殊魅力吧。

他們讚賞過藤本的鞋子：一雙Nike Air Max運動鞋，一九九〇年代初最拉風的款式。金正恩問他那雙鞋是不是正牌貨，顯見他當時常常看到別人用仿冒品。於是藤本向他保證，自己穿的並不是假貨。

但也許，藤本只是看似帶給他們一點樂趣。畢竟在與世隔絕的皇宮中，男孩們幾乎別無選擇。只要有機會，藤本就會帶上高容姬和兩個「王子」，搭乘金正日的私人遊艇去釣海鱸魚。每當藤本釣到一條魚，還在念小學的小小金正恩就會強行要他讓出釣竿，然後一邊握著釣竿一邊樂得大叫：「我釣到了！」

一九九一年男孩們跟著母親去過日本後，就對那裡深深著迷。高容姬手上拿著巴西假護照，帶著兒子們到東京旅遊。雖然北韓公開宣稱日本是它的仇敵，但日本還是有相當大的韓裔社群。

就這樣，正當北韓政權爆發仇日浪潮，高容姬正在東京市中心——在奢華之名滿天下的高檔商圈銀座購物，還讓家鄉同胞視為「帝國主義侵略者」的人替她做頭髮。男孩們跟著她去東京迪士尼後，特別喜歡一項座椅會搖動的3D遊樂設施。高容姬眼看兒子們癡迷不已，便派隨行人員去打聽那項設施的造價。

藤本告訴我，她想買一座同樣的設施帶回北韓給她的孩子玩，但那價錢就連北韓皇室也望而卻步。儘管如此，在後來幾年裡，他們偶爾還是會聊起這次東京迪士尼之旅，以及他們玩過的所有設施，然後認真思索哪一項才是最好玩的。

此外，男孩們似乎也在學一些日語。金正恩曾對藤本說，日本人在一天中用好幾種問候語很奇怪，像是早安、日安、晚安等等；反觀韓國，不論什麼時候全都使用同一句問候語。

有一天，正在學中文的金正恩要藤本寫出日文的「波」。因為日文與韓文都是由中文字發展而來，所以這個男孩想知道，這個字在這兩個語言中的寫法是否一樣。藤本不禁開始揣測是誰在教導兩個男孩日文。

有回，趁著皇家隨行人員來到元山的海濱豪宅，金正恩指定了兩支日本歌謠，要求其中兩名年輕女子為藤本獻唱。那是兩首抒發思慕之情的名曲，一首談的是被外國人從橫濱帶走的小女孩，另一首談的則是一隻烏鴉媽媽，正聲聲啼叫呼喚雛鳥歸巢。

後來藤本開始懷疑，莫非那兩名女子就是被迫來到北韓的日本俘虜，難道那個在放學回家路上被綁架的少女橫田惠，正在為皇室的孩子上日語課嗎？當時她差不多是快要三十歲的年紀，而且，被擄離家鄉的少女大概就是會想唱那種歌。

另一次，則是金正恩在畫主體思想塔——平壤市中心一座頂上設有紅火焰造型的方尖碑，用來紀念北韓「自立自強」的治國理念——時，向藤本問起東京鐵塔的事。東京鐵塔是一座紅白建築，令人聯想到巴黎艾菲爾鐵塔，於一九五〇年代落成後，很快就成為日本戰後經濟復甦的象徵。

金正恩要求藤本替他畫出東京鐵塔，後來他說那幅畫很酷，就小心翼翼放進箱子裡，和自己的畫保存在一起。由於和金正恩變得更加親近，藤本覺得很開心——這位壽司師傅受到這個男孩賞識後，在金家大院的威望也提升了。

金正恩開始對這個出人意表的哥兒們懷有好感後，就益發坦率表現出友好的態度。當時他瘋迷籃球，所以藤本有一次從日本帶來耐磨地板膠帶，以便他自己造出一塊籃球場。有一天，金正恩給了藤本一張李明勳（Ri Myong Hun）的照片。李明勳是北韓最有名的籃球員，綽號李麥可〔Michael Ri，因為他偶像是麥可．喬丹（Michael Jordan）〕，在北韓國家籃球隊上打中鋒，身高二百三十五公分，十分驚人。一九九〇年代曾有傳言指出，李明勳即將去美國打ＮＢＡ，而他去加拿大後雖然遇過不少球探，卻沒有進一步發展。如果讓李明勳加入ＮＢＡ，就違反了美國的〈對敵貿易法〉（Trading with the Enemy Act）。

這位籃球員回到北韓後，在少年金正恩的生活中扮演愈來愈重要的角色。二〇一一年在金正日的葬禮上，可以看到在一群哀悼者當中，李明勳魁梧的身形顯得特別出眾；幾年後，羅德曼來北韓進行籃球外交時，他同樣也在場。

話說回來，即使壽司師傅已經變成皇室內廷的老班底，金正恩還是會提醒他別忘了自己的身分。當金正哲已經開始用韓文的敬語——敬語詞尾大抵可以翻譯成英文的「先生」（Mr.）——來和他交談，金正恩依然用無禮的「藤本」來稱呼他。

此情此景如果換作其他孩子，或任何一個有錢人家的孩子，就只是孩子受嬌縱的常見行為，偏偏關於金正恩的其他資訊少之又少，因而這些故事占有非比尋常的重要地位。專家學者仔細研究像這樣的傳聞軼事，並用來證明他具有某些性格缺陷，或在人格養成上受到某些因素影響。

此外，他們也很在意藤本描述的另一個事件。有一次，母親叫他們兄弟倆在桌邊坐好，等候大家吃完晚餐，金正恩卻公然跟她作對，並對金正哲說：「哥，我們走吧。」兩人就這樣跑了出去。

還有一次，小王子金正恩約莫十歲大時，正為了阿姨高容淑叫他「弟弟」而氣得要命。

「不准把我當成小孩！」小小金正恩大聲咆哮。於是，藤本建議改叫他「將軍同志」（Comrade General），而小男孩對這個稱呼很滿意。有一回我們在日本進行訪談時，藤本嘻嘻笑告訴我：「在那之後，人人都開始叫他將軍同志，所以我就像他的教父一樣。」

藤本略而不提的是，金正恩並非第一個獲封為將軍同志的小男孩。大約十年前，差不多在同樣的年紀，金正日的大兒子金正男也曾被喚作「將軍同志」。只不過後來風向轉變了，如今父親視為繼承人般偏愛的是三兒子。

因此，金正恩從小到大當然一直覺得自己很特別。藤本還記得，這位小小將軍同志八歲時，在元山皇家大院的派對廳舉辦生日會，與會賓客盡是高層官員而非其他同齡孩子。

在生日會上，金正恩身穿一襲黑色西裝並繫著蝶形領結，還有人獻上幾束鮮花，不過他看起來不太自在。藤本在桌邊找到自己的位子坐下後，注意到印好的菜單旁還放著一張紙，上面寫著〈腳步聲〉（Footsteps）這首歌的歌詞。

話說在當時，普天堡電子樂團（Pochonbo Electronic Orchestra）是北韓名氣最響亮的樂隊，經常演奏電聲合成歌曲來讚頌金氏政權。在座賓客向小男孩敬酒道賀過後，這支樂團就開始演奏〈腳步聲〉。藤本說，那首歌只要聽過一次旋律就能琅琅上口。因此，沒多久在場每個人就跟著哼唱起來：

噔噔噔的腳步聲
我們金大將軍的腳步聲
散播二月的精神
向前行，噔噔噔……
帶領我們前進燦爛的未來，噔噔噔
啊——腳步聲*

金正日的生日是二月十六日，每年都會敲鑼打鼓大肆慶祝。因此，在場誰也不會搞錯這首歌要傳達的訊息：金正日的繼承人，也就是另一位「金大將軍」，將引領他們邁向未來。

金正恩的阿姨和姨丈告訴我，從那一刻起，無論何時，就連高級官員見到他也要鞠躬敬禮並聽從指揮。他們還說，當周遭人都用那種方式對待他，他根本不可能像正常孩子一樣長大成人。而且，金正恩很快就習慣對別人發號施令了。

金正恩還是個小男孩時，一向瘋迷各種機械裝置。其中，他尤其喜歡模型飛機和玩具船，想知道它們是怎麼飛行、怎麼漂浮的。雖然當時年僅八、九歲又身在平壤，但金正恩已經會整晚熬夜做機械實驗——即使凌晨時分，只要他遇到自己想不通的地方，依然會堅持找某個專家或其他人來討論。金正恩的阿姨告訴我，不管時間有多晚，一旦他有疑問或有什麼裝置運作不良，就會派人找來一個船舶工程師，然後把問題解釋給對方聽。

她認為，從這種行為可以看出金正恩的性格有兩面：他的專注力優異，但也容易一沉浸在某個想法就走火入魔。她沒用「狂熱」（obsessive）這個詞，但她描述的正是這種特質。事實上，後來這個男孩搬去瑞士伯恩和他們住以後，就成天纏著阿姨和姨丈給他買玩具店的模型飛機，或帶他去一

*以韓文版歌詞為準。

座其他愛好者常放模型飛機的公園。這份狂熱持久不衰，就這樣一直持續到他成年以後。

過了數年，金正恩成為欽定接班人後，似乎也親口證實這種說法。二〇一〇年某日，某個軍官就新型火砲向金正恩徵詢建議時，他說：「我從小就培養出對飛機及戰艦的親密情感。」

金正恩告訴那個軍官，他小時候為了玩遙控飛機，曾在宅邸後院布置跑道。而根據北韓官方說法，那個軍官認為這件事更進一步證明，金正恩具有無人能敵的領袖資質。[8]

這也解釋了他後來何以成為飛行員，自己駕著飛機在北韓到處飛，甚至在元山建造全新的簡易飛機跑道，以便駕機降落在避暑官邸附近。如今當情報分析師透過衛星影像仔細搜索，想要弄清楚北韓是否企圖發射飛彈時，他們所尋找的其中一種跡象，就是附近有無金正恩的私人飛機停在簡易跑道上。

雖然青春歲月碰上了全國大饑荒，但「偉大的接班人」從沒經歷過匱乏的日子，大概也沒親眼見過北韓同胞水深火熱的生活。他成長在一個一切都繞著他轉的世界，不但有像藤本這樣特別委任的朋友，還有專門的教師、教練、廚師、保鑣和駕駛為他效勞。

從小到大，他一向覺得自己是全宇宙最特別的小男孩，未來將奉行「自立自強」的思想路線；然而事實上，他的自立自強全仰仗這一大票傭人、乞求者和家庭教師。

金正日膝下幾個子女，要不是關在設有圍牆與四．六公尺高鐵門的大院裡，就是隔離在元山的海濱宅邸，過著極盡奢華的生活。宅邸裡有索尼（Sony）電視機、電腦和電玩遊戲，讓他們可以玩《超級瑪利歐》（Super Mario）。此外，每一間屋子裡都設有彈珠檯，以及巨大的山葉（Yamaha）或史坦威（Steinway）平臺鋼琴。

金家孩子擁有巨大的遊戲室，室內擺著滿滿的玩具，任何歐洲玩具店都比不上。裡面有一大堆樂高積木（Lego）和摩比人偶（Playmobil）*、一盒盒永遠也拼不完的拼圖，以及子彈做得出奇逼真的塑膠手槍。只要是想像得到的四輪玩具，那裡通通都有。不過，金正恩倒也有一部真車和一把真槍：一輛父親為了讓七歲小男孩就能駕駛而特地改造過的轎車，以及一把他十一歲就佩在臀側的柯特四五手槍（Colt .45）。

這些屋子都有大型隔音電影院，電影院裡還嵌上木板來改善音響效果，並掛有黑色天鵝絨帷幕，帷幕在室內燈光暗下來準備播放電影時就會拉開。金家孩子可以坐在柔軟的扶手沙發上，觀賞《賓漢》（*Ben Hur*）、《德古拉》（*Dracula*）或詹姆士·龐德（James Bond）系列電影。

廚房裡有蛋糕和法式糕點、煙燻鮭魚和肝醬（pâté），以及芒果和甜瓜之類的熱帶水果。他們穿的衣服要量身訂做，用的是裝在新秀麗（Samsonite）行李箱成批運來的英國布料，刷牙時

* 德商製造，一種組合式玩具。

則使用進口的高露潔（Colgate）產品。

宅邸的花園都十分巨大，大到他們稱之為「公園」，並設有流入人造湖的人造瀑布，以及關在籠子裡的熊和猴子。他們開高爾夫球車或騎電動輔助自行車，在大院裡四處蹓躂。有些大院內建大型游泳池，有些則配置室內外射擊場。[9]

金正恩消磨時光的方式，包括用藤本的隨身聽播放藤本的惠妮・休斯頓（Whitney Houston）專輯CD，以及在官邸裡的球場上打籃球——通常，其他球員是為了給王子作伴而特地找來的孩子。

藤本說金正恩還會分析籃球賽，指出不同球員的強項和弱項，一面稱讚那些他覺得打得好的球員，一面斥責那些打不好的，顯得十分狂熱。

「他有能力運用扎實的推論來做出明智的判斷，知道何時該讚美、何時該指責。」壽司師傅回憶道。後來，金正恩談起自己多麼嚴厲批評某個球員時，臉上總帶著微笑。他彷彿在練習統御他人的技術，也很享受自己的絕對權威所喚起的強烈恐懼。

第三章　隱姓埋名的瑞士生活

「我從小就培養出對飛機及戰艦的親密情感。」

——金正恩，節錄自《金正恩生平軼事》（*Anecdotes of Kim Jong Un's Life*）

一九九六年夏天，金正恩動身前往瑞士首都伯恩，加入哥哥金正哲的行列一起上學時，依然是個稚氣未脫的小孩子。這個十二歲男孩頂著鍋蓋頭，臉上才剛開始形成後來的招牌雙下巴。

他驀然發現自己置身於一座風景如畫的傳統城市，感覺上不太像國際首都，倒比較像韻味別致的古都。時鐘塔（Zytglogge）是伯恩著名景點，在大約九十年前，曾經啟發年輕的專利局職員亞伯特·愛因斯坦（Albert Einstein）發現相對論。一九〇五年某一天傍晚，愛因斯坦下班後搭乘輕軌回家的路上，一邊回頭望著漸漸離他遠去的鐘塔，一邊納悶如果自己正在以光速行進會怎樣。正是這個念頭，引領他解開了長年來困擾著他的「時空」之謎。

話說金正恩正繼續他自己的啟蒙之旅。他離開飽受饑荒重創的北韓，千里迢迢來到這個數一數二富裕的歐洲國家。

同年八月，戲院正在上映《不可能的任務》（*Mission Impossible*），而《猜火車》（*Trainspotting*）才剛要上檔。當年最昂貴的頂級個人電腦，還在用軟式磁碟片和微軟 MS-DOS 作業系統。

當時，在美國亞特蘭大（Atlanta）舉行的夏季奧運才剛圓滿落幕，柯林頓正為了連任美國總統忙著跑競選活動。就在那個月，作家喬治．馬汀（George R. R. Martin）首度出版奇幻小說《權力遊戲》（*A Game of Thrones*）。

北韓小王子從金家大院的小宇宙破繭而出，踏上這塊屬於凡間的新土地。他以前就曾到歐洲與日本旅遊，所以並非第一次出國，不過，說到在北韓皇宮範圍以外的地方居住，卻還是頭一遭。

他的哥哥在伯恩邊陲郊區味十足的小鎮里柏費（Liebefeld），已經和阿姨高容淑及姨丈李康（Ri Gang）共同生活兩年了。

將近二十年後，我在美國循線找上金家兄弟的阿姨，她告訴我：「我們生活在普通的屋子裡，外表看起來如同正常的一家人。我表現得就像他們的母親，有時他們的朋友來訪，我會拿點心招待他們。那是一段非常平凡的童年，生日時有派對、有禮物，也有瑞士的孩子來家裡玩。」

他們在家裡說韓語、吃韓式料理，當兄弟倆用「Imo」（이모）稱呼高容淑，他們的朋友也不曉得那個詞是韓語的「阿姨」，而非「媽媽」。

他們在歐洲過得富裕又快活。家庭相本裡有這位未來北韓領導人的照片，他曾經泡在法國蔚藍海岸（French Riviera）的地中海裡游泳、在義大利享用露天晚餐、去巴黎的歐洲迪士尼玩（數年前金正恩母親就帶他去過那裡，所以並非生平第一趟迪士尼之旅），以及在瑞士阿爾卑斯山（Swiss Alps）上滑雪。

他們偶爾會去因特拉肯（Interlaken）放鬆一下。華麗炫目的度假小鎮因特拉肯位於伯恩市外，既是通往瑞士少女峰（Jungfrau）山脈的門戶，也是一家知名遊樂園的所在地。此外，金正恩也去過位於瑞士日內瓦湖（Lake Geneva）湖岸的洛桑市（Lausanne），兩度造訪那裡的奧林匹克博物館（Olympic Museum）。洛桑是國際奧林匹克委員會（International Olympic Committee，簡稱國際奧委會）的發源地，而在博物館裡，有一場展覽曾叫金正恩這個機械迷念念不忘：參觀來賓請求看運動員或體育賽事的影片後，地下室就會有個機器人去取出那段影片。

那時候數位儲存時代尚未到來，因此，這個長時間在臥室裡玩飛機和船艦的小男孩，對那個機器人印象十分深刻。二十年後，他在平壤接待國際奧委會主席時，將問起這場展覽是否還在，而答案是已經不在了。[1]

在瑞士，北韓皇族個個都用小心杜撰出來的資訊，來隱瞞他們的真實身分。李康在北韓大使館登記的職業是司機，並採用在韓國僅次於「金」的大姓「朴」，化名為「朴南哲」（Pak Nam Chol）。高容淑則依循韓國女性婚後不必冠夫姓的習俗，在文件資料中留下化名「鄭英惠」（Chong Yong Hye）。

此外，金正哲名義上自稱為「朴哲」（Pak Chol），金正恩則為「朴恩」（Pak Un）。但這些化名都不是新創的，自一九九一年起，就已經受到北韓駐日內瓦聯合國使團正式承認，而他們也可以憑這些外交文件暢遊歐洲。

在交給瑞士當局的照片裡，小小年紀的金正恩有圓鼓鼓的臉頰，頂著一頭像是燙過的蓬鬆捲髮。當年金正男來到瑞士時就是這個造型，據說是為了盡量讓他們低調一點。金正恩身穿海軍藍絲絨夾克，拉鏈拉得高高的，裡面還穿著一件白色高領衫——堪稱一九七〇年代時尚典範，但那時已經是一九九〇年代了。

「朴恩」還持有另一本同樣能暢遊歐洲的護照。那是一本於一九九六年頒發的新巴西護照，大概是為了防止旅行時被人識破他來自北韓吧。護照上的名字是「喬塞菲・朴埃吉」（Josef Pwag），「朴埃吉」看起來就像把「朴」翻譯成葡萄牙文。

雖然北韓人持外交護照就能穿越邊境，卻很難不惹人注意，畢竟當時的北韓就像現在一樣，由於企圖發展核武而遭國際社會排斥。再者，北韓人在歐洲國家很罕見，甚至可以說很新奇；反觀巴西，當時在南美洲是韓國人口占比最高的國家。因此，如果說是亞裔巴西人組成的平凡家庭，跑來歐洲度個假，誰也不會覺得有什麼好奇怪的。

巴西護照上的蓬蓬頭照片不太上相，但可以清楚看出是少年金正恩，登記資料為一九八三年二月一日出生於巴西聖保羅（Sao Paolo），父母姓名分別為「里卡多・朴埃吉」（Ricardo Pwag）與「瑪賽拉・朴埃吉」（Marcela Pwag）。[2]

「里卡多・朴埃吉」其實是一個頻繁旅行到歐洲各地的北韓人，花起錢來毫不手軟，經常搭乘瑞士航空（Swiss Air）頭等艙，並投宿在伯恩、日內瓦和蘇黎世（Zurich）的豪華飯店。此外，他似乎曾被控替北韓統治階級購置房產。事實上，這位「里卡多・朴埃吉」大概就是金正恩的姑丈張成澤。

金正恩就這樣用新的化名在里柏費住了下來。里柏費鎮上多為一九七〇年代混凝土磚建築，不怎麼像個阿爾卑斯山小鎮，反而酷似秉持粗獷主義（brutalist style）建造的平壤市。往大街後方循著路標走進「產業小徑」（industrial alley），在一家貌似修道院的大型葡萄酒貿易公司隔壁，就可以找到當年金正恩在瑞士的住處：教堂街十號（Number 10 Kirchstrasse）。那是一幢淡橘色的三層樓砂石建築，四周圍繞著一叢叢繡球花。

一九八九年該建築落成後，北韓政權很快就斥資四百萬瑞士法郎（相當於當時的四百萬美元再多一點），買下裡頭六戶公寓，供他們一家人及其他北韓顯要在瑞士首都居住。他們一家人擁有三部車，車上掛有外交牌照並設有深色車窗，平常就停放在地下停車場。

伯恩國際學校（International School of Berne）為一所私立英語學校，每年學費高達二萬美元以上，是金正恩和哥哥一起上學的地方，而一些住在瑞士首都的外交官及其他僑民，也會讓子女來這裡就讀。

從這所學校開車只要五分鐘，就能抵達北韓大使館。北韓大使館在那時候就像現在一樣，位於布德雷斯街（Pourtalèsstrasse）上一幢大房子裡，隔著一條河與市中心遙遙相望。布德雷斯街是一條普通的住宅區街道，但街上滿滿一整排都是大使官邸，其實是相當富裕的社區。

因此，即使有時候，金正恩穿著印有瑞士國旗和一頭熊（即伯恩市徽）的學校T恤，由私人司機駕車送他去上學，也不會有人大驚小怪。還有很多外交官的孩子，也是像這樣去上學的。

伯恩國際學校自詡「無懈可擊地坐落在中立國」，全校學生涵蓋了大約四十個國籍。的確，從銀行帳戶到獨裁者子女的就學情形，瑞士凡事保密到家是出了名的，對神祕兮兮的北韓人來說正是理想的落腳處。

金正恩將成為接班人的新聞首次爆出後，大家都如墮五里霧中，於是出現許多其實是有關他哥哥的花邊報導。在那些報導中，班上同學說他是一個內向的北韓人，英文說得比其他同學流利，但結果發現，他們一邊描述一邊憶起的是北韓人「朴哲」，而不是「朴恩」。

不過，有條消息看起來倒是兩個男孩都適用。據說他們很愛看尚克勞德·范達美（Jean-Claude Van Damme）主演的電影，都特別欣賞這位動作明星。巧的是，後來在好萊塢電影《雙重火力》（*Double Team*）中，范達美還跟金正恩喜歡的籃球員羅德曼合作演出。這部電影於一九九七年登上大銀幕，當時金正恩人在瑞士。

在伯恩求學期間，金正哲甚至想辦法把這位比利時影星寫進作業裡。他在一項專題作業中寫道：「如果我有個理想的世界，就再也不准武器和原子彈出現。我會和好萊塢明星范達美同心協力，殲滅所有恐怖分子。人人都會幸福——再也沒有戰爭、死亡和哭泣。」

就像一個優秀的北韓社會主義者，或者也可以說，他就只是一個心懷理想主義的少年。詩人金正哲主張人人都該有一樣多的錢，在文章最後寫道：「只有在我的理想世界中，人才能擁有自由並快樂生活。」[3]

比起金正恩在故鄉住慣了的大宅子，教堂街公寓比較小巧簡樸，但他在這裡可以過得比較像個正常人，也可以投身他最愛的休閒活動：籃球。一開始是母親激發他對這項運動的興趣。有個由來已久的傳聞說，不論南北，韓國母親都喜歡這麼告訴孩子：只要打籃球，你就會長高。

金正恩小時候長得矮，而他父親長得也不高，只有一百六十公分，還出了名的喜歡穿厚底鞋來墊高。因此，高容姬對傳聞懷著一絲希望，鼓勵兒子多多打籃球。後來金正恩長到一百七十公分高，所以也許真有一點幫助吧。

看到兒子愈來愈常出門打籃球，高容姬高興極了。她認為這項運動能幫他摒除雜念，同時化解他從小沉迷於飛機與引擎的傾向。但金正恩的母親和阿姨很快就發現，這個男孩反而也對籃球迷得無法自拔，不但因此荒廢學業，甚至把籃球放在床上一起睡覺。後來高容姬經常跑到伯恩去，責備兒子不該只顧著打球不念書。

在高容姬去瑞士用的護照上，姓名欄寫著「鄭日善」（Chong Il Son），自一九八七年起就獲派為北韓駐日內瓦聯合國使團的一員。然而，瑞士當局對她的來歷一清二楚，畢竟她總搭著俄國製伊留申62型噴射機來，機身上還印有北韓國航高麗航空的標誌。這架飛機僅供貴賓使用，機尾編號 **P882**，機艙內甚至有一個完整的臥房。

這架飛機裝卸任何包裹與貨物時，都必須在瑞士情報局謹慎監督下進行。他們密切注意高容姬的動向，不管是她去蘇黎世車站大街（Bahnhofstrasse，舉世聞名的高檔購物街）購物的計畫，還是在日內瓦湖一帶昂貴的私人診所就醫的帳單，通通必須記錄下來。

他們也知道她的孩子實際上是何許人也，並將金正哲稱為「高瘦的那個」，將金正恩稱為「矮胖的那個」。不過，新任瑞士檢察總長卡拉．戴蓬特（Carla Del Ponte）——後來，她成為前斯拉夫及盧安達國際戰犯法庭檢察長——禁止當局監控金氏兄弟。在這個以謹慎為上的國家中，即使孩子的父母是這世上惡名昭彰的暴君，他們依然擁有單純做個孩子的權利。

話說高容姬來伯恩時還帶著手寫筆記本，裡面寫有一千個構成多數韓文詞彙基礎的漢字。她親筆寫下這些字並影印副本，以免孩子的語言能力落居人後。她規定兩個兒子每天都必須背五到六頁——全世界的韓國小孩都為這種作業吃盡苦頭。

用今天的話來說，高容姬就是一個虎媽，將大把大把精力都花在孩子的教育上，每天夜裡不管多晚回到公寓，一定會仔細檢查兒子的學習日誌和回家作業。

但金正恩心裡頭擺第一的可不是功課。

自從八歲那年成為父親認可的接班人後，金正恩就開始自認高人一等，但他也知道還是得聽從父母的話。而他不直接跟媽媽頂嘴，只會氣沖沖離開現場，多半還會藉著拒吃晚餐來表達憤怒。即使是在那時候，金正恩也一樣脾氣暴躁又氣量狹小。他的阿姨告訴我：「他很固執，只想憑自己的意思行事。」

可以想見，每當夏天來臨學期結束，他總是很高興要回老家了。那裡沒有任何作業，只有籃球和海灘。

✪✪✪

一九九八年，金正恩的世界天翻地覆。他母親被診斷出罹患晚期乳癌，開始在法國接受密集治療，而且預後不太樂觀。

同時，這項疾病或許也說明金正恩的監護人快要完蛋了。本來，他們藉由和北韓政權的關係躍居優越地位，但從高容姬確診乳癌那天起，這份連結就日漸削弱。

因此，這對夫妻決定甩掉金家兄弟的監護責任，速速投奔自由。

同年五月十七日，星期天入夜以後，金正恩的阿姨和姨丈把三個親生孩子塞進計程車，一路開到美國大使館去，車上只有和金正恩同為十四歲的大兒子明白接下來會怎樣。

他們抵達美國大使館後先表明北韓人身分，又說高容淑是北韓領導人的小姨子，並解釋他們一家人現在要向美國申請庇護。當時美國政府還不曉得金正恩是誰，所以一開始這家人沒提到他。

隔天，美國人做的第一件事，就是把這起叫人難以置信的叛逃事件告知瑞士情報局。於是，美瑞雙方一起構思出一套計畫：一旦北韓大使館找上瑞士當局，問起高容淑一家人的下落，瑞士當局將辯稱一無所知。

星期一，這家人一整天都待在大使館裡回答問題。隔天他們就搭上一輛小客車，展開四小時的長途車程；先穿越邊境進入德國後，再朝北駛向位於蘭斯坦（Ramstein）的美國空軍基地。接著他們在德國接受詳細盤問，一待就是兩個月左右，同時情報官員也在查證他們的說法是否屬實。

訊問人員想知道所有的「祕密」，但金正恩的姨丈表示，他們完全不曉得北韓的軍事行動，只知道統治家族的生活情況。「我們就只是照顧那些孩子，協助他們用功念書。」李康告訴我。美國政府准予庇護後，他們一家人就定居在美國中部，像許多韓國移民一樣開起乾洗店，看著孩子們在新環境中成長茁壯。

我循線找上這對脫北夫妻，在他們身邊待了一週，聊一聊那個曾被世人當成他們兒子的外甥。我去過乾洗店後回到他們住的地方，那間郊區住宅和同一條街上其他房子幾乎沒兩樣，都有剪得整整齊齊的草坪，以及兩部車停放在私人車道上。

我們坐在塞得鼓鼓的黑沙發上時，電視上正播出南韓新聞，新聞畫面中是他們監護過的那個人，正帶著笑容和親信慶祝飛彈發射成功，而播報員介紹這位年輕北韓領袖的畫外音，充滿了不祥的警告意味。「他們從來不說他的好話。」李康嘟囔著說。

我問起這對夫妻叛逃的原因，他們說是為了找到治療金正恩母親的方法。高容淑告訴我，他們聽說美國醫療技術在全世界首屈一指，也已經準備好不擇手段把治療方法弄到手。

李康補充說，他們相信只要能說服美國政府讓高容姬入境，就能幫忙促進華府與平壤的關係。他將這種想法跟前美國總統尼克森（Richard Nixon）對中國的「乒乓外交」（ping-pong diplomacy）*相提並論，後者曾為原本充滿敵意的中美關係開啟新紀元。

另一方面，朝美關係在這段時期正是最佳狀態。柯林頓政府和北韓達成核協議，柯林頓也派出前國防部部長威廉·佩里（William Perry）前往平壤，送信給金正日。

佩里此行推動了一連串會晤，後來更促成金正日派遣他的副手*以特使身分訪問華府，創下非比尋常的歷史性畫面。這位朝鮮人民軍次帥身穿北韓軍裝，胸前別著一排排勳章，頭戴別具特色的月形軍帽（帽前印有象徵共產主義的紅星標誌），走進白宮橢圓形辦公室，並和柯林頓總統擺好姿勢合影。

照這樣看來，設想「敵對」政權的成員可能進入美國接受治療，還不至於太過荒謬，但高容姬申請簽證後仍然被拒絕了。看樣子，雙方關係的緩和期就只能維持片刻。

然而，我不信他們一家叛逃純粹是這個緣故。李康和高容淑全靠著他們和金正恩母親的關係，才能躋身北韓政權的核心。如今高容姬性命垂危，她兩個兒子又正在長大成人，漸漸不再需要人家監護，這對夫妻的處境也就顯得岌岌可危了。

如同數十年來曾一瞥外面世界的數萬北韓人，這對夫妻在歐洲旅行並生活多年後，一定已經發覺北韓沒有別人口中說的那麼好，實際上並非什麼社會主義樂園。南韓媒體上關於這對夫妻的報導——不得不說，南韓報導並不是那麼忠於真相——提到，他們擔心高容姬或金正日一死，自己馬上就要慘遭不測，才會趕緊向美國尋求庇護。

但事實上，金正恩的母親在那之後繼續活了六年，直到二〇〇四年才在巴黎的醫院病逝；同時，他的父親正力抗中風及其他疾病，撐到二〇一一年末才與世長辭。

＊一九七一年間中美兩國桌球隊互訪，此文化交流使中美關係突破僵局。

＊指趙明祿（Cho Myong Rok）。

一九九八年夏天結束，金正恩回到伯恩後，就沒再去上河對岸的私立國際學校，轉而在社區裡的里柏費許坦赫茨黎公立學校（Schule Liebefeld Steinhölzli）展開新生活。「轉學」意味著他不必向任何人解釋，為什麼「爸媽」長得跟之前不一樣。

新學校離北韓人住的公寓樓群不到三百六十五公尺。先沿混凝土階梯往下走，經過超市和其他商店後，再繞過一個圓環路口就到了，前後共約五分鐘步行路程。

一九九〇年代末，金正恩就讀這所學校時，校內只有大約二百名學生與九個班級。當地的教育局傾向開設多所小型學校，這樣任何學生的通勤距離都不至於太長。

這所學校每天早上七點半開始上課，中午開始休息兩小時，以便學童回家吃午餐。即使已經到了一九九〇年代，還是有人會期待母親待在家等孩子回來。

到了下午兩點，孩子就會回到學校繼續上完三小時的課，唯有星期三例外。星期三下午不必上學，是瑞士的孩子去看醫生、看牙醫，或——就金正恩的情況而言大概是——打籃球的時光。

另一方面，這所學校由一棟棟兩層或三層建築構成，著重實用設計。校舍前側設有一座園子，學生可以在這裡種玉米、花豆和草莓。圖書館有關於畢卡索（Pablo Picasso）和彼得大帝（Peter the Great）的德文書，也陳列著一些英文書。木工器具和虎鉗成排整齊擺在木工室，學生的藝術作品裝飾著中走廊與布告欄。基本上就是一間普通的學校。

校舍一側是一大片人工草皮，我造訪學校那天，就有一群來自各種移民背景的孩子，正在這裡一起踢足球。同時，場邊還有兩個操阿拉伯語的男孩在比賽遙控車；其中一臺車緊追著另一臺車，被追的車又努力要甩掉對方。

二〇〇九年，金正恩將成為父親接班人的新聞曝光後，各國記者蜂擁到這所學校，想挖出關於這位候任獨裁領袖的內幕消息。他們把學校人員忙得團團轉，想找出金正恩以前的老師來採訪。

有一名日本記者在學校門廳的藝廊，拍下牆上金正恩的班級合照，然後刊在二〇〇九年七月份的報紙上。在那之後，學校撤下牆上的照片並藏起來，同時禁止記者進入校園。

目前那張照片仍然在網路上流傳。那班學生聚集在校園一棵樹下，宛如一支九〇年代時尚隊伍，有的穿著牛仔襯衫，有的穿著寬鬆運動衫。金正恩身穿飾有紅滾邊的灰黑相間運動服，袖子上還有大大的紅色字樣「NIKE」。他就站在最後一排正中央，面無笑容盯著照相機。

在另一張大約同時期拍攝的照片中，金正恩倒是面露微笑了，而他戴的銀項鍊垂落在黑色T恤上，看起來就像典型的青少年。還有一張照片拍出了他人中上的一些鬍鬚，以及臉頰上的少許青春痘。

雖然這所學校努力要擺脫記者，但外界非常關注相關新聞，終於迫使校方在教室召開一場記者會。里柏費鎮隸屬於克尼茨市（Köniz），而克尼茨市政府教育部門主管巫埃李．斯都德（Ueli Studer）證實，自一九九八年八月起至二〇〇〇年秋天，的確有個來自北韓的男孩曾經就讀這所學校。斯都德說，註冊資料載明他是大使館職員的兒子，並說其他外國外交官也會讓孩子來這裡上學，所以不算什麼稀奇的事。

「師長認為這名學生適應良好，既用功又有企圖心。」斯都德接著說，「他的興趣是籃球。」這段正式聲明本質上是在厚臉皮地說，除此之外無可奉告了。直至今日，這所學校都未曾再提供更多細節。

當時的校長彼德．布禮（Peter Burri）回憶道，學校老師從沒見過男孩的雙親，倒是見過不同的北韓人輪番出席親師座談會，然後一邊賠禮一邊說男孩的父母不會講德語。[4]

在這所位於里柏費的學校完成註冊後，金正恩先和其他不會說德語的孩子一起上「預備班」（reception class），配合緩慢的進度與簡易的講解用德語上課幾個月。

金正恩註冊入學時，校內約有四分之一學生不是瑞士人，所以教職人員已經習慣因應不通當地語言的新生。此外，金正恩放學後也會上私人德文家教課。

有一天，我搭著巴士去克尼茨造訪市政府辦公室，以便多了解這個北韓少年在學校學些什麼。克尼茨市政府教育部門主任瑪麗莎．菲維安（Marisa Vifian）抽出一本大大的白色文件夾，裡面裝有一九九〇年代的學校課程表。除了常見的科目，像是德文、數學、科學、健康、外語、音樂、美術和體育，也有一些特別的課程，例如「我們周遭的世界」這門課，就是要教學生了解世界宗教與文化。學校師長根據能力而非年齡來評量學生。菲維安告訴我，他們寧可謹慎地讓孩子留級一年，先協助孩子勝任較低年級的學業。

完成預備班的銜接課程後，金正恩就加入一般的六年級班。

當年十四歲的葡萄牙移民若奧．米卡羅（João Micaelo）還清楚記得，這個亞裔男孩穿著寬鬆運動服和耐吉（Nike）運動鞋，第一天踏進總共有二十二名學生的6A班。老師把新來的男孩帶進教室，並介紹他是北韓外交官的兒子朴恩時，同學早已經在位子上坐好了。由於米卡羅旁邊有個空位，這個以單名「恩」（Un）自稱的新同學就坐在那裡。

因為兩人的座位相鄰，又一樣不太愛念書，所以很快就變得親近起來。到了六年級，學校會將學生按能力分成兩班，而金正恩和米卡羅都是分到比較弱的那一組。[5]金正恩被點到在全班面前回答問題時總是很尷尬，但有時候是因為他無法順利表達想法，倒不見得是因為他不知道答案。就這樣，米卡羅協助新同學完成德文作業，新同學則協助他算數學。

米卡羅記得金正恩話不多，但也說他性格果斷，能夠主張自己的意見。米卡羅說：「他很有抱負，卻不會盛氣凌人。」[6]

然而在其他同學的記憶中，這位新同學由於不善與人交流，所以顯得咄咄逼人。他以前的同班同學回憶道，雖然學校上課都說高地德語（High German），也就是在正式場合使用的那種標準德語，但平常和家人或朋友交談時，瑞士人往往會用瑞士德語（Swiss German），嚴格說來算是一種方言。可是對一個外地人而言，瑞士德語聽起來很不一樣，簡直就像荷蘭語，而金正恩又很氣自己聽不懂，充滿了挫敗感。「他會踢我們的小腿，甚至對我們吐口水。」其中一個同班同學說。[7]

而且，他以前的朋友還記得，其他學生不但覺得他很難溝通，也傾向把他視為一個奇怪的外地人。其中一個關鍵原因，就是金正恩老是穿著寬鬆運動裝，從來不穿牛仔褲。牛仔褲可說是全世界青少年的標準裝扮，但是在北韓，牛仔褲象徵著令人鄙視的資本主義。

有個同班同學記得，他曾穿著側邊下擺有三道條紋的愛迪達（Adidas）運動衫，配上一雙最新的 Nike Air Jordan 運動鞋。另一個常在放學後和他打籃球的同班同學尼古拉・科瓦塞維契（Nikola Kovacevic）說，其他孩子只能幻想自己擁有那種鞋子，並估計當時在瑞士那雙鞋要價超過二百美元。[8]

升上高年級後，金正恩的德語總算變得夠好，在班上混得還不錯。即使是那個曾被他踢小腿、吐口水的女孩，也不得不承認他隨著時間過去「融化」了，變得比較樂於交際。

儘管如此，金正恩還是很內向。米卡羅說，他能說的德語不足以表達他心中複雜的思緒，所以他只能把那些想法留給自己。[9]

克尼茨教育當局證實，金正恩在那所中學繼續念完七年級和八年級，接著又念了一陣子九年級。他的成績一直都不太好，再加上他常常缺課，當然更是學不好：第一年缺課七十五次；第二年一〇五次。[10]

另一方面，部分課程聚焦於社會議題，課堂上呈現出來的世界觀，與金正恩在北韓經歷過的非常不一樣。

我快速瀏覽課程文件夾時，同樣在克尼茨市政府工作的戈蒂・胡博（Godi Huber）告訴我：「一般說來，這裡的教育要求大家互相尊重。他們學習和平解決衝突及和諧共存。這是我們的價值觀。」

金正恩在就學期間修過的課程包括人權、女權，以及民主發展，其中一個課程單元甚至稱為「幸福、痛苦、生命與死亡」。

此外，該校學生也會學到金恩博士（Martin Luther King Jr.）、曼德拉（Nelson Mandela）和甘地。胡博說他們非常重視「跨文化教育」，相關課程包括：文化多樣性；宗教、種族和社會團體；身為人類的權利；與弱勢族群站在同一陣線等等。

我們很難知道金正恩上這些課時心裡怎麼想。北韓並沒有像這樣的權利——這話聽起來雖然很刺耳，但金正恩聽了未必會這麼覺得。他遇過的北韓人少之又少，除了在經過精心設計的情境下，見過一些北韓公民對他露出幸福的笑容，他幾乎沒接觸過其他老百姓。或許金正恩曾對自己說，他的人民在父親領導下顯然過得很幸福，根本不需要那些好棒棒的主意。

少年金正恩大概也聽老師說過，法國平民如何揭竿起義並攻占巴士底監獄（Bastille），最後還將國王與王后送上斷頭臺。瑞士學生在了解一個社會可能如何變遷時，都一定會學到法國大革命（French Revolution）的例子。

老師在金正恩班上教過，法國大革命爆發有一大部分原因，是大眾不滿已經提高的生活水準沒能持續改善。至今仍有一些政治學家說，當人民不斷升高的期望未能獲得滿足，就會造成時局動盪不安。

「偉大的接班人」還記得他上過的課嗎？自從二〇一一年金正恩即位後，許多北韓人的生活便持續改善。他們能更自由地興辦私人事業來賺錢，賺得夠多的人還能買卡布奇諾、直排輪鞋和智慧型手機。

正因如此，如今在這個號稱社會主義樂園的國度，居民生活的方式出現明顯的落差。現在，北韓人口有百分之一相當於資產階級，其餘百分之九十九則相當於農民階級。後者對於這道橫亙在他們與權貴之間的鴻溝，會開始感到忿忿不平，甚至——更重要的是——展開反撲行動嗎？一旦生活水準的小幅改善未能持續下去，他們也會設法宣洩胸中的怒氣嗎？

對照法國大革命的啟示和法王路易十六（Louis XVI）的下場，金正恩和權貴階層的前途恐怕凶多吉少。

✪✪✪

不過在那段青春歲月裡，這個學生一點也不煩惱歷史的預兆，一心只顧著打籃球。

每天下午五點學校鐘聲響起後，金正恩就會前往學校籃球場，或者花不到十分鐘走去勒勃梅高中（Gymnasium Lerbermatt）籃球場。通常，陪他打球的人除了哥哥金正哲，還有一個比較年長又身兼保鑣的北韓男孩。

一九九八至二〇〇一年間，就讀勒勃梅高中的學生西蒙．路斯托（Simon Lutstorf），每週都有幾天會和金正恩一夥人打籃球，通常打到晚上八點為止。由於從勒勃梅高中走一小段路就能到泰國大使館，當時路斯托還以為，這個亞裔男孩跟泰國大使館有什麼關係。

金正恩總是穿著一樣的服裝去打球：正牌的芝加哥公牛隊上衣及短褲，球衣上印有喬丹的球衣背號「23」；以及一雙Air Jordan運動鞋。此外，他的籃球也是頂級貨：一顆印有NBA官方標誌的斯伯丁（Spalding）籃球。

金正恩在籃球場上顯露出好勝的一面，他的氣焰會囂張起來，多半還會肆意說垃圾話挑釁對方。[11]他在球場上很嚴肅，全心專注在球賽上，幾乎不太笑出聲音，話就更少說了。一旦局勢出現對他不利的狀況，他就會罵髒話，甚至用頭去撞牆壁。

有時，除了其他和金正恩一起來的亞裔青少年，還會有一些大人跟著出現。那些大人在場邊擺好小型露營椅後，就坐在那裡拿小板子替場上記錄分數；每當金正恩進籃得分，他們就會替他鼓掌。照路斯托的話來說，這種景象「真的很奇怪」。他說：「這個人顯然非比尋常——現在我們知道他就是金正恩。」

球場之外，金正恩也會用PlayStation玩籃球遊戲。米卡羅說：「他的整個世界無論何時都只有籃球。」[12]他甚至跑到巴黎去看NBA展覽，並和芝加哥公牛隊的托尼．庫柯奇（Toni Kukoc），以及洛杉磯湖人隊（Los Angeles Lakers）的柯比．布萊恩（Kobe Bryant）留下合影。[13]

金正恩在伯恩的一些密友曾到過他的住處，並說室內陳設簡樸，牆上沒掛任何照片，戶外倒是有個籃球框。這群青少年常在那裡打球，有時簡直吵得鄰居忍無可忍。

米卡羅在那間公寓見過金正恩的「爸媽」、哥哥，以及妹妹金與正——她在瑞士的化名是朴美香（Pak Mi Hyang）。然而，那些北韓人不會說德語，米卡羅又不會說英語或韓語，所以彼此都沒太多話好說。

雖然如此，米卡羅還是常常去那裡蹭午餐。有一次，他們家的廚子做了「水煮雞肉配又酸又甜的奇怪醬汁」，不太合這個葡萄牙裔學生的口味。

有時候，他們會搭著北韓人的深色小轎車去當地的游泳池，一路上都笑得很開心。另一個同班同學馬可．伊莫夫（Marco Imhof）偶爾也會去那間公寓，並注意到這個男孩會突然變了個人似地發飆。伊莫夫說，有一次，大家在公寓吃義大利麵時發現麵已經涼了，沒想到金正恩竟「嚴厲」教訓家裡的廚子，令他大吃一驚。[14]

金正恩擁有一些朋友求之不得的小玩意：MD隨身聽——是iPod問世前幾年最前衛的音樂儲存裝置、索尼遊戲主機PlayStation，以及一大堆戲院還沒上映的電影。他們很愛看動作片，尤其是成龍或最新一代龐德主演的那些。

然而，在同儕都正不斷挑戰成規的青春期，金正恩既不是派對動物，也沒打算努力成為花花公子。他不參加學校營隊、派對或迪斯可舞會，而且滴酒不沾。

一個他以前的同班同學說，金正恩「完全避免和女生接觸」，還說她和他之間從沒有過意義深刻的交談。「他是個獨行俠，從不談任何有關私生活的事……如果他難得和誰走在一起，那一定是伊莫夫或米卡羅。」[15]

當金正恩和這些朋友待在一起，就會聊起北韓，以及他暑假在那裡做了些什麼事，並向他們展示元山海灘的照片，或他正在騎水上摩托車的照片。有一天，金正恩和米卡羅在客廳玩時，這個北韓少年突然起身離開，然後從臥室裡拿著一張照片回來。那是他和一個成年男人的合照，接著金正恩向米卡羅坦言，公寓裡的男人不是他爸，照片上的男人才是他真正的父親，也就是北韓領導人金正日。

當時米卡羅以為朋友在瞎扯淡，於是說起反話打趣他：「當然囉，你老爸就是總統嘛！」金正恩聽了只是呵呵笑，卻也堅持說他真的是北韓領袖的兒子。後來兩人都沒再提過這件事。

直到有一天，大概是二〇〇一年復活節前後，只差幾個月他就要念完九年級時，金正恩對米卡羅說，父親已經下令要他回北韓，所以他很快就要離開了。[16]至於父親為何突然召他回去，他一句話也沒解釋。

其他朋友未曾收到這樣的通知，對他們來說，這個男孩從某一天起就再也不來學校，而老師也說不曉得他怎麼了。

朴恩就這樣消失了。

第四章　獨裁統治時期：主體一〇一年*

「我展現出堅定的決心，承諾要更用功念書，並成為一個忠誠的男人，替鎮日操心我軍備戰能力的將軍分憂解勞。」

——金正恩（二〇〇六年），節錄自《金正恩生平軼事》

金正恩回到家鄉後，準備和哥哥一起就讀金日成軍事大學（Kim Il Sung Military University）。那所大學可說是北韓的西點軍校（West Point）*，高容姬為了鞏固兒子的繼承權，才想出這個送他們去念軍校的主意。

這位母親的野心昭然若揭。在他們為數不多的合照中，有一張是她屈身靠向男孩金正恩的照片，把他羞得滿臉通紅。當時，這個她喚作「晨星之王」（Morning Star King）的男孩大約六歲，穿著一件繡著四星肩章的將軍制服。

二〇〇二年，金正恩開始上這所根據他祖父命名的大學，並修習「主體」導向的軍事領導學。「主體」是主張北韓能夠獨自捍衛國格的思想，儘管就現實面而言缺乏根據，卻仍是一門很重要的思想教育課。實際上，北韓完全仰賴著中國來維持穩定。

不論對於這位欽定接班人，或對於北韓政權，那都是起關鍵作用的一年。

首先，那一年標誌著朝美關係的新篇章——雙方關係變得更糟了。二〇〇二年一開始，小布希總統就說北韓是「邪惡軸心」（axis of evil）的一部分。當時小布希公開表示，連同伊朗和伊拉克在內，北韓「正在武裝起來，企圖威脅世界和平……所有國家都該曉得：美國將採取必要行動來確保國家安全。」

那次演講結束後才過幾週，依官方說法金正日就要年滿六十歲了。往年他在北韓過生日一向會大張旗鼓慶祝，但這一次可比以往重要多了。韓國文化將六十大壽視為人生的重大里程碑，標

---

* 北韓採用「主體紀年」（將金日成出生年一九一二年定為主體元年），此處以「主體一〇一年」暗指二〇一二年金正恩登基，北韓獨裁統治邁入第三代。

* 美國著名軍事學院。

誌著陰曆六十年循環的完結，以及下一輪循環的開始。

同樣在那一年，金正日曾經的配偶，也就是金正男的母親，在莫斯科離開人世。同時面臨成蕙琳之死與自己的大壽，金正日對於自己必有一死顯然感到憂心忡忡，終於出現為繼承事宜做準備的跡象。

首先，政治宣傳中出現一位新的「國母」（mother of the nation）——這本來是金正日母親專用的稱號。那一年，朝鮮人民軍發行一份十六頁小冊子，標題寫著：「我們尊敬的母親大人，對我們深愛的最高指揮官忠心耿耿，忠君愛國勝過任何忠臣。」沒多久，關於「我們尊敬的母親大人」的歌曲，就開始響遍北韓的電視與電臺廣播。[1]

這些敘述都沒有言明「高容姬」這個名字，但幹部都看得懂字裡行間的弦外之音，知道那指的就是她。金正日將她抬舉為下一個「國母」，初步暗示了下一任領導人將是她其中一個兒子。

照這樣看來，雖然金正男的東京迪士尼之旅出師不利後，高容姬曾利用這樁醜聞來為自己的兒子加分，但早在那之前，擁立她兒子的力量就已經在作用了。

高容姬知道，自己沒剩多少時間能替兒子說好話。面對乳癌，她正漸漸敗居下風。

根據北韓官方說法，同一時期，金正恩正在軍事學院全力以赴用功。官方媒體還說，這位年輕人天生擅長軍事謀略，根本不必向大學教授學習，反而還要指點他們。

二〇〇四年某天深夜，凌晨兩點左右，才剛滿二十歲的金正恩像老師授課一樣，正在為一群高級官員「提供建議」，並斷然拒絕任何勸他去睡覺的忠告。畢竟，時間點非常重要，他的祖父正是以焚膏繼晷工作聞名於世，所以他要靠這項細節來傳達強烈的訊息：金正恩才是祖父順理成章的繼承人。

官方歷史寫道，金正恩不睡覺，反而拿起鉛筆畫白頭山，然後在圖畫下方題字：「革命聖嶽，金正日」。根據他的形象公關對這件事的說法，後來他下令將這幅圖畫當作封面，用來製作一本關於「抗日革命戰爭」的兵法書。

這個故事或許有那麼一點點真實性，但很可能是落到官方抄錄員筆下後，才有了超乎常理的重要性。官方資料寫道，當金正恩身邊的官員「知道他將以最純正的形式光耀白頭山血統，內心都滿溢著深刻的激情。」[2]

所謂的純粹血統在北韓文化中是再重要不過的事。藉由宣稱自己是「白頭山血統」的傳人，金家利用國人長久以來的文化信仰，將三個姓金的男人塑造成血統純正的領袖。就好比美國人將祖先的起源追溯到五月花號（Mayflower），只不過北韓的版本是極權主義大力操作的結果。

二〇〇四年五月，金正恩的母親終於不敵乳癌，在巴黎的醫院病逝。而她的遺體送回平壤後，便祕密舉行喪禮安葬了。

另一方面，大概是為了幫其中一個兒子——金正哲或金正恩——做好繼承準備，世間依舊不斷將高容姬吹捧成一國之母。再者，儘管金正恩八歲時就成為父親認可的接班人，金正日卻仍一視同仁栽培他們兄弟倆，似乎尚未下定決心。

金正恩還在念大學時，金正哲已獲派到組織指導部（Organizational and Guidance Department）任職。組織指導部大概是北韓最有權力的機構，負責監督朝鮮勞動黨、內閣，以及國務委員會（State Affairs Commission）*。早在一九六四年，金正日自己就是從這個機構開始學習從政。

然而，就在二〇〇五年邁入二〇〇六年之際，南韓媒體推測已有證據顯示，金正哲並不是當領導人的那塊料。

在艾瑞克·克萊普頓（Eric Clapton）巡迴德國四座城市的演唱會上，有人認出金正哲追星的身影，或許這就是他失去繼承機會的證據——如果他有過機會的話。金正哲從小就開始學吉他，並將吉他手克萊普頓視為偶像，在平壤家裡還擺著一把電吉他和音箱。

日本電視臺拍到他現身法蘭克福（Frankfurt）、柏林、萊比錫（Leipzig）和斯圖加特（Stuttgart）的畫面，身邊有一名大約和他同齡的女伴，還有一批保鑣團團包圍。金正哲穿著T恤，有時還會套上一件皮夾克，圓臉上垂掛著鬆軟的瀏海，一副不太樂意受到媒體關注的樣子。

然而，老百姓對此一無所知，絕大多數北韓人連「敬愛的領袖」有兒子都不知道，哪裡會知道他兒子懂〈今夜多美妙〉（*Wonderful Tonight*）*的和弦。

與此同時，二十二歲的金正恩正要從大學畢業，而且——不出所料地——成績十分優異。他的畢業典禮辦在二〇〇六年十二月二十四日。在北韓，那一天非常重要，是金正日獲命為朝鮮人民軍最高指揮官的十五週年紀念日，也是金正日母親金正淑的八十九歲冥誕。只要能用來解釋某個節慶名目，進而鞏固個人崇拜，北韓政權就不會對那些日期等閒視之。

金正恩的畢業論文主題是「全球定位系統（GPS）作戰地圖精度改良之模擬實驗」。據說，金正日相當稱許這部技術專著，還說他和父親金日成發展出來的「偉大的軍事戰略理論」，都如實反映在這本論文中。

姑且不論是否真有這本論文，總之，金正恩獲頒一枚獎章及畢業證書。畢業證書上寫道，他是這所菁英學院的頂尖學生。此外，他也把握畢業的機會，滔滔不絕歌頌父親的聰明才智。

「最高指揮官從主體發展出軍事思想與作戰兵法，我在大學研讀這些學問時才深深體悟，我們的將軍確實是一位軍事天才！」當天在朝鮮人民軍指揮官會議上，金正恩這麼告訴在場所

---

* 前身為國防委員會（National Defence Commission）。
* 克萊普頓的名曲之一。

有人。

金正恩認為父親建構了無與倫比的軍事思想。所以，儘管人家都還沒宣布讓他當接班人，他仍誓言要「成為一個忠誠的男人，替鎮日操心我軍備戰能力的將軍分憂解勞」。

這全是北韓對這場會議的官方紀錄，出自二〇一七年發行的輕薄小冊子《金正恩生平軼事》。小冊子的前言提到，「據稱」因第三代金氏領袖備受國際關注，才會催生出這本小冊子。

小冊子還聲稱，短短十天內，就有六千七百四十萬則關於金正恩的英文報導問世——相當於每小時二十三萬則。根據小冊子的說法，在媒體歷史上「從未有過其他政治家如此受到全世界熱切注目」。

這些數字看起來是典型的北韓誇飾法。小冊子沒提到的是，這位年輕領導人之所以受關注，不是因為大家多景仰他，而是因為他殘暴無度，又常罔顧後果帶來威脅。

✪✪✪

二〇〇八年夏天金正日中風，又為繼承大位的準備工作添上新的緊迫感。法國腦科專家弗朗索．札維耶．胡烏（François-Xavier Roux）來到平壤治療時，金正日正陷入昏迷，「情況不太樂觀」。

早在一九九三年，「敬愛的領袖」墜馬導致頭部創傷時，北韓官員就曾致電胡烏請教醫療建議。當時，胡烏正在巴黎聖安醫院（Sainte Anne Hospital）擔任神經外科主任，始終不曉得他們怎麼會選中他。到了二〇〇八年，對方再次打電話給他。這一次，他和一支醫師團隊搭上他們的飛機前往平壤，在極度保密下治療一名神祕的病人。結果發現那就是金正日本人，當時他正處於「命懸一線」的狀態。[3]

後來，胡烏等人漸漸明白北韓人找上外國醫師的原因——北韓的醫師都不想替「敬愛的領袖」下決定，至於這種他已經性命垂危的情況，當然更不想插手。他們需要某個「不帶感情」的人來處理這件事。根據胡烏描述，當時在醫院的病房裡，年紀最輕的兒子金正恩也在父親的病榻邊，但「他不跟任何醫療團隊成員說話」，所以他們「很難」感覺出他是什麼性格。[4]

這位法國醫師接著又於九月和十月前往平壤，確認病人的恢復情形。他說，金正日罹患二次中風的風險很高。

很顯然，時間並非站在金正日這一邊。

不到五個月後，金正日正式通知最高文武當局，說要任命金正恩為繼承人。一九八〇年父親金日成打算立儲時，起碼還曾召開勞動黨大會，搞得好像資深黨棍（apparatchik）對繼承一事真有什麼發言權，但金正日連學老爸做做樣子都懶得，就這樣指定了自己的兒子。

首先，在二〇〇九年一月八日，也就是金正日二十五歲生日這天，金正日通知勞動黨最高官員，說他已經決定由自己的么子來繼承。

接著，這個消息開始順著黨組織階層向下公告，像太永浩（Thae Yong-ho）這樣的資深黨棍盡皆知悉。太永浩前一年才剛完成駐倫敦大使館事務返國，當時正在平壤外務省歐洲局工作。外務省坐落在首都中心的金日成廣場（Kim Il Sung Square），是一幢龐大的建築。

過去七十多年來，朝鮮勞動黨一直是金家用來把持北韓的共產機關。那天，有人來黨的小辦公間叫太永浩和同事去開會，而他們按照指示集合起來後，才知道金正日已經選定由兒子「將軍同志」來繼承。太永浩記得，大家在會議上一片靜默，只有長官對他們反覆強調說，這麼做是為了維持「一貫性」。

幾年後，太永浩在首爾告訴我：「當時誰也沒懷疑過這項決策。在北韓，從很小的時候就有人這樣教我們，說革命將不斷代代相傳下去。」

在那之前，就連太永浩這樣相對高階的官員，也不太清楚北韓皇室的情況。在駐歐期間，太永浩得知金正日的子嗣在瑞士受教育，卻不知道有多少孩子，也不知道他們的名字。

將這項決策昭告天下的過程緩慢而迂迴，幾乎是利用潛意識來暗示並散播消息，而這種宣傳手法在「條件惡劣」的北部尤其明顯。那裡的平民生活格外艱苦，對金氏政權的忠誠度最薄弱。

整個宣傳活動的起點是二〇〇九年播出的洗腦歌：〈腳步聲〉。十多年前在皇家大院私人派對上，來自日本的壽司師傅早已聽過這首歌。如今，這朝氣蓬勃的蘇聯軍樂曲調，以及反覆吟唱的副歌「啊——腳步聲」，也開始傳進北韓老百姓耳裡。

敏兒（Min-ah）是一位年輕的母親，原本住在北韓的北方邊境城市會寧（Hoeryong），曾參與當地的社區守望隊——在這個警察國家中，社區守望隊是草根級的監控單位。她在南韓首爾市郊的新家附近，一邊追憶守望隊開始學習這首歌、認識第三代領袖的經過，一邊告訴我：「大家一起唱歌其實很好玩。」

當時，電視與電臺開始播放〈腳步聲〉，從社區守望隊到勞動黨辦公室都有人在唱。士兵攜帶的筆記本上印有這首歌，而當局遣往國外替政權賺錢的北韓人，也開始在每週一次的思想教育課上聽這首歌。

同樣來自會寧的姜先生（Mr. Kang）告訴我：「他們叫我們背誦這首歌，還說『領導人同志』實在很偉大。」姜先生從金正恩治下脫北前，曾是一個毒販。

「我們知道他將接替金正日成為領袖，但完全不曉得他是怎樣的一個人。我們不知道他長什麼樣、當時幾歲，只知道他實在很偉大。」

另一方面，南韓也察覺這首歌的意義非凡。在首爾市外，一位南韓情報分析師正坐在辦公室裡，密切關注北韓官媒「朝鮮中央電視臺」（Korean Central Television，簡稱 KCTV）。螢幕上，金正日現身某地鄉間的音樂會，如常受到大批親信團團包圍，當中除了宣傳煽動部部長，還包括他的妹妹及富有影響力的妹夫。

接著，舞臺前方出現字幕：〈腳步聲〉。合唱團開始歌唱。就在這一刻，這位情報分析師腦海裡靈光一閃：北韓的繼承問題已經有答案了。[5]

關於金正恩，南韓情報系統幾乎一無所知，只能猜測他的年紀，甚至在二〇〇九年間寫錯他的名字。當時有一家南韓報紙寫道：「不論是他的照片、生日或職稱，關於金正恩的一切依然成謎。」

在美國，中央情報局（Central Intelligence Agency，簡稱 CIA）已經接獲金正恩受命繼位的風聲，並開始想方設法影響他。美國情報人員知道，金家兄弟是克萊普頓的死忠粉絲，於是找上這位英國吉他手，商量在北韓開一場演唱會。雖然克萊普頓輕易就被說動了，這項計畫卻無疾而終。此外，他們也想過找前芝加哥公牛隊球員當調解人，並敲定由羅德曼來執行這項任務，但最後一樣沒有成功——再怎麼說，都不是CIA要的那一種成功。

然而在北韓國內，金正恩的年紀卻漸漸成了問題。不論南北韓，政治與社會關係至今仍與儒家思想密不可分，都很講究一套重視長幼有序的階級關係。當時金正恩才二十五歲，但曾跟著他祖父打天下的老戰友個個年逾八十，位高權重。因此，他在這樣的政治環境中不過是個孩子罷了。

況且，並沒有人替金正恩事先設計好一套神話故事。北韓政權曾誇大描述金日成的英勇事蹟，把他說成曾戰勝日本的反帝國主義傳奇游擊隊員；接著又捏造出耀眼的星星，以及高懸白頭山上空的雙彩虹，來成就金正日的故事。

金日成花了四分之一個世紀來鞏固權力，直到一九七二年制訂憲法，並取得「最高領導人」的地位後，才正式公開他握有絕對權力的事實。此後二十年裡，他更是一直在替兒子繼承大位鋪路。

一九七〇年代，金正日在黨內的地位扶搖直上，從一九七四年起就是欽定接班人；一九八〇年在第六屆朝鮮勞動黨全國代表大會上，金日成更對世間正式表明他就是父親的繼承人。因此，一九九四年金日成逝世時，當權政府已經度過一段充裕的適應期，對於正值五十二歲、年長至足以令人敬重的金正日接掌權力，以及延續「白頭山」的想法，都能夠欣然接受。

然而，金正日讓兒子接掌家族事業前，卻沒能先替他搞定配套計畫。二十五歲的金正恩太過年輕，換作其他同齡北韓青年，這時都還在服義務兵役。偏偏金正日一中風，對未來的如意算盤就亂了套，只能催著核心集團趕快採取行動。

從二〇〇九年起，金正恩接連獲任一個比一個更有權力的文武官職，地位迅速攀升，而影響力強大的宣傳煽動部也動了起來，致力為他營造個人崇拜。

從此以後，北韓人民聽說了這位「領導人同志」，官方電視臺也談論起「一段具有歷史意義的過渡期」，而「金正恩」這名字這才開始登場。宣傳海報貼得到處都是，將白頭山血統繼承人金正恩同志頌揚成「人民的榮耀」。[6]

官方說法將他形容成「英明的同志」、「年輕的將軍」，還說他是「照耀全國人民的晨星」。此外，北韓政權製作出一本小書，題為《我們尊敬的將軍同志金正恩：偉大事蹟教材》（*The Material in Teaching the Greatness of Respected Comrade General Kim Jong Un*），並對朝鮮人民軍每個單位都發放一本。

小書裡列舉不少所謂的偉大事蹟，其中提到金正恩三歲時，曾開槍打中一顆將近一百公尺外的燈泡。這故事的另一個版本則說，他在短短十秒內連續開槍擊中同一個目標十次。他滿八歲時不僅能開卡車，還能以時速一百二十八公里行駛。而且，他在軍事方面無所不知，不論陸軍、海軍或空軍，通通瞭若指掌——就算是在北韓，也很難對這種說法照單全收吧。

北韓憲法在二〇〇九年經過修訂，更進一步強化了最高領導人的權力，並明確指出武裝部隊應當維護「革命的核心」——這核心指的當然就是金氏家族。據說，金正恩開始在國務委員會中占有一席之地，朝鮮人民軍不再是大家以往認為的「金正日的軍隊」，而是「金正恩的軍隊」。[7]這個向來不太用心課業的孩子，很快就被譽為「天才中的天才」。

此外，金正恩對眾將領保證將繼續革命事業的諾言，也印成小冊子分發給朝鮮人民軍各個單位。

另一方面，歌頌他母親的宣傳活動也沒停過。官方電視臺播起一支八十五分鐘長的紀錄片：《偉大的先軍朝鮮之母》（*The Mother of the Great, Military-First Korea*）。

紀錄片中放了一些照片與短片，顯示在一九九四年金日成國喪期間，高容姬是一個對政權忠心耿耿的追隨者。另外還有一九九〇年代期間，她陪同金正日前往各地督導軍事、工業及文化產業的畫面。由於事發當時，「第一夫人們」個個都沒對外曝光，所以電視上當然從未播過這些片段。[8]

其中有一段畫面，是高容姬在她五十歲的生日派對上演講。「有一次將軍對我說：『你一定要告訴人民，我過去七年來過得多麼辛苦。』」她談的正是金日成逝世後，全國飽受饑荒蹂躪的那幾年。接著她假笑著說道：「我親眼看到這七年以來，至高無上的將軍過得有多麼辛苦。」

說起來並沒有那麼辛苦。在北韓同胞挨餓度日的同時，金正日正大啖魚子醬和龍蝦。到了大饑荒最慘重的兩年高峰期，他卻成了軒尼詩（Hennessy Paradis）干邑白蘭地的全球最大買家，一年就進口價值將近一百萬美元的干邑白蘭地。

但政治宣傳人員自有另一套歷史要寫，而且必須在那套故事中，賦予小王子繼承大位的正當性。

那支紀錄片正是因此應運而生，目的一清二楚：高容姬追隨備受尊崇的金日成之母及金正日之母的腳步，成為這個國家新一代的「偉大的母親」。而她兒子的血管裡汩汩湧動著純正的白頭山血液，理所必然將成為下一任北韓領導人。[9]

全國各地民眾每週都要上一次義務教育課程，任由人家將那位天才青年偉大得離譜的事蹟，反覆灌輸到他們的腦海裡。他們聽過金正恩三歲開槍的故事，也聽說其他同齡孩子還在學韓語字母時，他就已經學會騎馬和開車了。

「那些事蹟聽起來實在是難以置信，只會被我們當成笑話看。頂多騙騙小孩子，對大人不管用。」那個曾在北韓販毒的姜先生告訴我，「但要是你敢質疑他們說的話，就會被殺掉。」

即使是在這麼一個極權國家裡，某些推銷新領袖的廣告詞也叫人難以輕信。《我們深愛並尊敬的領袖金正恩的童年生活》（*The Childhood of Beloved and Respected Leader, Kim*

Jong Un）是一部經過官方核可的傳記，裡頭聲稱金正恩擁有絕對音感，六歲就能駕馭最難馴服的馬匹，九歲就曾兩度擊敗歐洲來的競艇冠軍，還說他在少年時期把車開到時速約二百公里。由於寫得太離譜，引起一片竊竊私語，批評這本傳記「歪曲並誇大」領導人的早年生活，所以當局只好撤回這部傳記，並改寫得可信一點。[10]

更糟的是，北韓政權即將犯下有史以來最大的錯誤。這個錯誤不但完全是自作自受，還會徹底動搖整個體制。

二〇〇九年十一月三十日星期天，北韓政權冷不防宣布，要將國內流通貨幣北韓圓貶值。這個消息順著勞動黨組織階層向下傳遞，由平壤的高階官員率先得知，窮鄉僻壤的老百姓則到最後才知道。

全國各地藏在衣櫥裡的北韓圓現金，瞬間變得幾乎一文不值，北韓公民須在限時一週內將舊幣換成新幣，而且最多只能拿十萬舊幣來兌換。當時，十萬舊北韓圓相當於三十美元或一袋約四十五公斤的米，但換幣後尾巴馬上少掉兩個零，只剩一千新北韓圓。從那時候起，一百舊圓只值一新圓。[11]

混亂與恐慌籠罩整個國家。最先聽到消息的平壤權貴趕緊把舊幣換成外幣，或盡可能搶在改制前把舊北韓圓花掉——吃的、穿的，什麼都買。

但其他人聽到消息時已經太遲了，那些為了躋身新興中產階級而努力打拚的家庭，只能眼睜睜看著畢生積蓄在一夜之間化為烏有。

北韓有一些像洪先生（Mr. Hong）這樣的人，將國家交派的爛工作變成真正的營生契機。洪先生曾在北韓惠山市（Hyesan）附近擔任邊境守衛，同時經營起匯兌事業：他利用自己在邊境兩方面的人脈，偷偷把錢從外面的世界運給內部的北韓人。

由於逃到南韓與中國的脫北者都想送錢給故鄉的親人，所以這門極可能顛覆政權的買賣現在還是很常見。洪先生憑著對這門生意的熱忱，替家人攢下頗為可觀的儲備金——他成功存到三萬北韓圓，在這塊一萬圓能買下一棟普通房子的地方，算是很大的一筆錢。

他每天都能買肉和魚來給妻子，以及還在念小學的女兒吃，有時一天還不只吃一次。很久以前金日成說過的富裕生活該有什麼，他們就有什麼——儘管「偉大的領袖」說的是，要藉由創造社會主義樂園來實現這種富裕，而非藉由偷渡現金過河來發財。

然而在貨幣改革後，洪先生的積蓄全毀於一旦，家人習慣的生活方式也幾乎一夕成空。除了他，還有無數悄悄變成資本家的北韓人民，同樣遭受這種損失慘重的厄運。於是，貨幣改革成為一個轉捩點，改變了洪先生及鄰居對國家領導人的看法。這是有生以來第一次，洪先生覺得自己被這個體制騙了。

他談起貨幣改革在家鄉造成的混亂情況，以及如何變成壓垮他的最後一根稻草。「我本來認為金正日真心愛他的人民，但貨幣改革把我全部積蓄化成一場空後，我就知道不是那麼一回事。」洪先生在首爾市外破敗的睡城（commuter town）*裡告訴我。自從二〇一五年底逃離北韓後，他就一直住在這裡。

隨著北韓圓幣值在黑市暴跌，北韓政權開始禁止使用外國貨幣，並祭出嚴格的新規定來限制市場何時可以開張，以及哪些商品可以販售。

但光這樣還不夠。通貨膨脹繼續上升，糧食短缺更加嚴重，舉國上下都有人正瀕臨死亡。有人失去一切後慌得心臟病發，也有人自殺了。[12] 北韓政權察覺社會運作可能癱瘓，甚至出現動亂，於是將新幣兌換額上限提高到三十萬圓，接著又提高到五十萬圓。有些工作場所則提高員工薪水，或表示願意按照以往的面額付工資。[13]

看來這個將貨幣貶值的想法，就是要打壓饑荒後在各地興起的私人市場，以及那些貿易商日益茁壯的經濟影響力。這麼一來，除了那些能把錢存成外幣的達官顯貴不受影響，其他人的積蓄都將化為烏有。

---

*意指通勤者居住的城鎮，位於中心城市的主要交通幹線上，便於快速進城，但由於工商業或基礎建設不足，其職能侷限於居住為主。

有些來自北韓內部的傳言指出，當局以金正恩的名義實施貨幣改革，算是暗示他在政壇嶄露頭角。

若真是如此，那他可從沒為改革徹底失敗負起半點責任。七十七歲的技術官僚朴南基（Pak Nam Gi）是勞動黨計劃財政部部長，一切罪責就這樣怪到他頭上。

二〇一〇年一月，朴南基被拔除官位，到了三月更以「蓄意破壞國家經濟」的罪名被起訴，最後在平壤一處射擊場遭到處決。[14]總得有人來當輿論的代罪羔羊才行。

而且，這個體制不只要幫金正恩撇清一切罪責，還要把他塑造成一個好人。二〇〇九年底，朝鮮勞動黨中央委員會發給家家戶戶五百新圓，據說還對全體國民說，那是「金將軍給大家的撫卹金」。

儘管當局想靠這招收買人心，當前環境卻不太適合進行棘手的權力交接。然而，金正日的健康情形日漸惡化，北韓政權還能怎麼辦呢？

隨著國家陷入經濟動盪，人民的不滿情緒正在檯面下不斷發酵。因此，金正恩要小試身手的下一個項目，就是證明他的軍事才華。全世界的暴君都知道，要想轉移人民對內亂的注意力，最有效的方法就是對外打一場恬不知恥的勝仗。

二〇一〇年三月底，南韓海軍護衛艦「天安艦」（Cheonan）沉沒，而有人認為這個小王子就是幕後主使。在南北韓海上疆界附近的西海（West Sea），重達一千二百噸的天安艦在例行巡邏時，遭一支魚雷擊中，造成艦上四十六名南韓水手喪生，場面宛如之前的小規模海上衝突。自一九五三年韓戰結束以來，罕有傷亡如此慘重的事件。

後來，國際調查小組發現有壓倒性證據指向北韓，並說唯一合理的解釋，就是天安艦遭一艘北韓潛艇發射的魚雷擊沉。

南韓也有分析家懷疑金正恩暗中策劃這次行動，企圖假北韓高級軍官之手增進自己的資歷。[15]雖然他有量身訂做的金日成軍事大學學位，卻沒有任何實戰經驗，而北韓在他父親治下奉行先軍政治，還將朝鮮人民軍的地位擺第一。因此，如果他要領導這個國家，就亟需證明自己的軍事能力。

此外，同年八月金正恩偕同父親前往中國，也算完成了另一項必經的蛻變儀式。據說，金正日就是要透過這次訪中之旅，將他正式介紹給長期資助北韓政權的北京眾金主。還有流言指出，他們這一趟也參觀了中國東北地區——金日成身為一個抗日鬥士，最初就是在這裡獲得實戰經驗。

既然已經受到父親正式引介給中國同志，又擊沉了天安艦，再加上黨員大肆宣傳白頭山血統的神話，金正恩似乎已經具備升官所需的一切資格了。二〇一〇年九月二十七日，金正恩成為朝鮮人民軍四星上將，而金正日宣稱，這次拔擢兒子「是為了向全世界展示，白頭山革命軍的力量有多麼強大」。[16]

那是某個星期一發生的事。隔天，北韓政權時隔四十四年以來，首度召開朝鮮勞動黨第三次代表會議。平壤到處都貼滿了宣傳海報，敦促黨內幹部「迎接朝鮮勞動黨代表會議」，還說：「這椿喜事將永遠在黨與國的歷史上熠熠生輝！」根據勞動黨官方傳聲筒《勞動新聞》報導，這場大會將「成為一件值得注意的大事，在神聖的勞動黨的歷史上閃耀光芒」。

在大會上，金正恩獲選為中央軍事委員會副委員長，並受命擔任勞動黨中央委員會委員，一舉在維繫政權的兩大分支機構中登上高位——在為期一週的會議上有這樣的開始，就一個二十六歲的年輕人而言算是還不賴。

到了星期五，北韓政權發布第一張金正恩的官方照片，以全彩印刷刊登在《勞動新聞》頭版上。在照片中，金正日穿著那套招牌橄欖綠連身褲，在高級軍官團團圍繞下坐在第一排，而當中不少軍官的服裝上都飾有軍事勳章。同樣坐在第一排的還有年輕的金正恩。他是在場唯一身穿黑色中山裝的人，頭髮向上梳成古怪的龐畢度頭（pompadour）。相似之處一目瞭然：他看起來就像年輕版的金日成。

對外面的世界而言，原本猜想的情況一下子昭然若揭：傳聞中的繼承人已經完全進入公眾的視線。

接著不到兩週，在奉行共產主義的朝鮮勞動黨六十五週年黨慶上，金正恩也出現在父親身邊，更進一步確定他的繼承人地位——但其實沒必要，誰都看得出來。

人民大學習堂（Grand People's Study House）位於平壤市中心，是一座能夠俯瞰金日成廣場的巨大圖書館。在黨慶上，父子倆就站在人民大學習堂的露臺上閱兵，金正恩在適當時機會鼓鼓掌，但絲毫不動聲色。比起其他穿軍裝的人或黨內高階官員，他站得離父親更近，卻仍保持著一段距離以示尊敬，畢竟他父親才是全場焦點。

另一方面，露臺上有幾個人恐怕也待不了多久。

當天，身兼朝鮮人民軍總參謀長的次帥李英浩（Ri Yong Ho），發表了一段頌揚北韓體制的演講，其後兩年內就被這套體制肅清掉了。接著則是那個穿黑色西裝、戴深色眼鏡的男人——金正恩的姑丈張成澤。他同樣遭到殘酷的整肅。

金氏政權一心要鞏固第三代世襲繼承的觀念，誰膽敢質疑年輕的新領導人或和他較勁，馬上就會被一腳踢開。

就連數十年來一向掛在金日成廣場上的馬克思（Karl Marx）與列寧（Vladimir Lenin）畫像，也很快就遭到拆除。

然而，六十五週年黨慶的場面，帶來一種共產主義團結一心的幻覺。數千支部隊一邊踢著正步穿越廣場，一邊為北韓體制齊聲大喊「萬歲」。

從那一刻起，金正日出現時身邊往往少不了金正恩。

新公寓大樓在首都落成後，金正恩就在那裡跟著父親視察，不但笑容滿面為住戶的手風琴表演鼓掌，還替他們倒米酒慶賀。金正日為發電廠建設進行現場指導時，他一樣陪在身邊。二〇一一上半年，在一場空軍司令部歌舞團暨電子樂隊（Electronic Band of the Song and Dance Ensemble of the Air Force Command）演出上，他也偕同父親出席。而樂隊表演了幾首輕快好記的流行歌，包括〈親愛的將軍您在哪裡〉（Where Are You, Dear General?），以及〈我們將成為空中之盾〉（We Will Become a Shield in the Sky）。

同一時期，遠在另一個半球的世界正在發生一些事，想必叫金氏一家震驚極了。二〇一〇年底那幾天裡，一些中東地區的君主獨裁國家開始垮臺。

在突尼西亞，人民對經濟不平等積怨已久，紛紛走上街頭，至二〇一一年一月終於推翻政府。這場抗爭接著擴散至鄰近地區，成千上萬的民眾集結在開羅解放廣場（Tahrir Square），要求埃及總統胡斯尼．穆巴拉克（Hosni Mubarak）下臺。當時，這位威權統治者似乎正打算把權力移交給兒子賈邁勒（Gamal Mubarak）。

次月，穆巴拉克請辭下臺，到了這時候，阿拉伯之春（Arab Spring）運動已經蔓延到利比亞。當時，格達費上校施行恐怖統治已逾四十年，正在安排二兒子賽義夫（Saif al-Islam Gaddafi）成為欽定接班人。

到了下個月，又有下一個威權領袖的地位遭到威脅。同年三月，敘利亞民眾上街抗議，要求已經接替亡父掌權的阿塞德釋放政治犯，引發長達數年的血腥內戰。

我們只能想像，平壤權貴看到新聞畫面時有多麼驚恐，而一般民眾可能不太清楚那是怎麼一回事。雖然許多人已經成功突破禁令收看外國媒體，卻很少有人會選擇看國際新聞。大家比較喜歡非法的動作片或肥皂劇，藉以逃避現實。

然而，北韓政權眼看其他獨裁者垮臺，大概已經深深憂慮起來。

於是，北韓政權更加努力為繼承做好準備。官方媒體變得更常提到金正恩，為了表示尊敬，通常還會在他名字前面加上新稱謂：「我們深愛並尊敬的將軍同志」。據說當局甚至下令，禁止將任何新生兒命名為「正恩」，至於已經取了這個名字的北韓人，一律要改名。而他的名字其實相當常見，由兩個中文字組成，分別代表「合宜」與「善意」。

另一方面，全國各地的學校也逐漸把他納入課程中介紹。老師在思想教育課上教育學生時會說，金正恩就是金日成的孫子。

當時，十六歲的阿玄（Hyon）在位於朝中邊境的惠山念高中。他記得有人說過金正恩從小就天賦異稟，還聽過人家滔滔不絕發表可笑的言論，說金正恩三歲就會開車。此外，他必須將革命備忘錄抄寫在特殊筆記本上，當然也必須學會唱〈腳步聲〉。

此外，政府官員會在學校禮堂辦起活動，或把學生集合到操場上，然後開始宣讀關於金正恩的教育講座。過程中每當聽到金氏領袖的名號，他們就必須好好把握機會，歡呼一聲「萬歲」。

惠山一帶還流傳著一個謠言。據說，有一次金日成請金正恩幫他拿顆蘋果，但金正恩不只給了祖父一顆蘋果，還反過來要了一把鏟子，因為他想為祖父搬來一整棵蘋果樹。或許也可以說這是個不太高明的寓言故事，旨在說明替「偉大的領袖」辦事必須做好做滿。

當時，阿玄懷疑是大權在握的祕密警察製造這個謠言，企圖藉著居民口耳相傳散播出去。比起翻來覆去老是在報紙頭版上登廣告，不如靠口碑來宣傳這種訊息更有效，可說是北韓版的「病毒式行銷」。

這麼一來，等到金正恩接掌領導大權時，世襲繼承也就顯得自然而必然了。

第二部

權力鞏固期

第五章　第三代金氏領袖

「整個軍隊應當絕對信賴並追隨金正恩，成為捍衛他的人肉步槍與人肉炸彈，至死方休。」

——《勞動新聞》，二〇一二年一月一日

由於父親逝世，這位年輕人大有理由表現得莊嚴肅穆——金正恩一回神才發現，在這個大致上由他家人一手打造的極權國家中，他已經成了領導人。現在，他正邁入有生以來最重要的一年。究竟他真能保住金家對這個國家的控制權，抑或這套不合時宜的體制終將自我毀滅？在這一年裡，總會有個答案。

面對一群早在他出生前就開始為國效力的老臣，他必須展現自己的權威，對於數十年來一直無法接觸外面世界的平民，他也必須繼續嚴加控管。同時，他還得擊退一整個預期（在許多情況下是「希望」）他會失敗的國際社會。

因此，他頭一件要做的事，就是極盡所能渲染個人崇拜。

二〇一一年十二月十九日，在官方電視臺的午間新聞特快報上，資深新聞主播李春姬（Ri Chun Hee）以顫抖的聲音宣布，金正日搭火車前往北部進行現場指導途中，在「巨大的身心壓力」下經歷一次嚴重心臟病發作，已經於二〇一一年十二月十七日溘然長逝。

早在一九九四年，她就曾邊哭邊宣布金日成的死訊，並像現在一樣向觀眾保證，北韓人民根本不必擔心。這一次，將由「革命事業的偉大接班人」金正恩來領導他們。

電視新聞主播繼續說，這位二十七歲的年輕人是名門之後，已經成為「黨、軍隊及人民的領導人」，並將「英明地接手完成」祖父在近七十年前確立的革命信條。

消息一出，隨即傳遍了全世界。這時北韓正邁入一個變化莫測的新階段，這個政權企圖走向前所未有的局面：在一個聲稱奉行社會主義的極權國家中，無疑是將權力移交給未經考驗的第三代領袖。

南韓下令軍隊高度警戒，日本啟動一支緊急應變小組，而美國白宮則如坐針氈，同時與上述兩個鄰近北韓的盟國保持「密切聯繫」。

在北韓，政治文宣已寫好，高級官員也已明白誰才是老大。儘管匆促了點，但當局已經採取所有必要步驟，來確保金正恩順利繼承父親的權位。

金正恩必須採取行動，扮演好他的角色。

而當務之急，就是扮演一個痛失親人的繼承者。金正恩要延續家族六十年來對北韓的統治，也要確保北韓人認為這是一件自然的事。如同十七年前父親繼位的做法，此刻他也擺出一副哀慟的蒼白臉孔，並期望所有人表現出同樣的情緒。

接著，金正恩前往位於平壤東北部的錦繡山太陽宮（Kumsusan Palace of the Sun）*。那是一座占地三萬五千平方公尺的陵墓，共有五層樓，而過去十七年來，他祖父的遺體一直保存在此地供人瞻仰。

這座建築原本用來當作金日成的官邸，後來才改造成一座永久紀念館。有傳言指出，改造費用高達九億美元，而且當時正值大饑荒高峰期。然而，北韓政權最看重的本來就不是餵飽飢民，而是向這個治國無方以致餓死百姓的男人，致上無盡的敬意。

經過防腐處理的金日成遺體，就安放在宮中的玻璃櫃裡，即使已經處於死亡狀態，看起來依

---

*原為錦繡山紀念宮（Kumsusan Memorial Palace）。

舊頗有懾人的氣勢。每一天，無數北韓人穿著他們最好的服裝，搭著機場常出現的那種長長的電動步道，徐徐滑進這座巨大的建築物，而外國訪客也一樣絡繹不絕。重要的是，允許外國人入館向已故的專制君主致敬，有助於謊稱「偉大的領袖」在國際上備受尊崇。

每一回我搭著電動步道進入陵墓，望著北韓人朝反方向迎面而來，總是覺得有趣極了。當他們滑行經過我身邊，我不禁好奇他們對這麼一個地方做何感想。看到國家把資源花在一具死屍上，他們說不定反感得要命；或者，看到這個人家說是半神（demigod）的男人，他們也可能打從心底覺得感動。許多人都在哭。至於對其他人來說，這起碼是個好機會，可以穿上最好的衣服，一整天遠離平常生活中繁重而乏味的工作。

現在，金正日的遺體也保存在那裡供人瞻仰。

金正恩和妹妹金與正雙雙走進陵墓時，都在抹著臉上的淚水，後面還跟著一群黑衣打扮的高級官員，準備向他們父親的遺體致敬。

他們的父親身穿那件招牌拉鏈外套，躺在一座平臺上。他的頭安放在圓筒枕頭上，身體覆蓋著一塊紅被單，停屍架周圍種滿名為「金正日花」（Kimjongilia，김정일화）的紅色秋海棠，本來應在金正日的誕辰紀念日盛開。在北韓，為了維繫金氏領袖的光榮神話，就連大自然也要被迫屈服*。

金正日逝世十一天後，接著迎來公開告別式。金正恩去送父親最後一程。長排黑色送葬隊伍在白色大街上緩緩行進，要繞著平壤市走上四十公里。後來北韓播報員說，雪下得又大又急，彷彿「上天同感悲痛」。送葬隊伍中有兩部美國製林肯大陸（Lincoln Continental）轎車：一部載著金正日的肖像，肖像的尺寸比車子本身更寬、更長；另一部載著金正日的靈柩，靈柩外裹著勞動黨黨旗，黨旗上印有傳統的共產主義標誌——鎚子、鐮刀，以及一支象徵學問的毛筆。

靈車緩緩駛過金日成廣場時，有八名男子跟在兩側步行前進。金正恩走在車子右前側，緊緊抓著車窗，彷彿悲傷到要扶著窗才能穩住身子；或許，也彷彿他想盡可能把握住最後的時光，守在摯愛的父親身邊。而他的神情就像身上的黑大衣一樣陰鬱。但除了金正恩，金正日的其他兒子都沒現身，既沒看到他同父異母的哥哥金正男，也沒看到他的親哥哥金正哲。

反而是金正恩的姑丈張成澤出現在八人行裡。張成澤性好交際，在朝中經濟關係中扮演重要的管理角色，最初是憑著和金敬姬（Kim Kyong Hui，金正日的妹妹）的婚姻關係躋身核心集團。去年，就在金正恩獲命為欽定接班人的同一場會議上，夫妻倆已經晉升為政治局委員。

---

*金正日誕辰紀念日為二月十六日，花期提前了兩個月。

街上排排站著前來哀悼的民眾。他們號啕大哭，捶胸頓足，邊劇烈抖動身體邊掉眼淚，哭著哭著就倒在地上，看在外國人眼裡顯得誇張至極，宛如韓國肥皂劇與拉美連續劇混種而生的演出，帶有濃濃的怪誕風味。

北韓人不必人家來教，就知道自己被期望像這樣哀悼領導人。當然啦，誰也不希望相機拍出來一看，自己哭得不如周遭同胞那麼激昂，不過，當中無疑也有些人真的哭得很傷心。北韓人幾乎都是這樣長大的，他們別的不知道，就知道把金家人奉若神明。因此，其中有些人是真正的信徒。

金正日逝世之後，官方媒體藉由哀悼民眾痛哭流涕的表現，來說明老百姓有多麼深愛領導人。官方通訊社報導：「人民淚流滿面，在一片慟哭聲中迎接並送別靈車，彷彿連大地也為之震撼。」

這種澎湃的悲痛情緒一再湧現，遍及全國。不論士兵、學生或官員，人人都在各地的紀念碑聚集起來，向金正日致敬——同時抽抽噎噎哭得不可抑遏，難過得抓扯身上的黑衣服，甚至整個人癱倒在覆著白雪的地面上。據官方媒體說，金正恩還點了熱飲，送給站在積雪街道上哀悼的民眾，並為他們提供額外的醫療照顧。

葬禮過後，在錦繡山太陽宮前，朝鮮人民軍在金正恩監督下舉行閱兵儀式，對這位年輕的新領導人宣誓效忠。他們發誓要像人肉步槍及人肉炸彈般保護他，一旦誰敢「闖進我國不容侵犯的天空、陸地或海洋，哪怕只有〇．〇〇一毫米」，他們也會徹底殲滅那些北韓的敵人。

金正日在父親死後宣布守喪三年，其間，他一邊鞏固自己對政權的掌控，一邊設法撐過大饑荒。

但「偉大的接班人」可沒時間休養生息了。按照主播李春姬的說法，這個現被稱為「我們深愛並尊敬的」同志金正恩，正忙著「化悲痛為力量」。從那一刻起，他就把全副時間和精力用來維繫權力。為了達到這個目的，他必須建立起自己的權力基礎——一個直接效忠於他的權力基礎——而非效忠於他的父親。[1]

✪✪✪

要取笑這個年輕的新領袖很容易，而他也很快就淪為各種笑柄。

首先，金正恩的外型就像卡通般誇張。他留著一頭招牌漸變髮型（fade haircut），腰圍快速加粗，而他偏愛穿著的服裝，又只有在共產主義遺風尚存的國家才流行。

官方媒體公布了這位「忙碌的獨裁領袖」*的照片，但那看起來就像《洋蔥報》（Onion）*才會刊登的東西。從其中一張照片可以看到，他從一部坦克裡伸出上半身，圓圓的笑臉裹在軟式黑頭盔裡。而在另一張照片中，這位獨裁者興高采烈，正在監督工人生產一大缸潤滑油。其實那是一般的引擎專用潤滑油，北韓偏偏選這間可笑至極的工廠來攝影。

沒多久，金正恩就累積了數百種諂媚程度不等的稱謂，還替自己起了一系列冗長的稱號。有的是標準的共產主義官銜，例如：「勞動黨第一書記」。（他同時將父親追謚為「永遠的總書記」。）也有的官銜標準歸標準，卻明顯更加名不符實，例如：「勞動黨中央軍事委員會委員長」、「國務委員會第一委員長」。

但還有一些封號是十足誇張，例如「無敵必勝的將軍」。他是「正義的捍衛者」、「愛的最佳化身」，也是「果斷又寬容的領袖」。此外，還有很多關於太陽的稱號，像是「引導的陽光」、「革命的太陽」、「社會主義的太陽」、「二十一世紀的燦爛太陽」，以及「人類的太陽」。對這位新任領導人來說，再怎麼向他表示敬意都不嫌誇張。

就連北韓媒體的新聞報導也變得益發荒誕。舉例來說，朝鮮中央通訊社曾公然聲稱，國內科學家發現了一個「獨角獸巢穴」。即使以北韓的標準來看，這個故事也太過異想天開，自然立刻造成網路一片瘋傳，在世界各地引起訕訕竊笑。

結果發現，這其實是翻譯上出了問題*。原本那篇報導說的，是一種與古朝鮮王國有關的神話生物，和尼斯湖水怪頗為相似。但即使如此，也阻止不了最好笑的版本甚囂塵上。

官方媒體曾兩度報導，說「偉大的接班人」已經「穿越厚厚的積雪」登上白頭山頂——那座在君權神授下由他領導的神話山峰。而報紙也刊出照片當證據，照片上是一個過重的男人，站在海拔二千七百四十四公尺的山巔，同時穿著一件羊毛長大衣（比較適合穿去平壤閱兵），以及一雙黑色紳士皮鞋。而且，這位領導人還真是了不起，即使要登山也不必帶任何裝備。

當然啦，白雪皚皚的火山深深感動了金正恩。官方報紙《勞動新聞》以特有的散文風格寫道，「白頭山壯麗的精神」倒映在這位「天縱英才的偉人」的雙眸中，他從那座山上看見「一個強大的社會主義國家，始終帶著滿滿的活力不斷上進，在這顆星球塵土飛揚的強風吹襲下從不動搖」。

在北韓以外的地方，關於他的故事快速地在大眾的想像中生根茁壯。

在中國，很快就有人幫他起了個暱稱「金三胖」。儘管中國審查人員努力將這個綽號從網路

---

* 前文提到主播李春姬說，金正恩正忙著「化悲痛為力量」。
* 美國知名新聞媒體，專以刻意誇大不實的報導來諷刺時事。
* 應為麒麟窟（Kiringul，기린굴），相傳曾是高句麗始祖東明王停放坐騎麒麟之處。

上抹除乾淨，但已晚了一步。

還有一些毫無根據的傳言，說他曾和北韓著名女子樂團團長交往，卻因她和團員製造並販賣蕾絲邊色情片，而下令將她處決了。結果證實，她不但好端端活著，在某一項文化活動期間還成為金正恩的重要大使*。雖然沒有證據顯示金正恩像父親一樣造了後宮，但仍有傳聞指出，他曾斥資三百五十萬美元購買性感內衣，來賞給他的「歡樂組」（Pleasure Squad）。

然後是二〇一四年，金正恩從公眾視線消失六週後拄著枴杖重新現身。有人說，他待過瑞士後變得特別愛吃艾曼塔乳酪（Emmental cheese），才會胖得壓傷了腳踝，不過看起來倒更像是他患上了痛風——一種發炎性關節炎，因為多半是飲食無度所引起，所以又稱為「國王病」。無論如何，金正恩消失的真正原因至今仍然成謎。

就連《紐約客》（*New Yorker*）和《經濟學人》（*Economist*）這種比較嚴肅的刊物，也忍不住要在雜誌封面上嘲弄金正恩：前者將他畫成一個玩玩具飛彈的小娃娃，後者將他那頭招牌髮型加工成核爆炸的蕈狀雲。

金正恩在一開始的確不太順遂。他第一次試圖展現軍事實力就顏面掃地，以失敗告終——實際上反倒長了他人銳氣，招來更多挖苦他無能領導的聲音。

當時，他繼任北韓領導人才四個月，而北韓政權正摩拳擦掌，即將在二〇一二年四月十五日慶祝「永遠的主席」金日成的百歲誕辰。即使金日成辭世已經十八年了，當局依然將他的冥誕奉為「太陽節」（Day of the Sun）來慶祝，並視為北韓一年中最神聖的日子。每逢這天就會閱兵、放煙火、向雕像鞠躬致敬，並舉辦其他種種活動，來緬懷「偉大的領袖」對整個北韓影響深遠的壯舉。

金日成百歲誕辰不只是週年紀念日而已，更是一個大好機會，有利這位年輕的獨裁領袖加強白頭山血統的神話，並確立他在君權神授下領導北韓的正當性。因此，他安排鋪張浪費的紀念活動，預計費時兩週來慶祝這場盛事。

金正恩想來個氣勢磅礴的開場。

四月十三日，北韓宇宙空間技術委員會（Korean Committee of Space Technology）發射了某個東西，聲稱那是新型地球觀測衛星，並命名為「光明星三號」（Lode Star-3）。只要是北韓人都知道金正日出生那天，白頭山上空曾出現一顆指引方向的璀璨星星，所以這是一個吉利的名字。

在那之前一個月，委員會就已經對外宣布發射計畫。然而，早在同年二月二十九日，華府和

*指玄松月（Hyon Song Wol）。

平壤才剛簽訂閏日協議（Leap Day），可以說墨水都還沒乾呢！在那份協議中，北韓同意以停止試射飛彈及試爆核武，來換取美國對北韓的糧食援助。

美國及其他國家都認為，所謂「攜帶衛星的火箭」是拙劣的障眼法，其實是要發射長程飛彈，於是紛紛警告金氏政權別一意孤行。

但北韓官方媒體堅稱，平壤純粹是要行使和平使用太空的主權權利。後來，各國記者受邀前往發射場，而天才破曉沒多久，火箭就升空了。這支火箭接著僅僅飛了九十秒，就墜毀在朝鮮半島與日本之間的大海裡。

由於當初敲鑼打鼓說要發射衛星，國際媒體又當場記錄了事情經過，所以金氏政權實在很難裝作沒這回事。官方抄錄員只說，這顆衛星「未能順利進入預先安排的軌道」，而科學家目前還在調查原因。

即使從這樣平實而真確的報導，也可以看出北韓正在改弦易轍。金正日向來否認任何弱點，金正恩卻公開承認失敗。這初步顯示了，雖然金正恩在某些方面追隨父親的腳步，但有時也會換個方法來做事。事實證明，他比父親更坦然談論北韓的不足之處，以及要怎麼做才能改善現狀。

反正再過不久，就有別的事情值得他歡欣鼓舞了。北韓科學家很快就搞定紕漏，到了年底，他們總算把一顆人造衛星送進軌道。儘管這顆衛星不太結實，骨架都快散了，卻始終維持原樣在軌道上運行。

發射失敗很丟臉，但金正恩不讓剛起步的失敗界定自己的能力。兩天後，這位「偉大的接班人」再度站到位於平壤的露臺*上，向外俯瞰以他祖父命名的廣場。將近十八個月前，他和父親就在同一個露臺上踱步，監督一場盛大的閱兵儀式，而那時也是他首度在全世界面前登臺亮相。

就在那裡，金正恩發表了一場演講，內容大多是標準的北韓式叫陣，揚言他們「強大的軍隊」將擊敗帝國主義者，贏得「最後的勝利」。不過，這場演講本身就是件不太尋常的事。金正日在位整整十七年間，就只公開演說過一次，而且前前後後就只說了一句話——一九九二年在一場閱兵儀式上，他說：「榮耀歸於朝鮮人民軍的英勇士兵！」

然而，此刻這個才剛登基數月的年輕人，就站在七支排成一列的麥克風前，對著人民滔滔不絕演說了二十分鐘。首度以領袖身分公開露面，他非但不緊張，反而在露臺上和身邊的副官談笑風生，顯得一派輕鬆。

年輕領導人的作風跟父親已經很不一樣了，但許多地方依舊如此熟悉，看在北韓人眼裡不禁要聯想到「永遠的主席」金日成。金正恩發出的嗓音就像祖父一樣低沉沙啞，還重新穿起祖父的

*指前述人民大學習堂的露臺。

招牌中山裝，並在左胸前別著印有祖父頭像的紅別針。

金正恩站在露臺上，還有身著軍裝的將軍及其他高官簇擁兩側。他望著數萬名士兵一面行進穿越廣場，一面將他祖父與父親的巨大肖像高舉空中。當眾士兵反覆呼喊他名字的聲音劃破寧靜，他隨即舉起手來向兩位前任領導人敬禮。現在這一切都是他的了。

✪✪✪

雖然喜劇演員和卡通畫家樂得拿金正恩當作笑料，但他之所以能排除萬難維持住對政權的掌控，可不是光靠運氣、機會或意外而已。

打從他一開始接掌大權後，他做的每一件事其實都經過審慎算計，為的是達成他唯一的目標：維繫形象公關賦予他的角色，成為「擁有鋼鐵意志、百戰百勝的北韓指揮官」。

外界傾向貶低金正恩的實質權力，把他說成有名無實的傀儡領袖，並認為真正主導一切的是守舊派勢力。

當時看起來的確如此。在繼位後的早期歲月裡，「偉大的接班人」仍要接受一些指導，而姑姑金敬姬就是對他最有影響力的顧問。過去她和哥哥金正日來往密切，是北韓政權的重要支柱。自從姪子接掌領導大權，她就帶頭提供他所需的教育與支援，並負責確保金家政府的金庫安全無虞。

至於她的丈夫，也就是曾替金正日扶靈的張成澤，則搖身變成如「控制塔」（control tower）般的角色，負責維繫北韓政權的日常運作。因此，金正恩以怎樣的優先次序得知哪些訊息，都由張成澤來決定，而張成澤向他呈報時，還會按自己的意思加油添醋一番。[2]

除了金敬姬夫妻倆，還有第三名官員加入他們的行列，共同組成心腹顧問三人組：崔龍海（Choe Ryong Hae）。朝鮮人民軍內部有個主司軍隊政治教育的機構，稱為總政治局（General Political Bureau），當時崔龍海就在那裡擔任局長。這是一個至關重要的職位，讓他在軍隊與勞動黨都握有實權。

年輕的領導人新上任後，他們三人就一起輔佐並引導他，但北韓是以最高領導人為根本，來發展出一套政權賴以運作的體制。因此，金正恩擁有絕對權力，而這一點，很快就能從這三位心腹顧問的下場看個明白。[3]

金正恩一方面鞏固領導地位，加強掌控政權，一方面也刻意將重心轉回國內，不再像父親和祖父那樣，跑出國去拜謁莫斯科與北京的領導人。同時，他也極力確保其他人都無法離開這個國家。他即刻封鎖邊境，以防大量人口外流，並確立他身為一國之君不容質疑的鐵腕印象。此外，他進一步箝制資訊流通，運用先進技術揪出那些膽敢收看南韓電視劇，或收聽中國流行歌曲的人。

金正恩為北韓社會注入一股新的恐懼，人人都被迫活得擔驚受怕。一般百姓受到升級鎮壓，而累積太多權力的達官顯貴，則面臨被流放邊疆的危險——或者更慘。

金正恩身邊需要一群擁護者，而且，他們的既得利益必須與他的成功一致，所以他開始分辨該留下誰、該除掉誰。他一一擺脫可能與他的領導地位相抗衡的人，先是處死姑丈，最後又殘忍殺害同父異母的哥哥，擺明了他為實現野心完全不擇手段。

此外，他允許人民擁有更多經濟自由，好讓他們以為生活水準正在改善。由此可見，資本主義市場在多數人生活中變得更加重要。

這麼一來，他就能自由利用政權的全部資源來發展飛彈及核武計畫，繼續堅持以驚人的速度展示軍事實力，來威嚇金氏政權的頭號敵人——美利堅合眾國。

就連他那副可笑的外表也是有意為之的結果。

只要看看海珊和格達費頭髮怎麼染的，就知道獨裁者往往想方設法，要掩飾自己上了年紀或終有一死的事實。然而，金正恩卻反其道而行。這位年輕專制領袖搖身變成祖父的轉世化身，留著一頭活脫是一九四〇年代蘇聯時興的髮型，走起路來還一瘸一拐。他刻意發出令人想起他祖父的低沉聲音，同時帶著一點嘶啞的老菸嗓。最顯而易見的是，他每一回公開現身，看起來就又發福了一點。

他夏天穿共產黨員風格的短袖白襯衫，冬天戴一頂大大的毛皮帽，甚至戴起一副舊式方框眼鏡。祖父怎麼穿，他就怎麼穿，整體造型宛如金日成的翻版，足以勾起北韓人對昔日榮光的回憶。

這套模仿策略奏效了。

來自惠山的高中生阿玄告訴我，第一次看見金正恩裹著中山裝的碩大腰身，還有那頭兩側與腦勺剃短的奇異髮型，他馬上想起在歷史課上，以及家人追憶往事時，都曾提到國家在金日成治下欣欣向榮。「我想起金日成在位的時候，北韓人民的生活曾愈來愈好。我想還有很多北韓人也這麼認為。」

阿玄接著解釋：「就像南韓人感念朴正熙（Park Chung-hee）*，北韓人對金日成同樣懷著美好回憶。在他統治下，北韓人甚至過得比南韓人更好。」

---

*南韓前總統朴正熙振興經濟，外界譽為「漢江奇蹟」，但他扶植財閥、鎮壓異議的專制作風也備受批評。

話說回來，金正恩效法前人可不止於外表。當年的金日成個人特色鮮明，還進一步利用這樣的性格，確立起獨獨以自己為中心的魅力型政權（charismatic regime）。至於金正日，則沒有這種迷人的風采，反而出了名的深居簡出，孤傲不群，顯然不喜歡與他人接觸。

金正恩倒是頗有祖父的風範，對北韓式的跑基層拉票似乎樂在其中，願意走出皇宮見選民。當然，金正恩根本不需要他們的選票，北韓領導人向來以百分百的投票率、百分百的支持率，獲選進入最高人民會議。但他還是希望人民對他懷抱熱情，才會利用一些他受到愛戴及關愛百姓的照片，來延續他叫好又叫座的假象。

在報紙和電視螢幕上，金正恩總是擺出一副接地親民的樣子，所到之處不論學校、孤兒院或醫院，他臉上總是堆滿笑容，到處勾肩搭背，不分老幼擁抱每一個人。有一次在農場上現場指導時，他還伸手撫摸山羊寶寶的頭。

官方媒體突然冒出一大堆報導，說是在全國各地隨機訪問民眾，了解他們對於新領導人的想法。從食品工廠到藥物製造工廠，處處都有北韓人受到媒體引述，說他們宣誓效忠新領導人，並形容他「在國民心目中，是永遠不可動搖的精神支柱」。

在官方電視臺上，一名女子止不住仰慕之情，說：「我相信他就是命運的主宰。只要身邊有他在，我們就無所畏懼。」

金正恩初登場就受到官媒評論熱烈讚揚，起初也鼓舞了許多北韓人。政府將大魚大肉之類的稀缺食物，配給全國各地的尋常人家，奢靡到不可思議的地步。這形同「偉大的接班人」贈予人民的禮物，可以彰顯出新領導人帶來的變化。因此，北韓人民的態度益發樂觀。

年輕媽媽敏兒只比新領導人小幾歲，在二〇一二年當時，她的日子過得相對愜意，以北韓非首都居民的生活標準來說，算是比較優渥的。敏兒住在毗鄰中國邊界的會寧，那是一座熙來攘往的貿易城市。她丈夫開貨車營生，還能順便開到邊境大發走私財，可說是一份好工作。他們住一棟帶小庭院的房子，不久便生下一個小寶寶，等到女兒開始上幼稚園後，他們也已經有足夠的錢去打點老師，請他們對女兒好一點。他們一家屬於北韓的新中產階級。

儘管如此，敏兒還是希望跟她同屬千禧世代的金正恩上任後，能夠開啟北韓的新紀元，改善與中國——中國採取容忍態度，卻未曾真正接納北韓——及外面世界的關係。同時，她也期待迎來經濟繁榮的時代，讓北韓人過得更加富裕而自由，就像他們在深夜偷偷從南韓電視劇上看到的那樣。

但什麼也沒變得更好，事實上，某些生活層面變得更糟了。邊境加強管制後很難走私貨物過河，導致物價上漲，例如洗衣粉的價格，先是漲成兩倍，接著又漲成原來的三倍。

北韓民眾開始感到失望。敏兒的丈夫及密友開起這位新半神的玩笑，「要是金正恩當得了領導人，那我也當得了。」說著就哈哈大笑起來。在北韓這樣的警察國家，說這種話可是煽動叛亂，萬一哪個叛徒向當局告他們一狀，後果將不堪設想：幾乎可以肯定會被關押在政治犯集中營。

「誰都知道金正日和金正恩就是兩個騙子。我們知道新聞上說的一切都是謊言，但政府監視得非常嚴密，你根本不可能說出半點真相。」敏兒和丈夫帶著兩個幼女逃到南韓幾年後，這麼告訴我，「假如有人喝醉酒，說金正恩是狗娘養的，那你就再也看不到這個人了。」

金正恩已經成功接掌大權，卻尚未證明他拿得出辦法來搞定這份遺產——一個殘破不堪的竊國政體（kleptocracy）*。

*意指統治者如同盜賊般侵占全體人民的財產與權利。

第六章　再也不用勒緊褲帶生活

「偉大的金正日同志播下了寶貴的種子，我們務必要繼續栽培，才能打造出經濟強健的國家，進而提升人民的生計條件，並帶領他們共創榮景。」

——金正恩，二〇一二年四月十五日

金正日五十二歲即位成為領導人，當時這個國家的處境脆弱不堪。蘇聯才剛瓦解，北韓國內又即將爆發饑荒，早已搖搖欲墜的經濟更進一步惡化。

在這麼不穩定的複雜局勢中，第二代領導人不能冒險增加任何不確定性。他要做的就是一邊撐下去，一邊盼望政治宣傳與全面監控能助他度過難關。儘管困難重重，金正日還是堅持著保全家族事業，就這樣撐過了十七年，而能撐這麼久就是他最主要的成就。

但金正恩沒得選擇，光是堅持維持現狀還不夠。他繼承家國大業時年僅二十七歲，理論上還可以統治數十載，所以他一定要做得比父親更多，才能證明自己擁有統治的權力。如果他希望人民繼續支持他的政權，以及隨之而來的極不公平的社會，實際上就必須證明北韓的生活正在改善——要讓人民覺得生活變好了才行。

金正恩要達成讓人民有感的經濟成長，卻不搞中國式「改革開放」或蘇聯式「重建」(perestroika)，並未採取宏大或一致的計畫，反而稍微鬆綁了原本嚴格限制的規定。總之，他就只是不再扼殺企業。

政府對小型私人事業的態度，即使不是公開贊成，起碼也能容忍。如果有人靠著賣年糕、剪頭髮，或賣中國走私進來的DVD播放器——北韓貿易幾乎全是這些買賣，約占百分之九十——來維持生計，政府也不會再嚴格取締，而農人也可以留下一些收成私售。金正恩政權放棄貨幣制度大改造，轉而同意運用溫和的市場力量，帶來足以讓人民溫飽的經濟成長。

「偉大的接班人」首度公開演講時，宣布北韓人民「再也不用勒緊褲帶生活了」，同時也是對祖父的百歲誕辰紀念日致敬。金正恩告訴灰頭土臉的老百姓，他們將能「盡情享受社會主義的富庶與繁榮」。

這話既是大膽的聲明，也是危險的承諾，考驗著北韓歷來慘不忍睹的經濟紀錄。其他亞洲國家已經在一九八〇至九〇年代蓬勃發展，北韓經濟卻停滯不前，依舊介於維多利亞時代，以及史達林治下最壞的時期之間。

中國已經加入世界貿易組織（World Trade Organization），共產黨執政的越南繼續努力施行「革新政策」（doi moi），漸漸開放私人企業，南韓一躍加入世界富裕國家的行列。

同一時期，北韓還在靠牛隻犁田，貨車燃料用的是木頭而非汽油。由於缺乏電力與原物料，工廠慢慢陷入停頓。二〇〇五年，北韓的人均國內生產毛額（GDP per capita）約為五百五十美元，只有南韓的三十六分之一。當時在聯合國的世界經濟圖表上，北韓的表現介於馬利共和國和烏茲別克之間，南韓則與較富裕的葡萄牙及巴林並駕齊驅。

一九四五年朝鮮半島分裂，造成南北兩地出現根本的經濟失衡，為日後北韓的經濟沉痾埋下病根。多山的北韓擁有豐富的礦物資源，例如煤礦，所以早在日本殖民期間就開發成為工業重鎮。而南韓過去一直是所謂的「飯碗」，是朝鮮半島與日本部分地區的糧食產地。

南北韓分家後，南方缺工業，北方缺糧產。正當南韓在政府大力支持三星（Samsung）、現代（Hyundai）等公司下，邁入快得令人讚嘆的工業化歷程時，北韓卻因金日成不顧政權對蘇聯與中國仰賴至深，執意推行「主體」政策，而導致先天匱乏的經濟體質惡化。

當時，南韓正一步步向資本主義靠攏，北韓則走向共產主義中央計畫經濟。理論上，北韓人民在國家農場或國家工廠工作，或者在國家教育機構求學，國家就會為他們提供食物、住宅、衣著、教育，以及醫療照顧。

一九六〇至七〇年代，北韓利用煤礦及其他物料，去換取中國和蘇聯的糧食與產品，所以這套經濟制度尚能運作。但後來中國徹底蛻變成資本主義巨獸，蘇聯又解體了，導致北韓經濟加速惡性循環，每況愈下。隨著大饑荒來襲，這個國家空前逼近瓦解邊緣。

就是在這段時期，社會主義中央計畫經濟開始分崩離析。北韓政權再也無法繼續實施配給制，不得不允許人民透過買賣糧食來維生。

直到金正日掌權後，政府才回溯允許民間已經自發展開的變革，因此，學者專家將這個過程稱為「由下而上的市場化」（marketization from below）。[1]

大饑荒期間就已經出現的一些特定市場（ad hoc market），開始受到政府容忍以待，而「蚱蜢攤販」（grasshopper trader）——在路邊擺攤售貨的小販，收起東西逃跑的速度就像蚱蜢一樣快——也愈來愈普遍。人民開始花錢買通邊境守衛及其他當權人士，請他們對貿易及走私行為睜隻眼閉隻眼後，貪汙的風氣便蔓延開來。正當國家經濟漸漸陷入停滯之際，私有經濟卻實實在在發展起來。

大饑荒激發出一種漫無章法的資本主義。這種資本主義既缺乏規範，又難以抑制，到了金正恩時代更是加速發展。

「偉大的接班人」明白，光是允許某種受限的資本主義，就能讓人民有能力賺自己的錢，慢慢努力過上更好的生活，而政府甚至不必負擔任何成本。

正因如此，打從二〇一二年那場初次演講開始，金正恩就反覆強調當務之急是提高生活水準。

一年後，金正恩發布一項更加大膽的聲明。他已經透過修憲宣布北韓是擁核國家，這時又打算復興祖父的「並進」（byungjin，병진）政策。一九六二年，金日成在一場勞動黨大會上表示支持「並進」政策，主張同時致力發展經濟與國防，並提出革命口號：「一手拿槍，一手拿槌子和鐮刀！」

過了五十年，換金正恩再一次推行這個觀念，聲稱北韓政權可以同時發展核武與經濟——北韓人民可以同時擁有槍砲與奶油。

然而在毗鄰中國的北方邊境，那個曾於二〇〇九年貨幣改革期間，失去畢生積蓄的匯兌商人洪先生，卻發覺新領導人的承諾毫無說服力。

要是金正恩真這麼在乎他們，偏遠地區的北韓人民怎麼還是只能吃玉米，吃不到米飯？而且，為什麼就連富裕人家也沒有衛浴用品？洪先生告訴我：「金正恩說要把國家變得富強時，誰也不信他的話。我們連廁所衛生紙都沒有，是要怎麼變富強？」

但「偉大的接班人」一定要選這條路走，才有機會保住自己的權位。他很清楚，北韓人在朽棘不彫的共產主義經濟下，稍微體驗過資本主義及其帶來的相對富裕後，期望只會愈來愈高。況且，幾乎每個北韓人都知道中國比北韓更富庶，而南韓更是遠遠富裕得多。

金正恩還記得在瑞士念書時，從法國大革命學到什麼歷史教訓嗎？如果他想繼續把持這個極權國家，並預防可能出現的異議聲音，就必須持續營造一種生活正在改善的氛圍。起初，他靠身邊的裙帶資本家維繫領導大權，所以只顧著改善他們的生活。這在他初上任幾年裡效果不錯，但也就撐得了這麼一段時間而已。隨著貧富差距擴大，他得確保老百姓也覺得生活正在變好才行。

然而，金正恩不考慮中國式改革開放——不願一邊放鬆經濟控制，一邊允許資訊流通。一旦民眾有機會獲悉真相，就會發現「偉大的接班人」其實沒那麼偉大，但如果只是小小的經濟「改善」（北韓政府不稱「改革」，以免聽起來像是現行體制不對），就比較沒有這種風險。

因此，金正恩轉而默許所謂的「黑市」（jangmadang，장마당）蓬勃發展。

從極小的村鎮到極大的城市，處處都有至少一座熱鬧非凡的地下市場。這些市場遍布整個國家，成為庶民生活的中心，絕大多數都是由已婚女性來管理。這些女性婚後再也不必在國家單位工作，於是，當丈夫出門去沒電的煤礦場或沒藥的醫院工作，她們就踏踏實實賺起錢來。

擁有離境許可——或擁有足夠的錢買到離境許可——的人，可以渡過圖們江（Tumen River）前往中國，然後帶回電鍋、高跟鞋、太陽能電板、驅蟲藥錠、五顏六色的襯衫、手機保護殼、螺絲起子等等，有時還會帶回如假包換的廚房水槽。因此，北韓市場上大約有百分之八十都是中國製產品。

至於無法出國旅行的人，就自己開店當起理髮師、腳踏車修理師傅、餐廳老闆，或賣起自製甜食。此外，把手機租給別人打去南韓，或者把公寓租給想要享受私密時光的情侶或夫妻，也都是能賺錢的創業類型。

像這樣的市場形成北韓有史以來最大的變革力量，全國各地人民都看得出生活水準改善了，一如金正恩之前的承諾。也許，對於許多像洪先生這樣的公民來說，當前狀態改善的幅度還不夠，但起碼已經朝著有建設性的方向前進。時至今日，北韓終於出現中產階級。

如今，北韓有四百多個政府核可的市場，是金正恩剛上任時的兩倍，[2]而光是清津就有大約二十個。這幾年來，不僅港口城市海州（Haeju），還有毗鄰中國邊界的新義州（Sinuiju）和惠山，顯然都出現了一些迅速壯大的市場。[3]從衛星照片上可以看出，新興市場在北韓各地一個接一個冒出來，舊有市場則遷移到更大、更新的建築裡經營。

一座市場裡平均有一千五百個攤位，要奪得黃金攤位的競爭十分激烈。舉例來說，二〇一五年在惠山知名市場的一個好攤位，甚至可以賣到七百美元，在北韓簡直是天文數字。但由於攤位需求量龐大，即使價格開得這麼高，釋出後還是很快就搶購一空。[4]

處處都有人想趁機從市場中撈一筆。警衛人員向試圖渡河到中國的人強索賄賂。宣稱奉行共產主義的政府開始實施稅賦——無疑是資本主義的觀念。現在，市場攤販都必須從銷售額抽出一成，繳交給市場管理所。南韓研究人員估計，北韓當局每天海撈約一千五百萬美元的攤位租金；其他估計數據則指出，單單一天內，北韓政府靠著向攤主徵稅就賺進約二十五萬美元。[5]

每一座市場都設有一名管理員。像這樣的管理員幾乎全是男性，而且和在地官僚關係很好，算是權力在握的角色，擁有賺進大把鈔票的機會——當然，他們也得付出回扣給高層官員，作為對方替自己安插職位的回報。

北韓的國家經濟崩潰後，工廠缺乏電力或原物料，逐漸停止運作，從此改由市場起而代之成為經濟命脈。

南韓國家情報院估計，北韓至少有四成的人口在靠自己的力量賺錢，並說在蘇聯解體前，共產主義陣營國家（如：匈牙利、波蘭）也出現過程度相似的市場化。

南韓情報人員向來喜歡拿北韓即將垮臺的跡象做文章，但這一回，他們提供的數字實在太低了。其他調查報告已經發現，如今，北韓人口有超過八成透過市場活動賺錢謀生。[6]他們過去完全依賴國家過活，但現在已經躋身北韓迅速崛起的創業階級。

根據南韓開發研究院（Korea Development Institute）的調查結果，靠這種市場掙口飯吃的人口比例其實更高，約為百分之八十五。許多北韓人還是很難獲得多樣化飲食，所以營養不良的情形依舊很嚴重。聯合國估計，北韓有四成的人口營養不足，發育遲緩與貧血仍然是主要的問題。不過，市場活動如雨後春筍般異軍突起後，人民就不至於再像以前一樣餓死了。

北韓經濟非但不是處於失靈狀態，不像蘇聯陣營國家那樣瀕臨內爆（implosion）*，反而已經變得比較穩定了。雖然北韓無法提供可靠的數據，但外來數據顯示其經濟呈持續成長趨勢。南韓中央銀行提出的數字向來保守，卻也指出在金正恩統治下，北韓經濟至今每年大約成長百分之一。南韓智庫現代經濟研究院（Hyundai Economic Research Institute）更預言，未來北韓經濟成長率可能高達百分之七。

即使依照比較謹慎的南韓央行數據，也可以看出自金正恩成為領袖以來，北韓的年度產值已經增長了一倍有餘。

*當政治系統欠缺發生管道時，會造成整個政治系統處於高壓狀態。那些被排斥在體制之外的利益集團會與現有體制抗衡，最終將導致內爆。

北韓的千禧世代推動經濟進步。他們在饑荒時期誕生或成長，與金正恩同一世代或更年輕一點，日常生活已經離不開市場。因此，我們通常稱之為「土生土長的資本主義者」（native capitalist），或「黑市世代」（Jangmadang Generation）。

來自惠山的高中生阿玄，就是土生土長的資本主義者，屬於雄心勃勃的黑市世代。一九九四年他在朝中邊境出生時，金正恩才十歲。

阿玄從沒想過要上大學，也不擔心要服義務兵役。他的家族在政治圈頗有地位，所以他利用祖父在警界的人脈關係假造文件，躲過了被徵召入伍的命運。阿玄想要錢，想要自由，而他在浪跡江湖的路上一舉兩得。

凡是從中國來的貨物，不論要過河入境北韓，或要送往遍及全國的數百座市場，都需要進一步運輸。川流不息的物流業因而發展起來，支持市場活動。

以往國內旅遊受到嚴密管控，少了許可證，北韓人就不得離開原本居住的道或郡。這麼做是為了控制人口數量並限制資訊流通，不過，金正恩掌權後已經鬆綁相關法規，要靠行賄辦事也變得更加容易。

多虧祖父的政界關係，阿玄也能利用祖父的人脈拿到旅行許可證，在北韓境內來去自如。而且，因為母親已經先一步逃到中國，所以他還能獲取外來資金。

阿玄的母親在河對岸創業有成，為他捎來一千五百美元。他拿這筆錢租了一部貨車，然後和兩個朋友經營起運輸生意。

先不管私有車輛在北韓還沒合法化，反正只要有錢等著賺，破例通融都好商量。嚴格說來，交通車輛都歸國家機構所有，但在國營工廠、國營公司或軍隊單位裡，通常也能說動主管允許員工使用公司車或貨車，然後以一定費用或部分利潤作為回報。

原本由國家分配給工廠的計程車或小巴士，瞬間變成「服務車」（servi-cha，서비차）——英文的「服務」（service）加上韓文的「車」。不論要橫越城鎮或整個國家，乘客只要出錢就到得了。

原本由國家分配給農場的貨車，輕而易舉就變成市場批發商的運輸工具，載著滿滿的進口商品與自栽作物，慢慢駛過坑坑巴巴的道路。雖然以前火車曾是主要運輸工具，卻因電力不足、設備老舊，而變得太過遲緩又不夠可靠。如今，貨車才是大家的心頭好。

服務車與貨車既是官方登記過的國有車輛，就不受一般規範限制，不必待在特定的地理區域。司機駕車接近檢查站時，守衛為了確定他們備有賄賂，會問他們有沒有做「功課」。這時候，回答「沒有做功課」的人可能必須——用檢查站的黑話來說——「留下來做完功課」，不然貨物就會被沒收充公。[7]正因人人都有利可圖，這套機制才能維持運作。

如果是登記在有力組織〔如：國家安全保衛省（State Security Department）〕名下的車輛，由於長途旅行期間不怕被檢查站攔阻，挪作私用時也就特別好賺。

而全球物流業的另一項重要工具，雖然直到不久前在北韓還是違禁品，卻也助了這項新運輸服務一臂之力——手機。

從前，市場一直是行商（runner merchant）的專利。他們將商品背在身上，走進實體市場找顧客。但現在的商人只需要一支手機，有了手機，就能聯絡批發商或零售商談妥價錢與數量，然後打給貨車或巴士司機安排運輸行程。因此，坐商（sedentary merchant）漸漸取代了行商。他們用手機談成買賣後再請人搬運，舒舒服服坐著就能打理一切業務。[8]

此外，手機也有助於穩定物價。大家開始知道何時會進口新一批米糧，所以寧願等一等，也不會在庫存稀少時用高價購買。

在氣象一新的環境中，阿玄開始駕車跑遍全國，一方面運送商品，一方面也前往包括首都平壤在內的許多不同城市，在阿姨或其他親戚家住幾天。同時，他也擔任阿姨的供應鏈管理者。阿玄的阿姨嫁給一位軍官後住在平壤，雖然軍官在北韓曾是受人稱羨的工作，但現在他阿姨才是家中主要的經濟支柱。「我姨丈可以用自己的地位保護阿姨的事業。現在要靠女人才能賺進像樣的錢。」阿玄說。

阿玄差遣鄉下的中間人替阿姨買進存貨，然後運到平壤的市場以更高的價格賣出，這就是他在供應鏈中負責的工作。透過中間人，他就能先買進大量豆子再分批運送，避免引起別人懷疑。

在南韓首爾的時尚咖啡館裡，喇叭正傳來陣陣雷鬼音樂，我邊喝咖啡邊聽阿玄說：「我不能就這樣走出門去買兩噸豆子回來。當時北韓農作物短缺，帶著那麼多食物被發現就完了。」阿玄長得高挑又健壯，不太像幼年營養不良的人。我們見面時，他正在南韓念大學，腳上穿著耀眼的白布鞋，頭上頂著俐落的時髦髮型，看起來相當體面。

糧食買賣算是一門比較安全的生意。以DVD播放器為例，雖然更好賺，卻也得更小心行事。來自中國的DVD播放器附有隨身碟插槽，是很搶手的商品，在北韓一臺可以賣到二十美元左右。如果商人的權貴關係夠雄厚，還能將火車車廂通通裝滿DVD播放器，然後運進國內大賺一筆。有時候，一趟火車就能運來四千臺播放器。「但你後臺一定要夠硬才能搞DVD播放器，畢竟那是非法的生意。」阿玄告訴我。

無論做的是豆子還是播放器生意，在買賣過程的每個環節中，總少不了一些有生意頭腦的人。阿玄訂購豆子後，就派人去將豆子分袋包裝，再僱幾個挑夫把豆袋搬到火車站。他會先買通守衛，請他們對貨運視若無睹——通常每噸豆子要以三、四公斤白米為賄賂。接著，他會分配出貨時間，有時前後長達一個多月，才不會被看透他究竟運多少貨進來。而豆袋抵達平壤火車站後，也可以僱用當地人力來卸貨並交貨給他阿姨。

「你當然得花錢打通關節才好辦事，」阿玄向我解釋他怎麼做生意，「但你也要有人脈才行。為了讓東西在平壤順利卸貨，我還買通了權力夠大的高官。」

事成之後，阿姨就會寄錢給阿玄，並吩咐他安排下一筆訂單，而他就照這個流程從頭來過。市場化趨勢出現後，阿玄就積極把握住賺錢的機會，不過還有很多人是出於不得已，才努力適應了環境的變化。

金正恩成為北韓領導人時，正雅（Jung-a）才十一歲，表示她出生的環境正變得愈來愈市場導向。她和阿玄一樣住在邊境地區，父親在她十二歲時成為脫北逃兵，所以母親不得不開始從事市場活動，想辦法賺錢維生。

儘管如此，她母親趙女士（Mrs. Cho）對金正恩接任仍然滿懷希望。「我們以為，既然他是年輕的領導人，事情大概會好轉，可以過得輕鬆一點。」她們倆一起逃到南韓後，趙女士這麼告訴我。然而，後來「偉大的接班人」什麼也沒給她們。「我什麼事都得靠自己。」她說。

為了在金正恩治下的北韓勉強維持生計，正雅只好輟學。她已經念完小學，卻遲遲未能開始上中學課程。

正雅不能上學，反而要和母親從會寧市中心的家出發，一起走大約三小時的路到山麓，照料她們栽培玉米的那一小塊地。在種植季與收穫季期間，每週都有幾天要去那裡工作，平常也必須定期除草或照顧。

她們不吃早餐，清晨四點就踏出家門，走到那塊田地——面積約為十三畝——時差不多七點。嚴格說來，那塊地歸國家養豬場所有，農場管理員卻分成一個個小塊的地，出租給像趙女士這樣的當地居民，趁機發大財。趙女士是一位身材嬌小的女子，長年痛苦的表情深深鏤刻在她的臉上。她同意付約二百公斤的玉米給管理員，當作這塊地的年租，而管理員當然不會把好東西上繳國庫，讓金正恩去資助什麼「社會主義樂園」。就像其他人一樣，管理員把賺來的玉米拿去市場賣錢。

早上忙完農活後，趙女士和正雅會歇一會兒，吃點勉強稱得上午餐的東西。她們通常吃玉米麵，配一碗豆子磨碎後做的湯。為了節省點火加熱的成本（錢和時間都是），食物冷冷的就進了她們的肚子，若是夏天，也許還能配上一點當令的菠菜或黃瓜。吃完後，她們又得回田裡繼續工作。

有時她們也會奢侈一下，煮白米飯當晚餐，但泰半時候，她們只會吃進更多冷麵條。直到晚上八點左右，她們才終於踏上遙遙歸途。

每到收穫時節，她們就會僱一個有推車的男人來，請他把償租用的玉米送去給唯利是圖的管理員，而剩下的玉米趙女士要在市場上賣，就接著請他拖到鎮上去。玉米比白米便宜得多，所以許多人都吃玉米，像是玉米麵、玉米飯、玉米殼湯等等。

在市場上賣掉玉米後，趙女士就有錢買黃豆，然後在家自己做豆腐。她也試過在田裡種黃豆，但那需要更大量的體力活，母女倆應付不來。

在市場以一萬八千北韓圓買下三．六公斤重的豆子後，她就能進一步做出豆腐，然後賣得三萬北韓圓。

在家賣豆腐是正雅的工作。我去首爾市外的小公寓拜訪她們母女倆時，正雅告訴我：「我不能和朋友玩，很懷念去上學的時光，整天待在家實在有夠無聊。看到朋友背著書包回家吃午餐，我覺得好羨慕。」

然而從趙女士的角度看，把正雅留在家裡不只有利賺錢，還能省下另一筆開銷——學費。北韓名義上是社會主義國家，理論上應該提供免費的住宅、教育與醫療照顧，但實際上，在這裡什麼都要談價錢。

老師要求學生付費換取知識，但費用通常不是現金，而是黃豆或兔皮之類的貨物。老師收下貨物後，就能拿去市場上賣錢。

嚴格說來，即使學生沒付學費，還是可以繼續去上學，只是得不到什麼像樣的教育。他們必須坐在最後面的座位（這還算幸運的情況），無法獲得老師半點關注。在這種放牛吃草的情況下，一旦父母付不起「學費」，學生往往就會輟學。

趙女士眼看女兒只能孤伶伶待在家，也覺得很不好受，於是買了一架普通的電視機，允許她白天開著看。但再怎麼說，正雅的日子依然過得很辛酸。

替家裡添購木柴與食物——她們一把豆腐賣光光，就去買比豆腐便宜的食物來吃——後，如果生意好，趙女士一天能獲得五千北韓圓利潤，足夠買〇．九公斤的米；但如果豆價波動或需求量不足，導致生意變差，就賺不到任何利潤。

她們費盡千辛萬苦勞動，卻只換來少得可憐的報酬。趙女士不久就注意到自己的背痛個不停，愈來愈依賴女兒賺取那點微薄的收入。因此，儘管她以前從別人口中聽到的南韓，是一個充滿乞丐與酷刑的地方，但某天她還是決定跟女兒一起逃跑。

正因如此，我才能去拜訪她們的新家，坐在屋裡的地板上談話。這一刻，趙女士頂著一頭南韓中年婦女常見的捲髮，正一面用拳頭搥著自己的下背，一面疼得齜牙咧嘴，而她女兒正睡在我們身邊的床墊上。當時正雅十八歲，睡前熬夜讀了一整晚的書。她努力要趕上同儕的教育水準，以便拿到高中文憑，在重視學歷的南韓社會中與人競爭。

即使已經順利抵達南韓，趙女士依然希望北韓的生活能夠改善。談到金正恩時，她滿懷惆悵說：「我聽人家說他在國外受過教育，還以為他會開放我們接觸外面的世界。」

然而，從家鄉傳來的消息顯示，對像她這樣的老百姓而言，北韓的生活如往常般樣苦不堪言。

✪✪✪

在北韓販賣自製豆腐，以及把豆子載到全國各地，都是遊走在某種灰色地帶的工作。一旦趙女士或阿玄弄錯接頭的檢查站守衛，或湊不出足夠的賄賂，這種交易馬上就會被視為非法活動，所以總是有一點風險。

不過，姜先生幹的買賣倒是沒什麼灰色地帶。不論從哪個角度看，他的生意絕對不合法。

姜先生曾是會寧的頭號毒販。會寧就隔著一條河與中國遙遙相望，又是離平壤最遠的北韓城市。在過去長達數十年裡，就算以北韓的標準來看，這塊國土也堪稱一片蠻荒之地。但凡被認為「政治不可靠」的北韓人，幸運一點的流放到這裡，若是倒楣一點的，就被送進附近的集中營。

如同許多住在邊境的北韓人，既然鄰近正在蓬勃發展的中國，姜先生也善加利用這項優勢。他有一支中國手機，能收到中國基地臺的訊號，而他賺錢的方式就是協助北韓人聯繫外面世界，包括南韓在內。他安排北韓居民穿越邊境，跟已經逃到南韓的親人「短暫」重聚。他也像許多人一樣做過匯兌生意，替外面世界的人把錢帶給指定的親人——當然，都要抽一大筆佣金，就匯兌這一行而言，算一算通常要抽三成。

不過，論起姜先生經營過最危險又最好賺的事業，其實是賣冰毒。冰毒就是甲基安非他命（methamphetamine），在河對岸的中國十分盛行，在北韓也受到廣泛使用，其中一個重要原因是這種物質有抑制食欲的效果。創業科學家將咸興——過去曾是這個社會主義國家的核心區域——的化工廠變成私人冰毒實驗室，宛如北韓版的《絕命毒師》（*Breaking Bad*）*。

---

*美國知名影集，講述一名高中化學教師協同昔日學生，一同製毒與販毒的驚險過程。

賣毒品是很危險的工作。在北韓，販賣或製造毒品通常會被判處勞改監禁幾年，不過也有傳言指出，經營大型販毒集團的人會被判處死刑。

但只要事情不出錯，那麼，比起丈夫去幾近停業的工廠上班打卡、妻子去市場賣自製豆腐或年糕，販毒肯定更加有利可圖。

金正恩接任前幾年，姜先生已經打造出蒸蒸日上的事業，妻子也辭去教職，加入他的販毒生意。他們生了一個寶寶，毒品和金錢都源源不絕，日子過得相當優渥。他們擁有一臺日本製冰箱、一張中國來的皮沙發，還有兩架電視機，其中一架是從日本運來的。此外，夫妻倆僱有一名替他們煮飯打掃的女傭，並付給她〇．九公斤的米作為日薪。

女兒開始上學後，學校老師也特別寵她，不但大量關注她的表現，也願意煞費苦心確保她聽懂課程。她受到的待遇甚至比高階官員子弟更好，因為姜先生每個月都會付老師一百元人民幣，相當於十五美元，還會花大錢請老師到當地餐廳吃一頓好料。

二〇一〇年，姜先生第一次聽說金正恩時也懷著希望，認為這個年輕人將帶領北韓走上對外開放的道路。沒想到，當局為了搶在第二次政權移轉前做好防亂準備，反而更加嚴密把守邊境沿線安防。

隨著中國開始打壓吸毒行為，北韓政府加速籌備「偉大的接班」計畫，姜先生的出口生意變得愈來愈難做。於是，他決定改變事業路線，將原本輸出到中國的毒品留在國內，通通賣給北韓同胞吸食。

「雖然金正恩上任後，政府也想學中國打壓毒品，但在北韓不管要禁止誰做什麼事，都是不可能的。」在首爾市外，姜先生在新家附近的餐館對我說，擺在我們之間的那盤泡菜烤肉正滋滋作響。「到哪裡都一樣，有錢能使鬼推磨。」

二〇一四年姜先生逃到南韓，正值四十二歲。我見到他時，他看起來就像一般的中年男子，穿著紅色帕可登山外套以及黑色登山褲，卻沒有登山的習慣，而他的頭髮燙過後顯得更挺了。他點了一瓶韓國燒酒（soju，소주）來配豬肉，但那可不是普通的綠瓶蓋燒酒，而是紅瓶蓋的——也就是比較烈的那種。

金正恩對非法毒品的打壓行動效果不彰。據姜先生估計，在他離開北韓時，會寧大約有八成的成人在吸食冰毒，每一天都要消耗掉將近〇．九公斤的分量。

姜先生說：「我的顧客就只是一般老百姓，像是警察、保全、黨員、老師、醫生等等。不管生日派對或高中畢業典禮，冰毒都是很棒的禮物。」而青少年也在吸食這種強效毒品，就連他七十六歲的老母親也用冰毒來改善低血壓。

吸食冰毒成為許多北韓人生活中不可或缺的一環，在窮極無聊與受到種種剝奪的處境下，能夠幫助他們緩解痛苦。姜先生說正因如此，政府永遠不可能杜絕毒品。

「說實在的，吸了毒就會很開心。我以前常覺得不吸毒就渾身不對勁，好像一整天在一開頭就不順利。我覺得自己變得不太像個人。」姜先生說。「吸毒可以紓解壓力，對改善床上那檔事也真的很有幫助。」他一臉嚴肅補上這句話，不帶絲毫笑意。

雖然嚴格說來是非法事業，但姜先生毫不隱瞞自己的毒品生意。他的鄰居知道，警察也知道，不過他盡量不去炫示自己的財富，以免引來更多外界關注。

警察也急著把握新的機會，不只想發大財，也想獲得嗑藥的快感。他們藉由保障姜先生的毒品事業，來換取穩定供應的冰毒。「他們會趁午餐時間跑到我家來，當然，我不會跟他們收錢。」姜先生哈哈大笑說，「我社區的祕密警察頭子每天都來，簡直像是住在我家。」

儘管當局對邊境通道管得更嚴了，身為冰毒業先驅的姜先生仍能從這項非法生意中，賺進每個月三千至五千美元——在中國已堪稱鉅款，遑論北韓。而他賺得愈多，影響力就愈大。

姜先生告訴我：「在北韓，有錢自然就有權。」

第七章　與其受人愛戴，不如受人畏懼

「只要有誰膽敢反對金正恩同志的唯一領導，朝鮮軍民絕不會饒恕。」

——KCNA，二〇一三年十二月十三日

北韓人民在市場經濟下努力工作，一步步稍微改善自己的生活水準，但金正恩知道光是這樣還不夠，他也必須確保他們知道，誰要是膽敢跟他作對，就有可能失去一切——而且不誇張，真的是「一切」。

早在五個世紀以前，義大利政治家尼葛羅·馬基維利（Niccolo Machiavelli）就在著作《君王論》（*The Prince*）中提出：「與其受人愛戴，不如受人畏懼。」現在，金正恩也得具體表現出這句格言才行。

在統治北韓的頭幾年裡，金正恩封鎖這個全球最與世隔絕的國家。他進一步加強朝中界河的邊境安防，要求警備巡邏嚴陣以待，比父親更嚴厲防範任何脫北企圖。「偉大的接班人」絕不冒險讓資訊流通，或讓人民渡河進入中國。不管是什麼，只要可能質疑他還沒站穩的統治權威，通通會遭到他悍然打壓。

金氏一家把全體人民困在國內，從幼稚園起就一遍又一遍灌輸錯誤的觀念，讓他們以為自己住在社會主義樂園，是世界上最幸福的人，就這樣維持政權長達七十年。

金日成是這套說法的始作俑者，不過他顯然明白這齣鬧劇將愈來愈難推銷，才會同時打造出一個監控國家（surveillance state），至今仍然從方方面面監控著每個人民的生活。政府官員會仔細檢查，北韓公民對領導人雕像鞠躬時腰彎得夠不夠深、聆聽義務思想教育課時夠不夠熱情、清晨掃馬路時是否常偷偷溜走等等。在這個警察國家裡，不論妻子、上校、菜販、老師、煤礦工或小孩子，誰都有可能是——或漸漸變成——線民。

早在很久以前，蘇聯就推動「開放政策」（glasnost），中國也嘎啦嘎啦對外敞開大門，北韓卻還想強行把資訊封鎖得幾乎滴水不漏。一直以來，北韓不允許公民接觸外界，順利將金氏政權的神話流傳下去。

「偉大的接班人」也倫學史達林，用惡名昭彰的「古拉格」（Gulag）*制度，來懲罰任何膽敢對他的領導權威有意見的人。在氣候惡劣的偏遠地區設有巨大集中營，專門關押異議分子——往往全家大小都一起關在裡面。

說金氏政權的謊言無所不包，一點也不為過，來自邊境城市惠山的楊醫師（Dr. Yang）說：「那就像一種宗教。」他告訴我：「打從你一出生，就開始聽說金氏一家是神仙下凡，大人也會教你徹底聽從他們的指示。那是一種恐怖統治。金家人利用恐怖的手段，讓人民時時刻刻提心吊膽。」

每一戶人家、每一所學校、每一間醫院、每一座公共建築，甚至是每一節地鐵車廂，都必須陳列金日成與金正日的裱框相片，還要用裝在特殊盒子的特殊布料天天擦拭才行。城鎮到處都是招貼與看板，就連山腰上也刻著宣傳字樣，大肆歌頌金氏政權的偉大。

每個電視頻道都在替政府宣傳，戲院也只播映北韓電影。通常那些電影都有個順口好記的片名，例如總共六十二集的系列電影《國族與命運》（*Nation and Destiny*）。此外，家家戶戶都有一個固定在牆上的收音機，永遠不能關掉，永遠不能轉臺。

---

*蘇聯用來管理全國各地集中營的機構。

隨便翻開一份北韓報紙，就會讀到一則又一則關於天才仁君金正恩的報導。根據北韓那套普遍的謊言，「英明的同志」無所不知，不論是關於鯰魚養殖、牲畜飼育，或是在溫室、樹苗圃、工地、船塢，他都能提供建議。他去檢查鞋子、面霜和大醬的生產線，對什麼事都能傳授明智的建議。他對音樂、建築與運動都很有想法。他是一個軍事天才，不但能指揮海洋和陸地的傳統鑽掘工程，還能指導核武與飛彈的發展計畫。

北韓容不下不同觀點，除了少數受到金正恩明確許可的權貴例外，誰都不能使用網路，也不能用手機聯絡外面世界。既沒有地下報紙，也沒有街頭塗鴉。事實上，整個國家沒有任何一個知名異議人士。

金氏政權從孩子還很小的時候就開始實施思想灌輸。

有一次，我去平壤參觀一家托兒所，門口招牌寫著：「我們尊敬的將軍金正恩，謝謝您。」托兒所裡擺著一些卡通造型玩偶，有手持火箭榴彈發射器的浣熊士兵，也有手握機關槍的小鴨水手。而還在學步的幼童也拿著塑膠製卡拉什尼柯夫自動步槍，擺起姿勢讓參訪記者拍照。

敏兒的女兒第一次學到金正恩的事蹟時才四歲，正和幼稚園同學一起上課。老師給他們吃糖果，一邊展示新領導人的照片，一邊說他是很特別的領袖。而敏兒的女兒對那堂課有份難忘的記憶，過了數年，她平安逃到首爾後回憶道：「他的臉肥得跟豬一樣。」

金正恩接掌領導大權後，教育省下令全國高中開始教授關於他的新課程。除了金正恩的部分，再加上以他父親及祖父母為主的課程，總上課時數高達八十一小時。[1]此外，老師在高中歷史課上會告訴學生，美國士兵在韓戰期間用刺刀殘忍刺穿北韓的嬰兒，而經濟課程中也會提到，北韓是如何拜主體思想之賜，成為一個自立自強的國家。

在學校以外的地方，九至十五歲的北韓兒童在朝鮮少年團（Korean Children's Union）例行大會上，會更進一步被這些訊息反覆洗腦。通常，獲准加入朝鮮少年團是孩子的大日子，當局會選定某個國定週年紀念日，例如金日成誕辰紀念日或建國紀念日，在學校舉行典禮並授予入會資格。父母會出席，孩子則常會收到包裝起來的禮物，像是原子筆或書包。北韓人只慶祝領導人的壽誕，不慶祝自己的生日，因此，許多孩子一生中唯有在這一天能收到禮物。[2]

萬福（Man-bok）念大二時，學校師長向班上宣布，金正恩將成為下一任國家領導人。從幼稚園開始，一路經過中小學與服兵役，直到後來開始在大學修習科學，萬福在成長過程中不管學什麼，金日成與金正日始終陰魂不散。跟他同校的大學生，每天都要耐著性子上完九十分鐘的思想教育課。他們一遍又一遍聽講師敘述，金日成如何在妻子金正淑襄助下，領導北韓成就輝煌的革命歷史，再交由兒子金正日發揚光大。

萬福聽膩了這種論調。他想學的是科學，才不是什麼「同志」，更對「雙重思想」

(doublethink)*的生活厭倦極了。

第一次聽聞金正恩這號人物不久後，有一天，萬福就在電視上看到這位欽定接班人——一個肥嘟嘟的男孩，年紀和他差不多，身邊團團圍著一群老將軍。而那些老將軍稱他為「後裔」時，用的是韓文中禮遇備至的敬語。

當時，北韓學生把這個消息當笑話看。萬福告訴我：「我跟一些最要好的朋友都叫他金廢物。雖然大家心裡都這麼想，但你只能偷偷對密友或父母說，而且必須先確定他們也是這麼想。」

但這可不是鬧著玩的。萬福在金正恩上任後才意識到，這套體制已經催生出第三代領袖。有鑑於這個男人年紀這麼輕，大概會在位很長一段時間。

至於這個國家的其他地區，在工廠、礦場、政府部門、婦女會（Women's Federation）、社區守望會議，以及義務兵役期間，當局已經開始教北韓民眾認識這位「天才中的天才」。

二〇一三年，金正恩為了鞏固領導權，修改了北韓版的「十誡」——將近四十年前，金日成制訂〈確立黨的唯一思想體系十大原則〉（Ten Principles on the Establishing of the Monolithic Ideology of the Party），企圖替自己的個人崇拜增進影響力。

當中每一條原則都提到金日成的名字，以及這位領導人的絕對權威，並強調人民必須無條件相信每一條原則。舉例來說，第四條原則要求人民「將偉大的領袖金日成同志的思想，當成自己的信念來領受，並將他的指示奉為圭臬」。第二條則寫道：「凡是對偉大的領袖忠貞不渝的革命戰士，都肩負著極盡尊崇金日成同志的至高義務。」

而金正恩接任後，似乎覺得這些原則需要改一改。他更新條文內容，加上對父親金正日的崇敬之詞，從而加強他自己與體制之間的關係。修訂版條文申明：「偉大的金日成同志與金正日同志是超群絕倫的愛國者、了不起的革命者，也是厚愛百姓的人民父母。他們將自己的一切奉獻給祖國、革命與人民。」

不過，金正恩忍住沒把自己的名字加上去，也沒把自己的肖像掛進每一戶人家，反而小心不做自不量力的事，一心抬舉父親。他希望這麼一來，能凸顯自己是輝煌體制的純正後裔，進而鞏固自己繼位的正當性。

北韓人民必須記住〈十大原則〉，還要能隨時配合要求背誦出來。

社區團體或工作場所舉辦一週兩次的思想教育課，將〈十大原則〉更新版反覆灌輸到人民的腦袋裡。他們在這種義務教育課上必須耐著性子，聽講師用最新的頌詞說領導人有多麼偉大，或

---

*語出喬治·歐威爾的小說《一九八四》，指同時相信兩種互相牴觸的想法。

說美國有多麼不公不義。二〇〇九年，許多人就是在這樣的課堂上，第一次聽到金正恩將軍同志的驚人事蹟。

每逢星期六，北韓公民也被迫出席自我批評大會，有時甚至不只每週一次。在大會上，他們必須詳細描述自己在前一週的缺點，往往也要糾舉周遭人的過失才行。通常，這種批評只是在意識形態上裝裝樣子的活動，例如：與會公民說，自己本來可以一直工作到手指流血或昏倒，更加努力為「偉大的接班人」效勞。但有時候，這種會議也可能用來指責競爭對手，或報復討人厭的鄰居。

在北韓就連髮型也受到嚴格管控，雖然已婚婦女燙髮很普遍，但政府不允許女性染髮。外界一度謠傳金正恩接任後，很快就命令全體男性學他梳龐畢度頭。雖然這純屬空穴來風，但北韓男性必須留短髮倒是真的，理髮店牆上裝飾著一系列官方推薦髮型，其中幾種——你猜得沒錯——就像金正恩的髮型，兩側削得很短、頭頂堆得很高。政府沒強制規定男性理成這樣，不過精明的北韓人都知道，這麼做是對領導人表示忠誠的最佳辦法。

人人都要參加思想教育課與自我批評大會，即使是合法出國去替政權賺錢的北韓公民，也不能例外。事實上，正因僑民有機會一瞥真實世界，北韓政權才這麼努力防止他們的思想變質。

「我們聽說金正恩拚命為黨、為國家、為人民工作。」宋先生（Mr. Song）說。金正日逝世時，他正在俄國當建築工，不僅替北韓政權賺取外匯，也順便給自己攢一點點錢。他接著說：「聽說他做了一大堆有的沒的，為我們所有人拚了命努力，但聽起來根本沒道理呀！一個小孩能拿步槍射擊，甚至看得懂汽車儀表板？當過兵的人都知道說這話有多可笑。」但當時他可不能表示任何意見。

誰敢說年輕的國王根本沒穿新衣，就別指望還能保住小命了。

✪✪✪

然而，自從這個曾經號稱「隱士王國」的國家不再與世隔絕，幾乎人人都心知肚明。儘管金氏政權殫精竭慮斷絕外來資訊，卻仍無法完全將世界拒於門外。

大饑荒過後，食物與衣物越過中國邊境湧入北韓，新資訊也跟著進來了。以前曾偷偷渡河出境的人回國後，把自己的所見所聞告訴大家：在中國，大家有很多食物可以吃，所以不一定會吃光桌上的飯菜，就連那裡的狗也吃得比北韓人更好。

更精密的資訊儲存形式也漸漸傳入北韓。

如今，商人走私到北韓的是隨身碟和 micro SD 記憶卡，通常夾帶在一包包白米或電池裡，準備偷偷拿到市場上賣。這種小小的儲存裝置容易躲過當局的法眼，也方便跟其他朋友共享。

此外，南韓社運人士也試著幫北韓人一把。他們把隨身碟裝進大氣球或瓶子裡，然後將氣球放飛到空中，或讓瓶子漂浮在河裡，就這樣趁著適當的風向或流向一路穿越邊境。大部分隨身碟存著動作電影與多愁善感的肥皂劇，有些存著書籍、百科全書，或充滿活力的南韓流行音樂，還有一部分存著色情作品。

渴求精神糧食的北韓人民狼吞虎嚥吸收一切資訊。

「你走進市場問賣家『今天有什麼好吃的』，或『有好喝的啤酒嗎』，之後再跟對方說『好，幫我裝到最滿』。這句話的意思其實是，你想要一個存了一大堆電影的隨身碟。」權女士（Mrs. Kwon）告訴我她以前在北方的會寧市怎麼生活。

附隨身碟插槽的 DVD 播放器是炙手可熱的商品，而稱作「notel」——「筆電」（notebook）結合「電視」（television）之意——的小型便攜式 DVD 播放器，在市場上更是特別受歡迎。這種「notel」有 DVD 光碟機，也有 SD 記憶卡接埠、內建的電視及電臺調諧器，還能用汽車蓄電池來充電，售價約為五十美元，大概超過半數的都市家庭都有一臺。[3]

在市場上，權女士有時會拿舊的隨身碟換新的，或乾脆買一些新的隨身碟。一個16 GB隨身碟要價不到二美元，就可以存進豐富的外來資訊。

「我喜歡看他們的房子，看他們怎麼生活，什麼都喜歡看。」權女士一邊回想，一邊告訴我她特別愛看《我叫金三順》（*My Name Is Kim Sam-soon*）。那是一部多年前的浪漫喜劇，主角是個作風坦率的豐滿女人，她先是邂逅一個迷人的男醫師*，接著又失去了他。權女士說：「那就像一個夢幻故事。我當然想活得像他們那樣，所以我開始幻想擁有那種生活，希望有一天能夠來到南韓。」雖然她住在首爾附近的衛星城市，擁有一個小公寓，並非過著童話般的生活，但最初的靈感就是來自她對真實世界的驚鴻一瞥。

光是這樣一瞥冰箱、沙發、電視、汽車，以及南韓日常生活種種，就能削弱平壤政府不斷鼓吹的其中一個核心迷思——南韓是一個窮愁困苦的地方，北韓人民過著更幸福的生活。

這種影視戲劇搬演的細節哪怕再微不足道，都有可能強烈撼動向來只看政府媒體的北韓人。最微小的細節就足以揭穿最龐大的謊言。

而北韓人從中觀察南韓社會的互動方式，也能受到不少啟發。年輕北韓人——尤其是女

---

*恐因受訪者記憶錯置之故，應為餐廳社長。

性——注意到，南韓人彼此交談時往往措詞文雅，並用敬語語法來表示尊敬，相較於北韓對年輕人與女性普遍使用貶抑言詞，真的是天差地別。

本來該去念高中卻在家賣豆腐的正雅還記得，她用市場取得的隨身碟看電影《忍者刺客》（*Ninja Assassin*）時，心裡感到多麼驚訝。雖然那是一部充滿武打動作與血腥鏡頭的美國片，主角卻是肌肉發達的南韓流行歌星Rain。而這部電影著實令她大開眼界。

「在北韓的學校裡，老師都說南韓人長得跟我們不一樣，後來我看到這部電影，卻發現他們看起來就和我們一樣，連說的語言都相同。」她告訴我。

正雅特別喜歡南韓流行音樂。她說：「北韓歌聽起來大同小異，歌詞都寫得雄壯威武，當時我常常聽到描寫金日成、大將軍和愛國主義的歌。然後突然間，我聽到這些南韓歌。雖然同樣唱著韓語，卻完全不一樣。」

楊醫師如今在首爾某家醫院工作，年約四十多歲，一臉壞脾氣。他在看診途中的休息時間告訴我，像這樣的資訊已經傳遍北韓，漸漸破壞人民對第三代領袖可能抱持的信心。

「人民對這位年輕領導人不抱任何期待。我認為超過七成的北韓人都不滿金正恩政權，他們知道金正恩沒那個能耐。」他說。

在北韓，楊醫師在市立大醫院工作，嚴格說來是一位醫生，只是他的醫院缺乏醫藥，醫生實際上賺不了錢——每個月收入三千五百北韓圓，連買〇．九公斤的米都不夠。因此，他真正的工作是走私。他會上山採藥草，再帶到中國去賣。北韓醫生都很擅長採藥草，畢竟醫院沒有真正的藥物，他們只好自己放個「採藥草假」（herbal vacation）。有了走私賺來的收入後，楊醫師就能購買一些家電，像是電鍋、便攜式DVD播放器和液晶螢幕，然後帶回北韓。

正因從事這種工作，他才能認清政權宣傳活動的真相。

「政府告訴我們，我們窮是因為受到國際經濟制裁，但我住在邊界附近，所以我知道，北韓之所以發展不起來，是因為再怎麼努力工作也沒有任何回報。反正努力不努力，都只能免費當差。」他說。

然而，要是這麼多北韓人都知道外面世界是怎麼回事，也知道金氏政權在欺騙他們，為什麼這套體制還能繼續運作呢？答案就在於北韓殘酷無比的作風。一旦人民流露出絲毫不滿的態度，金氏政權就橫加暴虐刑罰，一點都不會良心不安。

為了強化他是最佳領導人的謊言，金正恩以滿腔熱情延續北韓的政治種姓制度（caste system）。他獎賞那些看起來對他忠心耿耿的人，同時無情地懲罰那些膽敢質疑他的人。

這套種姓制度其實是他祖父留下來的規矩。當初金日成打造理想國家時，借用了一些朝鮮王朝的封建習俗。長達五世紀以來，朝鮮王朝的封建體制支配著整個半島，直到大約一九〇〇年為止，而金日成就是採用當時的連坐制度。根據連坐制度，只要一人犯法，就可能連累整個家族三代被關起來，有時甚至是終生監禁，即使到現在也一樣。[4]

不僅如此，金日成也擅用朝鮮王朝時期的歧視性階級制度：出身成分（songbun，성분）。他將北韓分成五十一種不同的類別，而這些類別又可以劃分為三大階層——忠誠、動搖、敵對。

時至今日，忠誠階層在金正恩治下的北韓享有最佳優勢，約占總人口的百分之十至十五。在金正恩政權眼中，他們對體制的政治貢獻最多，最有意願維持體制運作。他們可以住在平壤並接受更好的教育，有機會就讀金日成大學（Kim Il Sung University），未來不但將獲得令人稱羨的工作，也在勞動黨中占據有利地位。忠誠階層住的公寓、穿的衣服、吃的食物，都比一般人更優渥，而且更有機會找到擁有藥物的醫生治病。

位居底層的是敵對階層，包括親日通敵分子、基督徒，以及懷疑論者，約占總人口的四成，一般都會被放逐到生活條件惡劣的北部山區。即使以北韓的標準而言，那裡的冬天也太過難熬，食物更是少得可憐。

這些「不受歡迎的人」既沒有社會流動能力，也沒有改善現狀的希望，生活以集體農場或集體工廠為中心——他們被派去做這種工作後，數十年來只能自生自滅。

夾在「忠誠」與「敵對」之間的是動搖階層，也就是約占總人口半數的一般百姓。他們處於某種懸而未決的狀態，雖然沒有念大學或取得專業工作的機會，但只要夠幸運，就有可能在服兵役期間獲派一份好工作，一步步稍微改善自己的生活水準。[5]

但凡與生俱來的出身成分不夠好，就沒有在社會階層中向上流動的希望。然而，貴為上層階級只要踏錯一步，還是有可能直直跌落最底層。

一直以來，金正恩靠著這套制度，不斷威脅要將異議分子降為下層階級，順利保住了自己的權力。假如你屬於忠誠階層，不但已經住在平壤，在政府部門工作之餘又能賺點外快，供養孩子上大學；那麼，當你想公開質疑領導人五歲時是否真能開車，或批評政府把鉅款花在武器而非醫院與學校時，就會三思而後行。隨時都有人盯著你的一舉一動，一旦抓到你不夠忠心的證據，就會向上呈報。這種政府監控在草根階層始於人民班（inminban，인민반）。人民班是名副其實的「人民團體」，也是一種社區守望制度。每個社區可以細分為幾個班，每個小隊包含三十或四十戶人家，並一貫由某個好管閒事的中年婦女擔任班長。而班長的工作就是注意她轄內的家家戶戶，看看誰在偷偷做壞事，所以北韓人喜歡說，班長應該要知道每戶人家有幾副筷子、幾支湯匙。[6]

班長還要負責登記在各戶人家過夜的訪客。在北韓，任何人都不得在未通知當局的情況下，擅自到朋友或親戚家留宿。因此，在夜深人靜時分，班長經常偕同當地警察突襲檢查各戶人家，以確保沒有人窩藏未經許可的訪客，或像萬福和正雅那樣偷看南韓電影。此外，班長要檢查政府安裝在每一戶的收音機，確認他們沒轉到國家廣播電臺以外的頻道，也要檢查他們的手機，確定裡面沒有來自外面世界的違禁音樂或照片。

另一方面，班長也會鼓勵鄰里居民互相舉報。如果有人覺得某戶人家很可疑，經常吃肉和白米飯，大家可能會納悶他們哪來的錢；如果在國家電視頻道停播的深夜時分，還有人家裡電視的藍光在窗簾後微微閃爍，大家就會懷疑他們在偷看什麼節目。

如果有人私通，班長就會把事情查個清楚。北韓社會尤其反對女性發生婚前或婚外性行為，所以這可不是件小事情。私通雙方的雇主將獲悉他們的逾矩行為，而他們也必須在批評大會上承受公開羞辱。[7]

在這套體制中，北韓人民生活的方方面面都受到監控，每一次違規都會被記錄下來，即使只是稍微偏離體制也會受到懲處。這種監控彷彿無所不在，許多人甚至不敢對金氏政權挑眉表示反對。

班長必須向上呈報違法行為，才能維持自己對政府高層的利用價值——尤其是北韓兩大國安機關。

人民保安省（Ministry of People’s Security）執行一般警察勤務，並職掌關押犯下「普通

罪」——像是傷害、竊盜、販毒或謀殺——犯人的教化所（kyohwaso, 교화소），其名稱在韓文中的意思是「一個透過教育使人向善的地方」，通常，囚犯在這種集中營服滿一定刑期後，未來還是有獲釋的希望。

國家安全保衛省掌理政治暨思想罪，負責將國家媒體以外的一切資訊徹底封鎖，確保人人都嚴守國家政治宣傳的內容。

誰敢質疑政權或試圖脫北，就是在政治上懷有錯誤思想或犯下錯誤行為，亦即犯下政治罪。這時國家安全保衛省會介入調查，並將罪犯關進轄下慘無人道的集中營。

金正恩知道外來媒體已經跨越北韓邊界，於是賦予國安機關特別單位「109小組」（Group 109）新的權力，吩咐他們強制實施對非法外國媒體的禁令，而他們的任務就是找出外國製造的媒體資訊——尤其是儲存在手機與隨身碟的——並沒收。109小組會特別仔細檢查裝置的歷史紀錄，尋找使用者分享檔案的證據。

一旦被查到持有這種違禁內容，就必須依法接受拘留與審訊。有些人只要靠錢甚或香菸來買通官員，並將自己的裝置交由他們沒收，就能逃過一劫。事實上許多北韓人認為，官員是為了賺點外快補貼低薪的政府工作，才故意在公民的手機上搜查外國媒體，或趁著深夜闖入民宅突襲檢查。

金正恩掌權後，於二〇一二年修訂《朝鮮刑法》（North Korean Criminal Code），並特別增列一節條文來對付外國媒體。一般認為，這項條文幾乎等同於顛覆國家罪，而且要逃避刑責變得更加困難——說得確切一點，是變得更加昂貴。一旦被逮到從事大規模資訊走私活動，接著就可能遭到起訴，而北韓法院一定會將被告定罪，並遣往勞改營服刑。[8]

不只如此，金正恩掌權後實施的其他規定也一樣嚴苛。舉例來說，把經濟計畫草案寫得亂七八糟，或未能選用頂尖選手出戰重要賽事，都是法律上明列的政治犯行。政府禁止任何未經勞動黨及政府主管機關批准的集會活動，也不許人民對國家妄加批評或表示不滿——就連私下議論也不行。凡是「懷著顛覆國家目的」參與暴動或遊行的人，都可能被判處「勞動改造」終身監禁或死刑。也就是說，如果「宣傳及煽動」顛覆國家，就會受到死亡威脅。[9]

不過，儘管金正恩政權用這種加強措施來防範「意識形態腐化」，卻還是無法完全阻止人民獲得外界的零碎資訊。

以念科學的學生萬福為例，他看戰爭電影、黑幫電影和限制級電影，也聽新聞，變得愈來愈叛逆。他說：「政府想要對我們洗腦，但我們年輕一輩知道真相。」

之所以提到北韓的刑法，是為了試想一下，金正恩治下的北韓有沒有正統法治？並沒有。雖然當局有時願意費點事，召開類似司法程序的審判，但過程中既沒有辯護律師，也沒有平民構成的陪審團，在外界看來絕非什麼公平審判。

然而，當局多半連這般稍微做做樣子都懶得，有些人還不知道自己犯了什麼罪，就被關進慘絕人寰的政治犯「管理所」（kwalliso，관리소）。像這樣的集中營在北韓有四座，位於國土北部的崎嶇地形上，占地皆為數百平方公里。在集中營四周，不但有帶刺鐵絲網築成的高聳柵欄，還有陷阱與地雷，並有配備自動步槍的武裝守衛，駐守在塔樓上加強警戒。

囚犯一旦進了這種服苦役的流刑營，就不得與他人接觸，又因為被視為不值得保護的反革命分子，所以也不再受到法律保障。[10]

由祕密警察管理的集中營極其暴虐無道，在那種殘酷的生存環境中，許多囚犯都活不了多久。

在那種集中營，囚犯一被關進去就開始挨餓，食物少到他們必須抓青蛙或老鼠來吃，那是他們唯一的蛋白質來源。他們會去找可以吃的野草或任何東西，好加在營方發放的「湯」——主要食材是水和鹽——裡。

儘管如此，囚犯仍然必須從事累人的工作，通常包含危險的體力勞動，有時一天要持續工作十八小時。他們只用鶴嘴鋤和鏟子挖礦，並用斧頭和手鋸伐木，在農場上也只用最基本的工具幹活。而女囚製作假髮和假睫毛，或縫製衣服，成品則通通送到中國，再進一步賣到世界各地。如果囚犯沒達到生產配額，就等著挨揍，糧食配給量也會變得更少。[11]

囚犯遭到痛打與折磨是家常便飯。當中有一種酷刑稱為「鴿子刑」，會將囚犯的雙手綁在背後並掛在牆邊，對胸部造成巨大的壓迫力量。而囚犯被迫維持這種姿勢長達數小時，通常直到他們昏厥或吐血才會獲釋。

「飛機刑」和「機車刑」也很常見。囚犯被迫向兩側或向前平舉雙臂，持續數小時之久。通常等不到獄卒允許他們垂下手來，他們就已經先暈倒在地了。

更悽慘的是「冒汗刑房」，囚犯被鎖進一個狹小的木造箱子，既不能完全站直，也不能完全躺平，反而被迫跪成一種蜷曲姿勢，屁股緊緊壓著腳跟。這種姿勢會阻斷血液循環，導致囚犯的臀部泛起烏黑的瘀青。要是待在裡面太久，囚犯就會死亡。[12] 獄卒都被訓練成鐵石心腸，萬一流露出一絲絲憐憫之意，恐怕就連他們自己也要受刑。

此外，強暴與性侵也是懲罰週期的一環。有些遭中國遣返後被關進集中營的北韓婦女說，她們曾被迫墮胎——通常是遭獄卒毆打而引發流產——或被迫目睹自己的嬰孩被殺害。還有一些婦女甚至說，她們被迫親手殺害自己的嬰孩，或親自以死贖罪。當新生兒被視為血統「不純」，亦即生父是中國人時，尤其可能遭受這種殘酷對待。[13]

聯合國針對北韓人權侵犯設立的特別調查委員會發現，這一類侵害人權的行為「並非僅僅是國家的暴政」，而是北韓極權體制的「必要成分」。

「從人權侵害的規模、本質及嚴重程度可以看出，這個國家窮凶惡極，在當代世界中無可比擬。」二〇一四年，在一份殊具意義的報告中，特別調查委員會做出這樣的結論，並建議將金正恩送交國際刑事法庭（International Criminal Court），以違反人道罪名接受審判。

許多北韓人熬過了集中營，才有機會活著訴說他們的故事，並將證詞提交特別調查委員會。早在金日成與金正日時代，他們一直被監禁在營裡，直到後來才成功逃離北韓，開始對外描述過去自己遭受的殘酷待遇。

在這套由祖父建立、由父親延續的壓迫體制中，金正恩無疑占盡一切好處。衛星照片顯示，集中營網絡分布廣泛，坐落在城鎮郊區與山間圍籬場地，至今仍在持續運作。

從照片上也可以看到新設或擴建的集中營，其中一座就位於北韓國土中心地帶，鄰近專門關押政治犯的价川第十四號管理所。這塊封閉區域占地十四．五平方公里，四周設有清晰可見的安全圍籬，內部建有獄卒營房與檢查站，稱為「江東第四號教化所」。這座再教育營位於平壤郊區，營牆外邊就設有一座清晰可見的石灰岩採石場，還有一條輸送帶，可以將石灰岩運進營區供囚犯敲碎。[14]

然而，關於這些再教育營與集中營在金正恩時代的實際情況，外界得到的情報少之又少。我在第三代領導人治下報導北韓新聞的那些年裡，不斷尋找在二〇一一年後進過集中營的人。即使已經訪問過協助脫北者的社運人士（包括前集中營囚犯，以及研究北韓監獄的專家），我仍找不到半個在金正恩即位後待過集中營的人。就連在我訪問過的人當中，也沒有誰認識這樣的人。

也許那樣的囚犯一直被關在集中營裡，也許他們逃不出北韓這座巨大牢籠。我們無從得知。但我們可以確定的是，這套刑罰制度依舊存在。

二〇一七年，國際律師協會（International Bar Association）邀請三位著名人權法官，就北韓集中營問題舉行聽證會。當時其中一位法官表示，那些集中營就像納粹大屠殺的集中營一樣殘酷，甚至有過之而無不及。這位法官當然比誰都清楚——托馬斯．伯根特爾（Thomas Buergenthal）原本住在波蘭凱爾采猶太區，遭納粹逮捕後被關進奧斯威辛（Auschwitz）及薩克森豪森（Sachsenhausen）集中營，在集中營裡度過童年時光。後來伯根特爾順利長大成人，任職於國際法院（International Court of Justice）。

從脫北的囚犯與獄卒口中聽說集中營的情況後，伯根特爾說：「我年少時待過納粹集中營，後來又長年從事人權工作，而我認為北韓集中營的情況，就像我在納粹集中營及人權領域看到的一樣糟，甚至更加殘酷。」[15]

此外，如同聯合國特別調查委員會，三位法官認為金正恩政權用政治犯監獄控制人民，於是最終決定金正恩應當以違反人道罪名接受審判。

許多人都納悶，北韓怎麼還沒像蘇聯那樣瓦解，或像中國那樣產生變革。

原因有幾個。

其中一個原因是，許多北韓人有能力靠市場來養活自己，事實上過得更安穩了。過去只能一年吃兩次肉的人，現在或許能一個月吃兩次，而農夫只要能把作物賣出去，就能透過賄賂替子女換來教室最前排的座位。金錢賦予他們小小的自由，或許在北韓高壓統治的環境中，這種自由感覺上已經是很大的轉變。另外，還有一個經常受到忽略的原因是，金家已經創造出強烈的國族認同，也給了人民一些值得為國驕傲的理由。雖然有的理由是根據假消息，但有的不是。有些北韓人逃離家鄉後還是會對我說，他們為北韓大膽對抗國際霸凌感到自豪，對北韓擁有高超核技術更是與有榮焉。

但最主要的原因仍是恐懼。

北韓刑罰毒辣，反對體制的人寧可溜之大吉，也不要留在體制內鼓吹改變。

「就算你知道點什麼，也不能說出口，一旦說了，沒準兒會受到什麼懲罰。所以啦，與其想辦法改變體制，還不如乾脆離開比較好。」權女士告訴我。

不過她也說，只有那些逃亡意志特別堅定的人，才會真的想辦法逃跑，但即使他們順利逃走了，心裡也明白留在北韓的親人有可能受罰。

正因如此，北韓到現在還沒倒。

第八章　姑丈，永別了

「狗不如的人間渣滓張成澤背叛黨和領袖天大的信任和深恩的栽培，犯下了令人髮指的大逆行為。」

——KCNA，二〇一三年十二月十三日

在專制政權中，即位頭兩年是菜鳥領袖最搖搖欲墜的時期。他必須趁這段時間搞清楚誰對他忠心不貳，誰又是死不足惜。如果有人覬覦他的位子，最可能謀反的時機就是這兩年，尤其當菜鳥領袖的左右手都是前朝老臣時，更有可能發生這種事。

因此，金正恩接任後按父親及祖父的榜樣蕭規曹隨，同時著手確保能幫他維持權力的少數權貴，個個都過得富裕美滿——而且愈來愈富裕美滿。

就像父親及祖父一樣，金正恩用相對少數的一小群人來控制整個國家，成功保住獨裁君主的地位。這其實是馬基維利的另一條治國方針：不用煩惱老百姓，只要確保一小撮菁英集團變得富裕。

金正恩就是學者所謂的「小聯盟領袖」（small coalition leader），靠著受到優待的極少數人擁護來維持政權穩定，同時任由老百姓過著水深火熱的生活。

政治科學家布魯思．布耶諾．德梅斯吉塔（Bruce Bueno de Mesquita）專門研究成功的暴君，並將「小聯盟」細分成不同類型，而金正恩就屬於他說的「貪婪的竊國統治者」（greedy kleptocrat）。其他同樣屬於這個子分類的暴君，包括菲律賓的馬可仕，以及薩伊（現稱剛果民主共和國）的莫布杜。

這些暴君都想過好日子，所以從國家金庫竊取大量資金，並保證讓擁護他們的權貴也過上好日子。而那些得天獨厚的權貴也知道，與其將國家權柄交給皇家以外的繼承人，不如由國王傳給王子，才更有可能保住他們的特權地位。因此，父位子繼對權貴階級更有利。

金正恩當務之急，是要決定誰能待在他的菁英小聯盟。

即使他還是菜鳥，也明白趁早甩掉潛在政敵或反對派的重要性。毛澤東在中國這麼做了，金正日繼位後也這麼做了。現在，金正恩要沿襲這項傳統。

我去紐約大學（New York University）找布耶諾·德梅斯吉塔時，他在辦公室裡告訴我，通常，這個初步階段的禍患不是殺的人太少，而是殺的人太多。如果一下子剷除太多人，還沒遭殃的人就會認為領導人做事不經大腦，因而活在恐懼之中。但如果殺得太少呢？這當然好解決啦。

偶爾嚇一嚇上層階級不是沒有道理的。事實上，絕大多數獨裁者並非被街頭示威的憤怒平民推翻，而是被政權內部的權貴階級扳倒，與大多數人以為的並不一樣。因此，獨裁君主最大的隱憂，並非在特權階級與大眾階級間兩難，而是窮於應付與眾多權貴分子間的角力。

耶魯大學（Yale University）學者米藍·史佛利（Milan Svolik）說：「就威權領導動力學而言，絕大多數獨裁者最後都是敗在朝廷權臣手上，而非廟堂之外的普羅大眾。」史佛利研究三百一十六名獨裁者，發現其中有超過三分之二，都是被同屬權貴階級的政敵推翻。[1] 從一九六四年蘇聯的赫魯雪夫，到二〇一七年辛巴威的羅伯·穆加比（Robert Mugabe），許多獨裁領袖就是像這樣失勢，被曾經擁護他們的大臣奪走權力。

金錢常是引發領導危機的導火線。布耶諾·德梅斯吉塔說，當擁護者發覺領導人保護不了他們多久了，貪婪的竊國統治者往往就會失去權力。伊朗前國王禮薩·巴勒維（Reza Pahlavi）病倒後，他的黨羽不聞不問；一旦發現上了年紀的菲律賓前總統馬可仕無法兌現承諾，他的軍隊也一樣袖手旁觀。

但只要能克服初步階段的考驗，撐過即位頭兩年，大多數獨裁領袖都能安享晚年。

就這樣，打從金正恩接掌政權那一刻開始，他就必須努力成為最忠於馬基維利主義的當代領袖。誰都無法高枕無憂，就連曾在過渡期輔佐他的人也有可能遭殃——或者說，**尤其**是曾在過渡期輔佐他的人，更有可能遭殃。

其中一個早早就失蹤的高官，就是曾在金正日葬禮上扶靈的次帥李英浩。當時他是朝鮮人民軍總參謀長，在北韓政權從第二代移轉至第三代的過程中，始終讓軍隊對金氏一家保持忠誠。

但這份功勞保不住他的地位。二〇一二年中，李英浩遭公開解職，理由是健康狀況不佳——官方說法。不過南韓國家情報院表示，李英浩已經被流放到北部地區，也有人推論他已經被處以死刑。不管是哪一種，總之再也沒有人看過他。當局甚至將他出現在照片中的臉修掉，並將他的名字從所有文件中刪除，幾乎任何地方都不再有他的身影。

後來，將軍玄永哲（Hyon Yong Chol）也落到同樣的下場。他在李英浩被肅清後受到提拔，爬上相當於北韓國防部長的高位，但到了二〇一六年初就消失無蹤。當時有報導聲稱，他已經以抗命與叛國罪名遭到處決。根據南韓國家情報院的說法，玄永哲被控犯下不少違法行為，其中一項是在金正恩說話時打瞌睡。

但北韓政府並非悄悄抹殺玄永哲的存在，而是公開用高射砲擊斃他。這種行刑方式會將他轟成肉醬。[2]從此，其他官員想必會在心底牢牢記著，跟金正恩開會時一定要保持徹底清醒。

然而有時候，過了數月或數年，失蹤者又會夾著尾巴再度現身。不論在失蹤期間是什麼遭遇，都已經足以把他們變成這位年輕頭目的忠實信徒。

崔龍海常被稱為「北韓二號人物」，過去任職於勞動黨中樞時曾一度遭到罷黜，據說還被送到合作農場接受數個月的再教育。但實際上，後來政府在檯面上又對崔龍海表示信賴，到了二〇一六年，他甚至晉升到比之前更高的職位。

最令人怵目驚心的肅清行動發生在二〇一三年。這一次，另一位曾替金正日扶靈的高官，以更加驚心動魄的方式被連根拔起。

張成澤就讀金日成大學時，與同校的金敬姬（也就是金正日的妹妹）墜入愛河，後來成為金正恩的姑丈。[3]據說，「偉大的領袖」對突然冒出來的張成澤沒什麼好感，只是女兒很堅持要嫁給這個親切的小夥子。

後來兩人成為北韓政權叱吒風雲的夫妻檔，同時也是金正日的心腹顧問。張成澤受命負責經濟改革計畫，從煤礦開採到營建工程，主掌一切經濟建設項目。為了採買營建計畫需要的資源，或購買金正日想要的產品，他經常代表金正日政權前往世界各地，漸漸闖出一個外號：「負責出國的金正日分身」（the Kim Jong Il Who Goes Abroad）。[4]

在金正恩接班的預備計畫中，張成澤也扮演著關鍵角色。金正日逝世後，張成澤在扶靈隊伍中就跟在姪子金正恩後面，可見他在政權中的地位多麼顯赫。若非他長年把頭髮染得烏漆墨黑，大概早就有人把他封為「北韓灰衣主教（éminence grise）」*。

一些見過張成澤的人告訴我，他非常有魅力，是公認的帥哥。他喜歡喝酒、玩牌和唱卡拉OK。他以擅長談成買賣聞名，也會替自己的小圈圈招兵買馬。

然而，這位姑丈可不是什麼大好人，說得委婉一點，或許還可以稱他是風流男子，但說白了就是一個衣冠禽獸。有一個關於他的謠言說，要加入惡名昭彰的金正日專屬後宮「歡樂組」，都要先經過張成澤「試鏡」。

張成澤性格外向，滿腦子想著改革開放，過去就曾給自己惹上不少麻煩。一九九〇年代，他在一場晚宴上竟冒冒失失說，有鑑於人民都在挨餓，國家政策可能走偏了。金正日聽了龍顏大怒，抓起銀製餐巾環就朝他丟過去。後來妻子金敬姬幫著打圓場，而張成澤道了歉，還唱了一首歌獻給領導人。[5]

接著是二〇〇四年，金正日發現他私下邀集政府官員辦狂歡派對後，將他下放到鄉間的再教育營。在北韓，這種人人有賞的熱鬧派對是領導人的專利。

此外還有一些問題。外傳金敬姬酗酒成性，夫妻倆的女兒張金松（Jang Kum Song）又於二○○六年在巴黎自殺。當時張金松在巴黎求學，據說原本計劃和男友結婚，父母卻覺得兩人不般配並極力反對，導致她服下大量安眠藥自盡。後來女侍和司機在別墅發現她的遺體。[6]這樁悲劇諷刺的地方在於，當年金日成反對自己的女兒嫁給張成澤，理由也是「兩人不般配」。

不過，張成澤具有不屈不撓的政治雄心。隨著金正日的健康狀況惡化，他也開始受命擔任一些更重要的職位。到了二○一○年，他更晉升為國務委員會副委員長，成為僅次於金正日的北韓政要。

當政權從金正日移轉至青澀的金正恩，許多人都認為在這段過渡期間，張成澤有能力擔當攝政王的角色，或照顧這位年輕的君王。他或許沒有白頭山血統，但他娶了金正日的妹妹，形同僅次於白頭山一族的尊貴人物。

最要緊的是，張成澤主掌重要無比的朝中經濟關係。中國是北韓的鄰國，也是金主，外界還曾將兩國關係形容為「唇齒相依」。但自從中國興高采烈接納資本主義後，雙方變得更像是在婚禮上一見就尷尬的親戚，只能努力找出共同興趣來聊天。話雖如此，但自蘇聯解體以來，中國一

*意指位高權重的幕後決策者或顧問。

直是北韓僅有的贊助國，也是主要的政治盟國。而且，兩國陸地邊界長達一千四百二十公里，中國可說是北韓通往外面世界的主要門戶。

在張成澤指導下，北韓已經開始嘗試在國內設立經濟特區——數十年前，改革派領袖鄧小平在中國大力提倡的就是這個。共產主義政權用特定區域來試行資本主義很安全，既能允許投資與貿易，又能嚴格控管整體形勢。如果經濟特區運作順利，政府就允許資本主義蔓延開來；如果政府不滿意運作情況，也可以把這些區域封鎖起來。

當時，中國勸北韓走向改革路線已經勸了好幾年。二〇〇六年金正日受邀到中國南部，參訪深圳市的高科技公司時，也只是裝作感興趣的樣子。

然而在金正恩繼位後，北韓政權就宣布創立十多個經濟特區，其中有很多沿著朝中邊界設置。這些經濟特區的目的，是藉由吸引外國投資並鬆綁繁文縟節，試試看在北韓的政治限制下，這種經濟開放模式行不行得通。[7]

而張成澤就是這一系列計畫的負責人，其間他利用職務之便中飽私囊，從煤礦出口的過程中大撈油水。張成澤做這一切都是為了自己發財，但擺在北韓的政治體制一比之下，他不費力氣就能顯得比其他官員更開明。

「張成澤是改革家。他不只想改革經濟，還想改革政治環境。」盧熙昌（Ro Hui Chang）說。

他以前是北韓高級官員，負責管理那些派駐國外替政權賺錢的建築工。

從金正日到金正恩時期，盧熙昌過去在北韓一直是有機會賺錢的權貴階級。他曾獲派前往中東，在科威特與卡達監督北韓政權的大批建築工，興建足球體育場與公寓大廈。接著他回平壤待上一陣子，在金正恩接任後，又前往俄國管理其他外派勞工。

盧熙昌的家世背景雄厚，才能獲得這種難得的好工作。他的叔叔擔任警察局長，而他偶爾會造訪叔叔的公寓，在那裡聽叔叔和張成澤邊唱歌邊拉手風琴。當時盧熙昌年紀輕，張成澤覺得他是個「討人喜歡」的男孩，還曾要他叫自己「叔叔」。

因此，盧熙昌從小就希望長大後能像兩位「叔叔」一樣。他告訴我：「我從小就把張成澤當成好榜樣。」盧熙昌還記得，他和張成澤唱歌或打桌球時常覺得活力充沛。後來他在工作上開會時，總會努力表現得像張成澤一樣爽朗，並用自己的親和力激勵周遭的人。

盧熙昌說，張成澤認為早在一九九〇年代，北韓經濟就已經漸漸陷入停頓，所以非得大刀闊斧改革不可。張成澤希望北韓效仿中國的前例，而他們唯一需要的就是嶄新的思維。因此，只要能復甦積弱不振的北韓經濟，不管什麼想法，盧熙昌及其他崇拜張成澤的同胞都很支持。

「張叔叔」想藉著和北京聯手並投入資金，來複製鄰國經濟快速發展的成功經驗。外國投資客是對獲利絕不讓步的生意人，而且執意將賺得的錢匯回本國，所以他希望能為他們提供更有力的法律保障，以便吸引他們挹注外來資金。可是他和潛在中國合作夥伴一談之下，才難為情發現自己連最起碼的投資保障都給不了，例如：針對貿易糾紛訂立的法律制度。

但另一方面，經過這樣的對談後，張成澤得罪了勞動黨內比較保守的派系。保守派認為，張成澤的想法威脅到黨的存亡，他已經累積太多權力，而他鼓吹的北韓前景又與黨的理念相去太遠。於是，黨內政敵開始在金正恩跟前咬耳朵，對張成澤的行徑表示疑慮——他未免和中國走得太近了吧？[8]

二〇一二年八月，中國派人事先鋪上常用來接待金正日的紅地毯，並讓中國駐平壤大使在北京候迎張成澤，可說是禮遇備至，不亞於國家元首。在這趟訪中之旅期間，關於他懷有貳心的竊竊私語瞬即甚囂塵上。

當時，張成澤去會見中國國家主席胡錦濤。從中國政府發布的會議照片可以看到，兩人身著黑西裝，坐在人民大會堂，正商量在朝中邊境設立經濟特區，看上去宛如兩位國家元首。只不過，張成澤可不是什麼國家元首。

與此同時，南韓政府不斷暗示北韓握有實權的是張成澤，而非金正恩。其實這或許只是一種心理戰。如果這真是一場心理戰，看樣子也奏效了。在金正恩治下的北韓，只容得下一個富有個人魅力的領袖。

✪✪✪

金正恩在閱兵典禮上和張成澤坐在一起，在金正日的葬禮上又和他一前一後走在一起，表面上看起來親密無間，私底下卻早已對他和姑姑恨之入骨。金正恩怪這對夫妻妨礙他接近地位崇高的祖父——連讓他和金日成見上一面都不許。

如果這位年輕的專制君主有那麼一張照片，可以證明他小時候曾坐在祖父膝蓋上，或曾和祖父一起站在戶外射擊場，要主張自己統治北韓的權力就容易得多了。像這樣的照片有助於提升他領導北韓的正當性。[9]

但金正恩並沒有這種照片。此外，對於張成澤偏好由同父異母的哥哥金正男來繼承大統，金正恩也一向懷恨在心。張成澤和金正男對中國及經濟改革所見略同，看在金正恩眼裡不免心生猜忌。

金正恩即位第一年末，張成澤的聲勢正在走下坡。金正恩將他任命為國家體育指導委員會

（State Physical Culture and Sports Guidance Commission）委員長，讓他負責將北韓打造成體育強國——雖然此舉看似在拔擢張成澤，實際上卻是將他降職。比起國家安全之類的重大事項，體育運動只能算是次要議題。接著是二〇一三年初，當時，張成澤嚴格說來仍是國務委員會副委員長，卻被排除在等同於國安會等級的重要會議之外。[10]

差不多就是在這段時間，金正恩首度為美國籃球員羅德曼做東道主。在平壤一場球賽上，金正恩身邊坐著「小蟲」*羅德曼，眼前則是哈林籃球隊（Harlem Globetrotters）在球場上打比賽，而他自己則坐在紅色扶手椅上享受這美好的一刻。根據目擊者說法，當時侍者端著一壺像是可樂的飲料走出來，要交給「偉大的接班人」，但張成澤一瞧見那壺混濁的飲料，就命令侍者端回去換一壺清水。這意味著，金正恩被姑丈當成小孩子般對待，而且是在大庭廣眾下。

同年五月，金正恩不派張成澤，卻派另一名親信以特使身分前往中國，更是擺明了讓姑丈坐冷板凳。

到了二〇一三年底，張成澤已經完成使命。他在歷練不足的領導人鞏固地位時幫了不少忙，既是不可多得的導師兼顧問，又能取得必需的材料與契約，在平壤打造各種如展示櫥窗般的大型建設，像是公寓大廈和遊樂園——當時，金正恩想用這種建設營造具體跡象，證明北韓在自己領導下有所進步。

然而，張成澤是時候離開了。

當年金正恩的父親也對自己的叔叔懷有戒心。一九七〇年代，金正日在黨內地位扶搖直上時，就曾藉著排擠金日成的弟弟，來除掉這個可能與他競逐帝位的潛在政敵。但在這個例子中，金正日的叔叔就只是被降級成邊緣角色而已。

對金正恩來說，光是把張成澤降職還不夠，他決定在摘掉這人烏紗帽的同時殺雞儆猴。這位年輕領導人已經悄悄殺了幾個高級官員，但他打定主意要藉著剷除張成澤，來向其他輔佐他的資深黨棍表明態度：招子放亮點，在我統治下的北韓，人人都可能大禍臨頭，就連我自己的親人也不例外。

當時，離金正恩即位滿兩週年只剩幾天。「偉大的接班人」正坐在臺上正中央，主持勞動黨中央委員會政治局擴大會議，而他背後還掛著一幅他父親的巨大肖像。

張成澤穿著黑色中山裝，戴著紫色鏡片的眼鏡，面向金正恩坐在靠中央走道的第二排位置。會議還沒開完，就有官員開始宣讀長篇大論炮轟張成澤，指控他企圖獨攬大權，並懷疑他涉嫌將國內礦產賤價賣給中國公司，以及設法削弱金正恩政權——或者照北韓新聞主播的說法，是「惡

＊NBA球星丹尼斯．羅德曼在球場上外號「小蟲」（the Worm）。

意在黨內製造派系，捏造關於自己的假象」，以及企圖「鬮割黨的大一統領導」。

金正恩才不要被鬮割呢。

政治局說張成澤是臭名昭彰的好色之徒，並指責他「與數名女性有不正當關係」，過著「道德敗壞的放蕩生活」，還經常在「豪華餐廳」吃香喝辣，接著又指控他吸毒與賭博。

張成澤隨即被剝奪一切頭銜並開除黨籍。為了營造出最驚心動魄的場面，現場還有兩名穿著制服的士兵將他拖離座位，押著他走出會議廳。

事實上，這個意外場面似乎是政權策動的結果。早在事發數月前，當局就已逮捕張成澤，並將他扔進特別拘留所，至於他最親近的兩個心腹，也已經遭到逮捕並處決。在那之後過了兩週，愁容滿面的張成澤才被拽出牢房，安置在政治局會議的前排位置上，好讓金正恩爪牙再一次拘捕他——這次，是當著全體同僚的面公開捉拿他。[11]

後來，張成澤被當眾羞辱並強行帶走的畫面，在朝鮮中央電視臺上播出。這是北韓自一九七〇年代以來，頭一回公布高級官員遭到逮捕的錄影片段。隔天，勞動黨傳聲筒《勞動新聞》還用整篇頭版報導他的罪行與處分。而朝鮮中央通訊社也刊出特別長的判決書，大力抨擊這位金家姑丈。

長期以來，北韓要殺掉失勢的幹部時，一向神不知鬼不覺，所以就這個世上最緘口如瓶的政權而言，張成澤落網是一場怵目驚心的表演。

金正恩為了教大家知道他是來真的，四天後就下令處決姑丈。特別軍事法庭做出判決，確定張成澤圖謀推翻金正恩，並宣稱他是「千古逆賊」。

法庭在審判——至少是北韓政權所謂的「審判」——中宣讀判決結果時，將張成澤的罪過描述成對金正恩個人的背叛。

張成澤表現出「骯髒的政治野心」，是「可憎的人渣」，是「反黨反革命分子、惡毒的政治野心家、陰謀家」。他「連狗都不如」。[12]

北韓政治宣傳人員不遺餘力譴責張成澤，甚至用聽上去簡直像莎士比亞式的語言，說他「犯下了令人髮指的大逆行為」。

法庭更進一步舉例證明張成澤犯下變節大罪：金正恩「獲選」出任中央軍事委員會新職位*時，張成澤沒好好幫他鼓掌。法庭表示，當時在場每一個人都為金正恩熱情叫好，歡呼聲「撼動整個會議廳」，唯獨張成澤一副傲慢不恭的態度，不但慢吞吞站起來，拍起手來也不情不願。

北韓官方抄錄員以「同床異夢」指責張成澤，說他妄想在革新經濟中一手遮天，而非唯金正

---

*指副委員長一職。

恩馬首是瞻。張成澤身在政權內部，卻企圖將國家引入歧途。

有些分析家認為從張成澤被處決可以看出，這位年輕領導人性格軟弱，對求新求變的姑丈頗為忌憚。那些分析家也認為這件事足以證明，金正恩領導的政權缺乏凝聚力，難以團結身邊的守舊派勢力。但事實上，這件事恰恰顯示金正恩握有強大實權，徹底將國家玩弄於股掌之間，甚至只要一聲令下就能除掉姑丈，以及姑丈搞出來的小團體。

金正恩刻意透過這場表演明明白白耍狠，好讓其他官員看清楚，鼓吹個人意見或搞小圈圈會是什麼下場。

距離金正恩最初接管北韓已經將近兩年，而他幾乎就像讀了一本教科書般，已經想好誰忠心不貳、誰死不足惜。此刻，他正要以令人大吃一驚的方式，成功度過兩年大關。

張成澤已經死了，他的妻子金敬姬從此再也沒出現在公眾視線。關於她的謠言四起：也許金正恩把自己的姑姑軟禁在家，也許她生病了，也許她每天都借酒澆愁，也許她已經死了。

即使以北韓的標準而言，張成澤被處死的過程仍然顯得非比尋常。其中一個重要原因是，在過程中，北韓政權內部對外透明公開的程度前所未見。

金正恩政權試圖把張成澤之死處理成單純的新聞事件，但並未完全達到期望中的效果。世人期待看到更多這個惡毒政權的獵奇故事，因此，這一回看似揭露真相的新聞也遭到誇大。

張成澤之死沒能彰顯金正恩的原則與威力，反而讓國際媒體趁機大肆揣測，在他治下的詭譎國度還會發生什麼惡劣的事情。世界輿論的想像很快就沸騰到最高點。

當中最荒唐的謠言是，金正恩放出一百二十條餓得發慌的滿洲獵犬，將赤著身子的張成澤撕咬成碎片，他自己則坐在一邊觀賞。這則傳聞最初出現在某個諷刺時事的中文網站*，後來，香港媒體《文匯報》幾乎一字不差照樣刊出。而大家都知道，《文匯報》經常刊登聳動新聞，又不見得總會費心查證事實。

接著，另一家比較嚴肅的新加坡媒體《海峽時報》（*The Straits Times*）取得這則新聞，並以英文重述刊出。一名新聞評論人表示，香港是隸屬於中國的領土，如果連總部設在香港的新聞媒體都能刊這種新聞，那就一定意味著，北京極度不滿金正恩除掉朝中雙方的中間人。這名評論人似乎沒想到，追求煽情與聳動的報社多半不會太用心琢磨真相。

長期以來，媒體熱衷刊登任何有關北韓的消息。這種現象在八卦小報特別常見，但不僅限於八卦小報。其中一個原因是，北韓政權有種搞怪的本領（譬如那張金正恩樂呵呵盯著一桶潤滑油的照片），加上對這個集浮誇可笑與嗜殺成性於一身的政權，公眾幾乎是聽到什麼信什麼，才會

---

*經查，消息最初來源應為新浪微博上某篇博文。

引發這種媒體反應。

於是，餓犬撲殺張成澤的故事傳了開來，即使信譽更好的新聞組織坦承無法證實傳聞，卻也轉刊了這則新聞。從那時候起，真相——張成澤很可能是遭正規行刑隊槍決——更難與假消息抗衡，再也擋不住有一群飢餓猛犬的精采故事。況且，金正恩的新聞部門也不太可能致電外國媒體，堅持要他們更正不實內容。

然而，張成澤以駭人的方式驟然殞沒，縱使沒有《文匯報》說的那麼駭人，倒也確實為朝中關係，以及——或許姑且可以說是——整個北韓企業界，捎來一陣肅殺的寒意。

同一時期，數十名（甚至可能有數百名）與張成澤關係密切的人消失無蹤。其中有些人恐怕不只遭到體制整肅，更有可能已經慘遭處決，而當時身在國外的人都連忙逃跑。

盧熙昌就是其中一個逃跑的人。他聽說張成澤被處死的消息時，正在俄國出差，隨後接獲要他向國安部門官員進行報告的通知。因此，他惶惶不安之下終於決定脫北。

盧熙昌逃到南韓後，在首爾一間地下室經營起藥草生意。他的地下室就擠在針灸診所與卡拉OK酒吧之間，隔壁震耳欲聾的南韓流行音樂，經常會傳進空蕩蕩的房間。以一個曾經地位顯赫的資深黨棍而言，這是不可思議的晚年生活，但他光是還能活著就謝天謝地了。

第九章　平哈頓權貴生活

「全國各地已經蓋好許許多多永垂不朽的宏偉建築，街道和村落都已經變成社會主義的極樂淨土。」

——金正恩，二〇一二年四月二十七日

除了張成澤，北韓還出過另一個大財主李正浩（Ri Jong Ho）。李正浩脫北前就經常宴飲作樂，四處旅行。他不僅有車，有專人駕駛，還是一棵搖錢樹。他替金氏政權賺進大把鈔票，同時也為自己累積不少財富。

從前，李正浩在北韓過著「上流社會生活」。他和家人搬到美國一年後告訴我：「我這麼說，人家聽了可能不痛快，但我當時過得的確沒那麼苦。我有的是錢。」

李家屬於握有特權的資產階級，位居政權中心，在金家第三代領袖治下享有非比以往的生活水準。這種特權階級相當於北韓的「太空超人」（Masters of the Universe）*，而自從金正恩掌權後，更宛如把平壤的「美國嬌妻」（The Real Housewives）*娶進門。在這個長年貧困的國家中，他們就像暴發戶般坐擁前所未有的榮華富貴。

有一天在華盛頓市外，我和李正浩在高級通勤郊區泰森角（Tyson's Corner）一帶碰面。當時他告訴我：「如今在北韓想要發財，幾乎沒什麼法規限制。人人都在違法亂紀，就連金正恩也一樣。既然誰都不照規矩來，主管機關乾脆裝聾作啞。」

這就是金正恩搞「小聯盟」所要付出的代價。

當然，這位年輕領導人可以把政敵通通消滅，就像對付姑丈那樣，但他終究必須留下一些擁護者，還要用源源不絕的財富來確保他們樂意效命才行。

成為「donju」（돈주）吧！這詞在韓語中意思是「財主」。而這個概括說法就是指，藉由支持金正恩政權來大發橫財的企業家階級。在北韓，他們就相當於俄國的寡頭財閥（oligarch）。

張成澤是當中首屈一指的財主，不過，認識張成澤的李正浩也混得還不錯。

那些財主往往是勞動黨或軍隊的官員。他們在家或在國外管理國營公司，或努力招徠外國人投資北韓。他們可能是國安部門官員，與豁免為國工作的女性結婚——在家煮飯帶小孩是她們的使命。他們也可能是邊境貿易商，擁有良好的政商關係，或有錢收買良好的政商關係。

他們藉由偽造帳目（creative accounting）就能賺進數千美元現金，有時更高達數萬美元。這在不久之前還是他們難以理解的天文數字。而高官顯爵有機會經手大發利市的產業，例如礦業，甚至能輕輕鬆鬆成為百萬富豪。像這樣的資金不斷流經北韓，受到國家嚴密監視，卻又幾乎完全不受國家干涉。

一九九〇年代大饑荒過後興起的資產階級，原本由努力抵禦飢餓的老百姓構成，但沒多久，勞動黨與軍隊的官員也加入這個行列，開始用自己的地位去創業賺錢。

自從二〇一一年末金正恩接掌大權，他們就跟著平步青雲。如今在北韓，無數人的財務利益與金正恩的領導地位掛勾。他們不但是地位牢固的菁英分子，也是渴望躋身上流的中產階級。

而「偉大的接班人」享受著所有能象徵其崇高地位的標誌，正是他們的好榜樣。

南韓國家情報院估計，金正恩在北韓起碼擁有三十三處居所，其中有二十八處連接著私人火

＊為知名美國動畫，主人翁是能召喚神力的超人。

＊為知名美國系列實境節目，主要拍攝美國貴婦生活。

車站。這些住處周圍都設有層層圍籬，從衛星照片上可以看得一清二楚。大院裡的建築間有彼此相連的地底通道，還有地下堡壘，以便領導人及家屬在遇受襲擊時避難。

「偉大的接班人」過著養尊處優的生活。他在平壤東北部的主要官邸占地約十三平方公里，稱為「五十五號官邸」或「主要高級邸宅」。金正恩掌管北韓後，很快就開始整修這片宅院。他填平原來那座媲美奧運等級的游泳池——裡頭附有巨大彎曲滑水道，八成是金正恩度過歡樂童年的地方——後，新建另一座附設池畔別墅的游泳池。

據估計，這次翻修耗資高達數千萬美元，甚至有傳聞說金正恩花掉一億七千五百萬美元，但這個令人難以置信的數字無從證實。為了維持這種奢靡生活，金正恩手下有許多像李正浩這樣的人，組成一整個辦公室來替他籌措資金。

在位於平壤江東郡（Kangdong）的另一片大院裡，金正恩擁有保齡球場暨射擊場、馬廄、足球場和賽車場。此外，還有位於元山的巨大海濱宅院——羅德曼曾形容，那裡是迪士尼樂園與金正恩專屬夏威夷的混合體。

金正恩經常搭著私人噴射機四處跑。那是一架蘇聯時期的伊留申62型噴射機，內部鑲嵌米黃色木板，與美國總統專機「空軍一號」（Air Force One）相去不遠。這架噴射機以北韓國鳥的名字正式命名為「蒼鷹一號」（Chammae-1，或稱 Goshawk-1），卻被風趣的外國人戲稱為「空軍恩號」（Air Force Un）。金正恩搭這架專機在他的王國飛來飛去時，會坐在大皮椅上面向一張桌子，桌上擺著蘋果（Apple）的筆記型電腦MacBook與數支電話，而他會一邊對其中一支電話說話，一邊將菸灰抖進水晶菸灰缸裡。

這個在青少年時期愛玩模型飛機的男人，如今為了找樂子，駕著隨時供他差遣的輕型飛機到處飛。他的政權甚至聲稱北韓正在製造飛機，機型類似美國製塞斯納172型天鷹（Cessna 172 Skyhawk）。二〇一五年，在北韓電視臺播出的畫面中，金正恩先是視察空軍，接著似乎就在一群飛行員加油打氣下，開始駕駛其中一架小飛機。他還對工程師說：「我國工人造的飛機表現一流。不但容易操作，引擎聲音也恰到好處！造得太好了！」

北韓財主照從前的方式生活並不開心，但在新領導人統治下，他們確實感到生活水準提升了。而且，金正恩利用新企業主的成功來支持自己的說法：所有北韓人的生活正在不斷改善。這是一種巧妙的共生關係，還為金正恩在北韓博得「Nanugi」（나누기）的外號。在韓語中，「Nanugi」意思是「分享者」，表示不管是基礎建設計畫的重責大任，或隨之而來的利潤，都由領導人與地位比他低下的人共同分享。

現在，這群財主「分享」著北韓經濟各行各業，從罐頭食品與製鞋到國內觀光與採煤，無所不包。

但如今被外來觀光客稱為「平哈頓」（Pyonghattan）的平壤天際線，才是這項利益交換的鐵證。在平壤這個波坦金村（Potemkin village）*中，粉飾門面最重要。金正恩為了居功自恃，不停興建氣派的公寓大廈、豪華的新博物館，以及運動休閒中心，而這一切宏圖大計就是靠企業主來資助。

新建築不脫一九九〇年代中國建築風格，以及一九八〇年代營建工程品質，但比起之前仿效粗獷主義打造的蘇聯式建築，已經是長足進步。舉例來說，響噹噹的建案「黎明大街」（Ryomyong Street）於二〇一六年動工，總計至少有四十四棟擎天大廈，可以容納三千多戶公寓，其中有一棟大廈更高達七十層樓。這片高樓群主要為綠白相間——官方說是顧及「生態環保」的緣故——建築，以北韓的標準而言算是現代風格。

這項建案就像中國二、三線城市正在進行的建設，所以金正恩視為北韓進步的跡象來慶祝。金正恩將這片高樓群命名為「黎明大街」，意思是「朝鮮革命黎明破曉之地」。二〇一七年，黎明大街以隆重非凡的氣勢正式啟用，約有數萬北韓民眾到場出席，其中包括許多身著軍裝的人。金正恩乘著賓士加長型禮車抵達現場時，他們一面齊聲歌功頌德，一面揮舞五顏六色的彩球。在陽光燦爛的四月天裡，北韓國旗與勞動黨黨旗迎風飄揚，銅管樂隊轟隆隆奏響音樂，大批色彩鮮豔的氣球飛向天空。天空藍得如此澄澈，彷彿也是北韓政權精心安排的布景。在社會主義樂園裡，一切都完美無缺。

「偉大的接班人」走在紅毯上，最後踏上講臺，看著首席經濟顧問讚揚政權修建樓宅的功績。北韓總理朴奉珠（Pak Pong Ju）說：「黎明大街建設真是極具意義的偉業，展現出社會主義朝鮮的無窮潛能，威力比好幾百顆核彈在敵人頭上爆炸還要可怕。」

接著「偉大的接班人」剪開紅綵。

表面上，政府說是為了獎賞替國家研發核武與飛彈的科學家和工程師，才蓋起這片樓群。遠遠望去，一棟棟摩天高樓矗立在大同江（Taedong River）沿岸，看起來十分壯觀。「就像杜拜一樣。」一位政府監管人員對我說。那天風和日麗，我們站在大同江南岸眺望那片大廈。我接著問他有沒有去過杜拜，他告訴我，他這輩子連中國也沒去過。

但只要靠近一點看，就會發現門面假象真的裂了縫。在平壤那條相當於紐約公園大道（Park Avenue）的長箭街（Changjon Street）上，新公寓大樓的磁磚在短短幾年內就開始剝落。我去未來科學家大街（Mirae Scientists Street）參訪一戶公寓——政治宣傳人員事先精心設計過室內裝

＊帝俄時代名臣波坦金（Grigory Potemkin）為了討好凱薩琳大帝，曾造出一座虛有其表的村莊並派人假扮村民，因而後世用「波坦金村」來形容徒具繁華空殼的假象工程。

潰——時，還必須由一位女士拿著鑰匙來幫我們啟動電梯。

在世界上大多數城市中，最搶手的大廈公寓通常位於高樓層，擁有開闊的視野，但在平壤可不是這麼回事。在平壤無電梯大廈裡，最優質的公寓位於四樓以下，誰也不想天天爬二十層樓回家。

新企業家階級在這樣的建設中扮演重要角色。試想一下，既然企業主需要的勞力要靠國家提供，還要這麼一支百萬富豪部隊幹嘛？事實上，政府會要求這群財主動用人脈與資本，來為國家建設供應原料。等到建築落成後，這群財主又能用政府分配給他們的公寓來炒房，趁機撈一筆。有時他們甚至能得到十戶公寓，光是一戶就能讓他們獲利高達三萬美元。[1]

嚴格說來，私有財產權在北韓仍然不合法，卻阻止不了生機勃勃的房地產市場興起。有時候，人民把國家配給的公寓出租給別人住；有時候，財主把他們從新建設中獲得的公寓賣掉，以換取高額利潤。

因此，房地產價格飆升，平壤房價足足漲成原來的十倍。一套還算不錯的兩房或三房公寓，在首都圈要價不過八萬美元，但換作平壤市中心熱門建案的三房豪華公寓，要價就可能高達十八萬美元。官方聲稱公職薪資向來是每個月四美元左右，在這麼一個國家中，十八萬美元實在是難以想像的天價。

房地產迅速發展的另一個原因是，北韓幾乎沒有銀行制度。大財主無法把現金存在計息帳戶，也不能當成投資基金，只好把這些錢投入房地產中。

一九八〇年代中，李正浩剛開始在39號辦公室工作時交上好運，踏上成為企業家這條路。有他賺來的錢，「敬愛的領袖」金正日才有行賄基金，才買得起千邑白蘭地與壽司。因此，北韓政權將李正浩視為重要的人才，讓他過著優渥的生活。

中國港都大連離北韓邊界不遠，而李正浩就是在這裡從事最後一份工作，擔任大興（Taehung）分公司負責人。大興是一家北韓貿易公司，經營業務包括船運、煤礦與海鮮出口，以及石油進口。在這之前，他還曾擔任某船舶貿易公司總裁，以及朝鮮金剛開發集團（Korea Kumgang Group）董事長。而金剛開發集團曾和中國商人徐京華合資，在平壤開起一家計程車公司。李正浩還拿他們倆的合照給我看——他和徐京華一起坐在前往平壤的私人飛機上。

身為大興大連分公司出口業務負責人，李正浩會將數百萬美元獲利（以美元或中國人民幣表示）送回平壤。李正浩說，在二〇一四年十月叛逃之前那九個月裡，他將相當於一千萬美元的利潤上繳給金正恩政權。雖然美國對北韓實施種種制裁，但美元極易兌換又便於消費，仍然是北韓商人偏好使用的貨幣。

雖然聽說已經開始實施嚴厲的國際制裁，但其實沒有大礙。李正浩只要派手下把一包現金交給船長，讓船長把錢從大連送到北韓南浦（Nampho）港口，或託人帶著錢搭火車穿越朝中邊境就行了。

但二〇一三年末張成澤失勢，把一堆財主嚇得魂飛魄散。李正浩也嚇壞了，連忙帶著家人從大連逃到南韓，最後定居在美國。

顯然，李正浩在政府公務之餘靠副業賺了一大筆錢，如今在維吉尼亞州近郊和家人過著愜意的生活。但即使已經身在美國，他仍然不願對別人提起我們會面的事，對自己說的話也十分謹慎。他說：「還有一大堆事情可以講，但我不能什麼都告訴你。你明白嗎？」

李正浩偶爾會以北韓政權為主題公開演講，並為美國政府提供一些不對外透露的建議。與此同時，他的子女正一邊加強英文，一邊用功念書，準備考美國大學。他們希望能考上常春藤盟校（Ivy League），不行的話，喬治城大學（Georgetown University）也好。

✪✪✪

在我報導北韓的那段日子裡，北韓財主顯然正在崛起。而我認為，以3.26電纜工廠（March 26 Electric Cable Factory）廠長為例，最能清楚說明這股趨勢。

二〇〇五年，我第一次參訪這座位於平壤市中心的工廠時，廠長穿著夏季中山裝，長得瘦巴巴的，深色長褲彷彿輕飄飄掛在又瘦又高的骨架上。他領著我參觀嶄新的工廠，並說政府實施新分權試行計畫後，授權他和其他少數廠長執行更多僱用及業務決策。金正恩政權致力說服外界相信北韓經濟值得信賴，而這項計畫只是其中一種手段。廠長還在牆上掛「本月最佳員工」布告欄，說是用來激勵大家努力工作，但我覺得他的說法聽起來沒什麼說服力。

二〇一六年我再次造訪工廠，依舊是同一位廠長管事，但他的體格看起來幾乎是之前的兩倍寬。這一次，他穿著雙排釦西裝，紅光滿面，看起來像是過著吃飽喝足的生活。我看到工廠裡放著一些大箱子，裡面裝著加拿大製化工原料——但在國際經濟制裁下，照理說不該出現這樣的東西。我很好奇他除了從事公職，還涉足哪些商業投資。北韓向來是一道複雜難解的謎題，而這位廠長正是活生生的好例子：他顯然正在體制內飛黃騰達，但我們始終看不透他怎麼辦到的。

中國邊境城市丹東（Dandong）宛如通往北韓的貿易門戶，我在那裡結識了另一位北韓財主。朴先生（Pak）告訴我，當時他負責管理中國境內幾間工廠，並僱用數百名北韓工人大量生產商品。他說得很含糊，擔心一被認出來就會遭平壤政權嚴厲報復。不過他仍然告訴我，工人製造的商品會成為南韓與中國產品的材料——每一樣都會以某種方式進入全球貿易體系，但誰也不知道是北韓人的雙手製造出那些產品。

打從接手經營工廠開始，朴先生就改變了一些規矩，企圖藉此提升員工生產力及工廠獲利力。舉例來說，以前工人習慣花兩小時午休用餐，並且只吃餃子之類的簡單食物，以致餓得無法工作，午後工廠產量更因而大幅下降。

「所以我替他們開設一間食堂，跟他們說可以免費吃到飽，但午餐時間只有二十分鐘。」我們在餐廳大啖中國菜時，他時不時就用韓語說「很高興見到妳」，並舉起玻璃杯勸酒。「結果大家都很喜歡這個點子，我不但多出一小時又四十分鐘工作時間，員工效率還比之前好得多。」

在中國待上幾個月後，新來的北韓工人在正常飲食下，膚色明顯變得更加紅潤。在北韓，雖然飢餓已經不再構成威脅，營養不良卻仍是個問題，人民往往難以攝取足夠多樣的飲食。「現在我一天給他們吃三頓，比起產量與獲利提高，三餐成本根本不算什麼。」朴先生說。

他告訴我，工廠獲利通通要繳回平壤，但他比著手勢解釋時，戴在手上的天梭（Tissot）錶正閃閃發光。看樣子他說的不太可能是真的，但他不承認自己也分了一杯羹。後來他給我看照片時，用的是三星 Galaxy 智慧型手機，那可是南韓來的暢銷商品呀！

雖然朴先生和我心裡各自明白，關於在中國的交易，他只願意對我透露這麼一部分，但他身為工廠主管，依然象徵著金正恩領導北韓後出現的經濟自由。

就連國營公司也益發遵循市場原則來經營。從前，最高當局要求公司主管聽命行事。現在，公司主管有權自行僱用或開除員工，還能依自己認為最有利的方式經營企業——過去在這個共產國家中簡直難以想像。

關於他是否為資本主義者、是否替自己賺錢，朴先生一概矢口否認，而且幾乎是義正詞嚴說出那番話。但儘管如此，他還是會興致勃勃談論心目中的企業模範，像是微軟（Microsoft）創辦人比爾．蓋茲（Bill Gates），以及在一九六〇至七〇年代間，曾推動國家快速工業化的南韓企業集團，例如：三星、現代。他說他透過研究企業楷模，學到不少經營公司的方法。

「堅持不懈、多樣化需求，」他把自己學到的道理引述給我聽，「我們活在一個新事物不斷出現的世界，誰想得到諾基亞（Nokia）會倒下？他們錯就錯在死抓著同一個產品不放。」

然而，我們真正需要的指引卻來自「偉大的接班人」。朴先生說：「兩年前，金正恩保證經濟一定會好，我們北韓人也一定會過上好日子。而他即位至今已經三年了，我們的收成愈來愈好，經濟成長也不斷進步。」他忠心耿耿為領導人背書，不敢掉以輕心。

南韓中央銀行數據證實，雖然朴先生這話多半是癡心妄想，卻也不能說完全錯誤。相較於其他發展中經濟體，北韓的成長率僅個位數，並不算多（中國在全盛時期就已經順利邁入二位數）。然而，光是這麼一點點，就足以使北韓堅稱生活正在變好的說法，聽起來像是真的一樣。

北韓這個日趨資本主義的經濟體，已經變得更加多元而自主。有的組織嚴格說來屬於國營事業，實際上卻由財主一手把持，某種程度上正在變成多角化經營的企業集團，不禁令人聯想到類似的南韓公司。舉例來說，三星最初是水果及魚乾出口公司，後來卻在數十年內搖身變成世界電子大廠，專門生產智慧型手機、電視，以及電腦晶片。

如今的北韓國營企業高麗航空，不但生產航空公司品牌香菸，以及鯖魚、雉雞等罐頭食品，還同時經營計程車公司、加油站和旅行社。馬息嶺集團（Masikryong）不只管理公車路線、販售瓶裝水，也經營金正恩在元山附近修建的地標景點：馬息嶺滑雪場。

北韓公司吾鄉（Naegohyang）以生產高檔香菸「7.27」起家。之所以命名為「7.27」，是因為這是簽署停火協定並結束韓戰的日子。在北韓，這一天是值得慶祝的「勝利日」，也和金氏政權有點關係——高階官員搭乘的黑色賓士轎車上，都有寫著「7.27」的車牌。比起進口香菸品牌，例如萬寶路（Marlboro）或樂福門（Rothmans），這款香菸要價更高昂，是金正恩的首選菸品。

此外，吾鄉也生產韓國燒酒和運動用品，包括籃球、足球、足球鞋，以及模仿愛迪達（Adidas）與PUMA的運動服裝。二〇一八年，前往南韓參加冬季奧運的北韓女子啦啦隊，手上拿的就是吾鄉製造的包包。

在北韓，全國各地雜貨店的架子上，都擺著北韓製造的魚罐頭和桃子罐頭。部分是因為金正恩為振興國內產業而推廣國貨，此外也是因為他想對抗所謂的「進口病」。雖然他喜歡斷然聲稱北韓產品比較好，但在國際制裁影響下，從飛彈零件到茶壺都難以取得，所以他也不得不奮力搏鬥。同時，他可能也在和私人貿易商削價競爭，企圖重拾對經濟的掌控權。先要求國營企業製造比進口商更廉價的產品，再拿到國營量販店出售，是消滅市場競爭的好方法。

有一次到毗鄰中國邊界的新義州參訪美妝工廠時，金正恩甚至說北韓產品就跟法國品牌一樣好，可以幫助「愛美女性實現夢想」。

北韓財主也經營礦業。他們替政權將煤及其他礦物（如：鐵礦）外銷中國，並在過程中分得優渥的利益。一些財主脫北後表示，有時他們分得的利益甚至高達三分之一。

不過幾年前，北韓人民還要有旅行許可證才能穿越郡界，現在卻已經有發達的運輸業，路上出現計程車、觀光巴士、快遞服務，以及私人貨運公司——就像阿玄在邊境一帶創建的事業。

在這個人民以前沒錢也沒機會休假的國家裡，甚至出現國內觀光公司。從國境西界的新義州到東部的元山與金剛山（Mount Kumgang），處處可見拿著高級相機的北韓人正在觀光，或歇腳在酒店餐廳享用午餐。

像這樣的生意是一種公私協力關係（public-private partnership），只要財主將一定比例利潤交給政府，就能獲准擴大經營國有企業，並將賺來的錢放進自己的口袋。

比方說，企業主或許會租用國家工廠的空間來製鞋，這時他會為工廠設置一筆經費，專門用來繳納租金，以及時不時就要支付的額外費用——名義上是開支津貼，實際上卻是另一種賄賂。而廠長和勞動黨委員長都與這筆錢脫不了干係。就這樣，企業主利用工廠空間做生意，僱用自己的勞工、購買自己的原物料，然後生產更好的鞋子來維持獲利。如果他更進一步和管工廠的幹部勾結，事業獲利又特別豐厚，說不定還能獲許使用國有車輛，或享有其他好處。[2]

或者，財主也可能從中央政府主管機關手中買下礦業權。有些礦井因缺乏採礦必需的電力與設備而遭國家棄置，直到改由財主接管重整後，才在資金挹注下恢復運作。他們會給受僱工人相當好的報酬（與過去為國工作不同），同時花錢打點政府官員，並收買在地黨幹及檢察院官員來作為保護傘。安排妥當後，財主就能開始撈進大把鈔票，並將一部分利潤——通常是三成——當作「忠誠基金」上繳給金正恩政權。[3]

像這樣發大財的前景光明，因此，比起從政當勞動黨員，從商當大企業家顯得更加誘人。

有一次我人在中國丹東，跑去參觀一間工廠，裡面有三十名北韓婦女，正在替某家中國公司生產服飾。這就是金正恩為政權開源的其中一種主要方式。專家估計，金正恩已經將大約十萬名北韓人遣往國外，讓他們每年替政權賺進大約五億美元。

那裡的廠長是一位北韓人，只說自己的名字叫阿金（Kim）。他領著我參觀廠房，廠房裡的女工坐成一排排，正在為某個日本品牌縫製黑色男用工作褲，同時，整個工廠迴盪著北韓廣播電臺刺耳的聲音。

我們一起吃了兩小時午餐，配一瓶中國烈酒，酒喝起來比聽起來——這款酒英文名叫「黑土」（Black Soil）——好一點點。就這樣一邊用餐，阿金廠長一邊談起在中國做生意的情形，以及他的擴張計畫。

不過，談到他那個在平壤當老師的女兒時，阿金尤其顯得興味盎然。他發起牢騷，說女兒書念得太多了，成天埋頭用功。他希望她成為勞動黨員，將來才好像他一樣成為貿易商，出國賺大錢。「那樣才有未來。」他對我說。

身為黨員的確是一種有利條件，不過就擁有經濟及政治力量的人而言，他們彼此間雖然有明顯的共同點，卻不是完全一樣。有些人擁有政治關係與良好社會地位，並將這種優勢增值為巨額財富；有些人運用自己的政治力量，以提供保護為條件換取企業主的一部分獲利——形式可能是賄賂，也可能是非金錢報酬。至於缺乏政治影響力的企業主，只要花錢去買就行了。

然而，這是一個充滿風險的不穩定環境，人人都不擇手段搶著對政權表示忠誠，並盡可能積聚更多經濟實力。假如某個黨幹對發財的政敵心生嫉妒，就可能以貪腐及其他經濟罪名，向主管機關舉報這個兼差經商的政敵。

就是在這種節骨眼上，才真正需要靠金錢與人脈來發揮功用，而這也是企業主要在國安單位安插人脈的原因。許多企業主一定會收買當地國安官員，當作為自己買保險，以防哪天某一段業務關係變調。但有時恐怕就連賄賂官員、建立人脈，也救不了一個失寵的黨幹——只要問問張成澤就知道了。

✪✪✪

正當李正浩這種高官在政權頂層發起大財，草根階層也有很多更加獨立的代理商，在金正恩政權默許下變得富裕。他們的財富透過買賣四處流動，對於穩定北韓經濟體系頗有幫助。

吳俞娜（Oh Yuna）就是一位像這樣自力更生的財主。她逃到南韓後告訴我：「當時我把螃蟹、蝦子和蕈菇賣到中國和俄國，所以我很有錢。」她會用可載重一噸的貨運箱寄出裝得滿滿的搶手海鮮，有時甚至一次寄出五箱。

北韓螃蟹在中國可以賣到一磅二十美元，而一只箱子可以裝載數萬磅。

吳俞娜以羅先（Rason）為主要貿易據點。羅先經濟特區位於毗鄰中國與俄國的邊界附近，由羅津市（Rajin）與先鋒郡（Sonbong）一帶的不凍港合併而成，當時是北韓境內數一數二寬鬆自由的區域。

雖然早在九〇年代，金正恩的父親就已經設立經濟特區（special economic zone，簡稱SEZ），但一直不太成功。沒想到，在「偉大的接班人」治下竟迅速發展起來。在這塊隔離區域中，北韓政府允許在地企業主發揮創意，而且附近就是俄、中兩大貿易夥伴國，能提供龐大的市場需求。此外，這一帶在北韓境內的地理位置相對孤立，方便北韓政權實施封鎖政策，控制住資本主義擴散範圍。

吳俞娜買通有力黨幹，好讓自己的貿易商品順利進入市場，就這樣一躍成為北韓財主。而這種致富之道其實相當老派——靠著靈敏嗅覺發掘商機。

我們在首爾市外靠近她家的義大利餐館吃午餐時，吳俞娜告訴我：「我很擅長做生意。我放進箱子裡的一定都是超高品質的魚、螃蟹和蝦子。有的商人先在箱子裡裝一堆劣質海鮮，再鋪一層頂級海鮮在最上面，但我從來不幹那種事。」

吳俞娜脫北才沒多久，渾身上下看起來，卻已經儼然是個揮金如土的南韓貴婦——她穿著格調優雅的刷破牛仔褲，以及看起來價格不菲的毛領外套，顴骨高得不太自然，塗黑的指甲上貼著亮晶晶的水鑽。她逃到南韓後買下一間大公寓、一部賓士車，當年紀尚輕的女兒堅持要買法國品牌服飾，她也完全寵得起。

一開始，吳俞娜繼承母親做生意賺來的錢，並用這筆錢買了三艘漁船，然後找來一些漁夫出航捕魚。而漁獲的六成歸她所有，剩下的全留給他們。

她會不斷用啤酒和頂級螃蟹收買當地主管機關，而且，那些官員還會收到一綑又一綑中國人民幣。至於那些允許她的貨船渡河到中國的邊境守衛及報關員，也一樣要用人民幣打通關節。人人皆贏。

吳俞娜知道，在北韓經商成功的祕訣就是行賄——花很多錢行賄。「你必須賄賂每一個人，才能做這種生意。」她一面忙著接聽各種工作上的電話，一面這麼對我說。她目前在南韓經營三間工廠，時不時就要簽署商業協議，或想辦法解決糾紛。

但換作在北韓，讓她傷腦筋的完全是另一回事：一邊拓展冒險事業，一邊向有力的黨幹和國安單位靠攏。

然而，儘管已經花大錢打點關係，吳俞娜最後還是與當局發生衝突，被關進牢裡待了一年，在那裡不僅遭到毆打、性侵，還被要求接受墮胎手術。入獄僅僅一年後，她就靠著賄賂順利出獄——她向當地國安單位的幾個頭頭承諾，出獄後會買摩托車給他們。

然後，吳俞娜回去繼續做生意。這一次，她針對該賄賂誰設想出更縝密的謀略。

「我不能收買每一個人，但我一定要和國安單位打好關係，這樣就誰也動不了我。」她說，「曾經有個算命的跟我說，我媽很有做生意的天分，而我又比我媽更勝一籌。」

雖然賺了很多錢，吳俞娜卻對北韓體制心灰意冷。她一直是受到當局懷疑的對象，也知道北韓的國家敘事全是謊話，所以決意不讓自己的女兒——就是那個她拒絕墮胎後產下的女兒——在這樣的國家中成長。

「他們說北韓是社會主義國家，但當我要生產時，我還得自己替醫生和其他每一個工作人員，準備好橡膠手套、點滴、注射器，甚至三餐。」她說，「那才不是社會主義國家，所有人都在為金家政府做牛做馬。」

第十章 千禧世代與現代性

「首都平壤是文化全盛期的指標。」

——正在視察未來科學家大街的金正恩，二〇一五年十月二十一日

其實在那一大群擁護他當政的權貴裡，金正恩特別想好好愛護一類人——千禧世代，也就是和他屬於同一世代的人。只要這群人在他領導下覺得自己過得愈來愈好，就很可能在未來數十年裡支持他繼續掌權。

就這樣，自稱為「英明的同志」的金正恩為了這群人，著手再造他年少時代在歐洲住過的「特權飛地」（privileged enclave）*。如今，北韓有義大利餐廳與壽司酒吧、販賣精釀啤酒和

薯條的酒館、設有雲霄飛車及其他刺激設施的遊樂園、排球場與網球場，以及沿著河岸設置的直排輪溜冰場。此外路上還有計程車，跳表計費始於一美元——相當於平均月薪的四分之一。

在北韓的偽瑞士馬術俱樂部裡，賽道周圍架著仿木柵欄，玫瑰花園裡也擺放了雕像，享有特權的菁英可以在這裡騎馬。再者，他們也可以到平壤以東的馬息嶺（Masik Peak）滑雪。金正恩在馬息嶺建了一座度假村，裡面有十條滑雪道、奧地利製滑雪纜車，以及可租式義大利製滑雪雙板。此外還有一座飯店，至於裡面的裝潢，委婉一點或許可以說是，瑞士的山間木屋妝點著北韓的俗麗藝術。飯店裡有室內溫水游泳池，有桑拿室，甚至還有建在冰洞裡的酒吧。

時至今日，金正恩的朋黨可以打撞球、唱卡拉OK、上瑜伽課，也可以喝有可愛動物拉花的卡布奇諾。他們可以用智慧型手機傳簡訊，也可以弄到迪奧（Christian Dior）或古馳（Gucci）的包包。

「有的是假貨，但有的是真品。」李昭賢（Lee So-hyun）說。她只比金正恩小幾歲，在北韓也屬於僅占百分之〇．一的菁英階級。

李昭賢和弟弟李鉉聖（Lee Hyun-sung）生在平壤的權貴之家，而他們的父親就是李正浩，

＊飛地意指國境內有一隸屬於他國的區域。

過去三十多年來不斷替金氏政權賺錢。（雖然子女都已經改用南韓拼音法，將姓氏寫作「Lee」，但李正浩依舊沿用北韓拼音法寫作「Ri」。）

他們一家在金正恩治下的平哈頓——「偉大的接班人」在首都內部打造的大都會中心——過著優渥的生活。

市場化看似稍微提升了許多北韓人的生活水準，但再怎麼提升，也比不上那些緊貼著金正恩的權貴圈人士。這是一種賄賂戰略：金正恩政權希望能說服平壤的新鼠黨（brat pack）*——也就是財主的子女，他們知道國外生活好得多——相信，至少對他們而言，根本沒有離開北韓的必要。

二〇〇五年我第一次去平壤時，路上看到的女性都穿得很保守，無疑是奉行共產主義美學的打扮：單調的棕色、灰色和黑色；長裙、超沒型的夾克，以及純為實用的便鞋。

到了二〇一八年，截然不同的流行款式卻席捲了街道，至少在平壤是這樣。僅僅比金正恩小幾歲的年輕人，穿起了從H＆M、Zara與優衣庫（Uniqlo）買來的衣服。女性穿著更加多彩而修身的服裝、閃閃發亮的珠寶，以及引人注目的高跟鞋。顯然，炫耀性消費再也不是一種違背社會主義的罪過。

那些能去旅行的北韓年輕人，尤其喜歡在國外買健身服裝，因為這種東西在平壤不是那麼唾手可得，至少他們要的那種不是。然而，倒不是說這群千禧世代有多瘋迷健身——他們熱愛健身服裝，是因為唯有上健身房，他們才能炫示自己的身體。

李昭賢說：「我們在北韓被期望要穿著保守，所以大家喜歡上健身房，以便炫耀一下身材，露一點肌膚。」她向我解釋女性喜歡穿緊身褲及緊身上衣的原因。

那些能出國的平壤人會替自己和朋友大採購，而他們的朋友也會列出非常具體的購物清單。運動服裝品牌ELLE很受女性歡迎，男性則比較喜歡愛迪達和耐吉。「每個出國的人都會帶著類似這樣的東西回來。」李鉉聖告訴我。

我第一次見到昭賢和鉉聖姐弟倆，是在維吉尼亞州一間離他們家不遠的高檔購物中心。我們去那裡的義大利餐館，在外面的露臺吃義式麵食和牛排。即使是在美國，他們也明顯流露出特權階級的氣質，以及強烈的企圖心。他們的態度泰然自若，打扮無懈可擊，令我覺得十分詫異。他們穿得整齊而端莊，卻又相當低調，一點也不招搖。兩人看起來都懂事老練，在媒體面前也表現得相當圓滑，而且只談那些有利提升家族地位，或有助他們申請上好大學的事情。此外，他們對忙碌且刺激的美國生活顯然已經習慣了。

從前，這對姐弟屬於北韓權貴階層，經常往返於中國大連與平哈頓之間。父親在大連替金氏

---

*原指一九八〇年代好萊塢新生代偶像演員，與號稱「鼠黨」(rat pack)的老一輩演員作為區分。

政權賺錢時，他們也跟著到當地學校念書。

每當他們回到北韓的老家，就常會跑到平壤市中心的金陵運動館（Kum Rung leisure complex）消磨時間。以首都平壤的標準而言，金陵運動館是新穎的現代場所，裡面有三座壁球場和一間健身房，健身房跑步機的螢幕還會播放迪士尼卡通。一些女性明明已經上完瑜伽課，過了很久後卻還是穿著過於暴露的瑜伽服，在館內昂首闊步走來走去。

出於同樣理由，大家也很喜歡去室內游泳池。「就是要趕流行。」昭賢說。在民風保守的北韓，有些女性甚至已經開始穿比基尼泳衣，但那種比基尼中規中矩，還有一條裙子遮住下半身。

此外，整形手術也開始在北韓出現。割雙眼皮是一種比較簡單的手術，可以把亞洲人的眼睛變得更像歐美人，對南韓年輕女性來說已經像化妝一樣普遍，如今也是北韓權貴生活不可或缺的一環。割雙眼皮要價從五十到二百美元不等，視外科醫生的技術而定。

「社會上認為，長得漂亮或長得英俊是一種競爭優勢。」昭賢告訴我。她說這話時，聽起來就像一個野心勃勃的南韓年輕人。

這種成功思維的終極證據體現在李雪主（Ri Sol Ju）身上。李雪主是長得漂亮又有才華的歌手，來自菁英階級家庭，身兼多個不同音樂劇團的團員，名副其實在精神上鼓舞著金氏政權。後來，她突然就攀上政權頂端，一躍成為金正恩的妻子。

李雪主是位有魅力又接地氣的年輕女性，她憑著一己之力，成為千禧世代心嚮往之的成功人物，也為金正恩政權添上一抹現代氣息。她宛如北韓版的凱特・密道頓（Kate Middleton）*，一方面使這個君主政體煥發出青春活力，一方面也讓丈夫顯得更加平易近人。

金正恩政權安排李雪主公開亮相，用意是證明北韓已經邁入新時代，一個年輕人能活得痛快又能實現抱負的新時代——最起碼，菁英階層的年輕人能。

二〇一二年中，李雪主以金正恩伴侶的身分第一次公開露面時，臉上堆滿了笑容。當時他們聯袂出席平壤一場音樂會，坐在貴賓席鮮紅色的扶手椅上。金正恩穿著招牌黑色中山裝，李雪主

*即英國威廉王子之妻。

則穿著鑲白邊的合身黑裙套裝，並頂著一頭短髮造型。兩人心口前襟都別著金日成父子頭像的紅別針。

女子歌唱團體牡丹峰樂團（Moranbong Band）表演完畢時，他們倆都站起來為她們喝采。過去音樂劇團演出時，市民看慣了女團員穿蓬蓬連身裙或橄欖綠軍裝，但突然間呈獻在眼前的，竟是一大群身穿閃亮緊身衣的窈窕女子。

北韓官方媒體沒提到，當晚在金正恩身邊的女子叫什麼名字，於是南韓新聞媒體陷入一陣瘋狂揣測。

那是金正恩的妹妹嗎？還是玄松月——她來自廣受歡迎的普天堡電子樂團，唱紅了流行歌〈駿馬姑娘〉（Excellent Horse-Like Lady）？多數南韓媒體判斷那名女子就是玄松月，還說她當時已經懷孕了。但就像常見的情況那樣，這一次南韓媒體也錯得離譜（後來他們猜測玄松月被金正恩處死，就是重蹈覆轍）。

謎底很快就揭曉了。數週後，北韓官媒報導平壤綾羅人民遊樂園（Rungra People's Pleasure Ground）開幕。那是金正恩為了表示自己「關愛」各年齡層公民，而下令興建的其中一座新休閒中心，位於大同江江心一座島嶼上，裡面有遊樂設施、游泳池與滑水道、海豚水族館，以及迷你高爾夫球場。

金正恩帶著一名女子出席這座遊樂園的開幕典禮，並簡單以「李雪主同志」介紹她。照北韓官方對這次活動的說法，現場所有人「熱情歡迎他們兩人，高聲呼喊：『萬歲！』」。[1]

金正恩和李雪主都跟受邀觀禮的外國外交官握手。其中，來自英國的外交官巴納比·瓊斯（Barnaby Jones）還和金正恩一起玩遊樂設施，被固定在「偉大的接班人」前一排的座位上。

以往從沒有消息透露金正恩已經結婚，北韓政權也沒正式宣布李雪主是他的妻子，但從他們手挽手的樣子看來，兩人關係不言而喻。在北韓，像這樣公開承認第一夫人的地位是破天荒頭一遭。金日成的第一任妻子是革命英雄金正淑，於一九四九年逝世後留下不朽名聲，第二任妻子則因擔任金日成辦公室祕書，婚前就已經是公眾人物。而金正日雖然有過許多伴侶，卻絕對不會帶她們現身在公開場合。

然而，不光李雪主公開亮相是一種破舊立新，她整個人的儀態與作風更是不同以往的第一夫人。

李雪主看起來與其他北韓女性幾乎沒有共通點，就算跟同樣是二十多歲的平壤女性相比，也是大相逕庭。那天在遊樂園，她穿著一襲綠配黑合身洋裝，不但是短袖，裙長也剛好及膝而已。雖然在其他國家還不算是暴露，但在北韓已經算是大膽裝扮，而且以政治人物配偶來說根本是史無前例。

即使是頂層幹部的妻子，也要穿著寬鬆的社會主義風格服裝，泯泯然一如眾人，李雪主卻打扮成耳目一新的現代風格。沒多久，她就繼續穿上用色大膽的時髦西裝（甚至穿起印有紅波點的夾克），還常常戴著一枚珍珠胸針，不像其他北韓人都被迫戴著金氏別針。她穿厚底魚口高跟鞋，手裡常常揣著香奈兒（Chanel）或迪奧款式的晚宴包。此外，她也經常換髮型，有時是俐落有型的短髮，有時是波浪長捲髮。

但比起她的裝束，她的風采更是別具魅力。那天在遊樂園，她就走在金正恩身旁，邊微笑邊挽著他的手臂，而後來幾年裡，她也繼續像這樣手勾手走在金正恩身邊。這種公然放閃的行為雖顯示兩人地位平等，卻也令人大吃一驚，換作一般夫妻像這樣走在街上，恐怕會令人覺得尷尬，甚至舉止輕浮。[2]

身為第一夫人，李雪主似乎有一種調和丈夫性情的影響力——當然，這種影響力完全受丈夫的權力限制。舉例來說，他們一起去遊樂園那天，其中一項設施突然停下來，偏偏金正恩和英國外交官正坐在上面。儘管緊張兮兮的工人趕緊來處理問題，這位領導人卻還是勃然大怒。

那群慌得渾身打顫的工人不停賠罪，外交官看起來都很擔心，這時李雪主湊近金正恩身邊說悄悄話，似乎是在安撫他，結果確實奏效了。金正恩總算冷靜下來，在場每一個人也鬆了一口氣。

李雪主並非典型的北韓人。她和金正恩結婚前是一位迷人的表演者，隸屬於某個當紅藝術團——就像金正恩的母親一樣。

她來自一個向來擁護金正恩當權的權貴家庭，父親曾在空軍服役，而在飛彈試射時，總會隨侍金氏領袖左右的前空軍司令李炳哲（Ri Pyong Chol），則是他們的近親，大概是她伯父。

李雪主年少時去過日本，根據當年提供的護照資料，她比丈夫小五歲，於一九八九年九月二十八日出生。[3]

身為在平壤出生的孩子，父母從小就送她去就讀萬景臺少年宮（Mangyongdae Children's Palace）。那是一所如展示櫥窗般的藝術學校，濃妝豔抹的孩子會以機器人般精準劃一的動作，為外國訪客表演政治宣傳歌曲。後來，李雪主去上一所音樂高中。從學校提供的照片可以看到，她和一群同學站在一起，穿著明豔的紅配黃傳統服裝，身影清晰可辨。高中畢業後，她就到鄰近的中國繼續求學。對北韓學生而言，由共產黨把持的中國距離最近，相處起來最窩心，更別說還是最便宜的。

當然，李雪主也旅行——在北韓，唯獨菁英中的菁英才享有這種特權。二〇〇二年她十二歲時曾前往日本福岡市，參加聯合國教科文組織（UNESCO）舉辦的東亞兒童藝術節（East Asian Children's Art Festival）。

接著是二〇〇五年，北韓政府派出一支隊伍去南韓，參加亞洲田徑錦標賽（Asian Athletics Championship），而李雪主正是隨行啦啦隊的一員。當時，運動員和啦啦隊員都穿著黑配白的北韓傳統服裝，手中揮舞的旗子印有全境統一的朝鮮半島。

從那時候的照片可以看到她留著短髮，擁有青少年的飽滿臉頰。現場聚集大批南韓攝影師，正不停為這支南韓人稱為「美女軍團」的啦啦隊拍照，而李雪主正帶著微笑朝攝影師們揮揮手。

她們在南韓待了六天，時而為北韓代表隊加油打氣，時而表演〈祖國的藍天〉（Blue Sky of My Country）之類的北韓歌曲。錦標賽期間，南韓國家情報院肯定會密切注意所有北韓人士——北韓政府也一樣，一定會小心別讓任何人有機會叛逃。但在那時候，南韓探子怎麼也不可能料到，北韓未來領導人要娶的妻子，就在他們已經掌握的這群人之中。對他們來說，李雪主只是另一張漂亮臉蛋罷了。

從學校畢業後，李雪主成為銀河水管弦樂團（Unhasu Orchestra）歌手。這個西式樂團是北韓音樂的頂梁柱，旗下有數名歌手，演奏諸如〈我們的刺刀之上才有和平〉（Peace Is Guaranteed by Our Arms）之類的歌曲。

然後，李雪主開始大紅大紫。她會穿鮮豔的韓國傳統服飾——這種服裝在軀幹周圍形成帳篷狀，完全看不出身形——亮相，還會盤著巨大的髮髻並戴上假睫毛。二〇一〇年在一場新年音樂會上，她獨唱激勵人心的革命歌曲〈篝火熊熊燃燒吧〉（Burn High, Bonfire）；隔年——也就是金正恩成為領導人那年——她再度登臺，身穿閃閃發亮的藍洋裝獨唱〈士兵的腳步〉（Soldier's Footsteps）。在這兩次登臺演出間隔那一年，她接受昂貴的牙醫治療來矯正自己的笑容。

後來她以金正恩妻子身分露面時，許多北韓人馬上認出她就是政治宣傳音樂會上，那名魅力獨具的女子。

就這樣到了某個階段，李雪主似乎吸引住金正日的目光。這個男人向來有跟演員結婚的癖好。他決定讓李雪主嫁給已成為欽定接班人的小兒子，以便為將來的王朝傳承鋪路。「父親看著我，然後叫我娶那個女人。我信任他的決定。」數年後，金正恩第一次和南韓總統會面時，這麼對他說。[4]

隨著金正日健康狀況惡化，金正恩和李雪主也結婚了。兩人的婚姻是繼位大計的重要一環，外界認為他們已經有兩、三個孩子，而金正恩無疑也會培訓他們成為領袖之才。

打從一開始，金正恩和李雪主就是現代夫妻的縮影——年輕的獨裁者配上迷人的妻子。二〇一二年，金正恩上任後的頭一個九月，偕同妻子李雪主前往長箭街視察，受到媒體大幅報導。長箭街是一區專為平壤權貴打造的公寓大廈，因為建築外形圓弧，點起夜燈後又會發出一片五顏六色的光芒，所以在平壤天際線上顯得格外醒目。

金正恩夫妻倆去拜訪朴成一（Pak Sung Il），據稱他是城市美化局（City Beautification Office）工人，與家人一起住在長箭街二樓的五房公寓。官媒報導是真是假，通常很難分得一清二楚，不過在那間公寓裡，金正恩和朴成一表現得就像是好久不見的親戚。金正恩把朴家其中一個兒子放在大腿上，輕輕拍他的小臉蛋，而李雪主也端出自己帶來的菜餚，說是她親自下廚做的。夫妻倆巡訪大廈時，所經之處都會和居民乾上一杯，而且由金正恩負責斟酒。雖然北韓自有一套怪誕的意識形態，卻仍受到數世紀以前從中國傳來的儒教約束。按照儒家尊卑有序的規矩，居下位者應當為居上位者效勞，而金正恩在北韓的地位又是至高無上。然而，金正恩有李雪主在身邊，呈現出一種與父親截然不同的領袖形象：喜歡肢體接觸、作風溫暖親民，還有心地柔軟的一面（起碼在精心安排的訪視期間是這樣）。

那種世代交替的意味在其他方面也很明顯。舉例來說，那場李雪主首度偕同領導人公開亮相的音樂會，乍看之下是因循慣例的北韓表演，辦在萬壽臺藝術劇院（Mansudae Art Theatre）——

金氏政權舉行慶祝活動的其中一個主要會場。金正恩走進劇院時，現場身著橄欖綠制服的軍官、穿著黑配白傳統服裝的女人，都從座位上站起來高聲歡呼。

金正恩跟大家握了握手，不過，他和這位當時身分不明的女子在最佳座位坐下來時，臉上卻流露出嚴厲的神色。

帷幕拉開時，舞臺前側突然噴出煙花，隨即出現一群身穿暴露的閃亮晚禮服的女子，有的拉電子小提琴，有的彈電吉他。第一首歌大概是照著老規矩來，演奏〈阿里郎〉——至今不論在南北韓，這首殷切盼望的歌曲聽來依舊纏綿悱惻。此外，以白頭山與共產黨黨徽為主題的舞臺背景，也一樣是傳統作風。然而，舞臺上的表演卻是北韓人前所未見的風貌。樂曲節奏輕快有朝氣，女樂手更像是在演奏搖滾樂般，以獨具北韓風格的方式隨音樂瘋狂搖擺。而接下來，這場表演只會變得更加異乎尋常。

穿著閃亮亮超短洋裝及高跟鞋的歌手，唱了幾首北韓政治宣傳歌曲。接著，一群穿黑色短洋裝的小提琴手奏起電影《洛基》（*Rocky*）的主題曲，還有一名女子身穿婚紗般的禮服，用鮮紅色電吉他彈出獨奏樂句。

然後情況急轉直下，變得超現實起來。歌手以韓文合唱起〈小小世界〉（It's a Small World），一群奇裝異服的人開始走上舞臺：維尼熊和跳跳虎在那裡，旁邊還有米妮和米奇、七矮人其中一員，以及一隻胡亂湊數的綠龍。舞臺背景播映卡通《湯姆貓與傑利鼠》時，小矮人扭腰擺臀跳起詭異的熱舞。米奇假裝在指揮臺上的樂手，倒是博得一片哄堂大笑。接著，樂手演奏《小熊維尼》（*Winnie the Pooh*）主題曲〈圓滾滾絨毛熊〉（Tubby Little Cubby All Stuffed with Fluff），最後又演奏法蘭克．辛納屈（Frank Sinatra）的〈走自己的路〉（My Way），這下真是糟到無以復加。

不過，這首終曲也算是應景，金正恩無疑正在走自己的路。

✪✪✪

有一次我去北韓時，跑到平哈頓體驗特權階級的生活，也就是與金正恩及李雪主同階層人士的世界。

我的第一站是一家義大利餐廳。這家餐廳名字很好記，就叫作「未來科學家大街義大利餐廳」（Italian Restaurant in the Mirae Scientists Street complex），入口大廳有一間什麼都賣的商店，從烈酒到發電機都有，不過我去的時候沒有任何顧客。此外還有一間奢華咖啡廳，裡面販售加發泡鮮奶油的昂貴摩卡咖啡，但同樣空蕩蕩的。

但餐廳裡倒是有一些顧客，於是我們坐進位子裡，吃受過專門訓練的員工用進口柴窯烤的披薩。我和一個北韓人聊起來，他告訴我，「我們尊敬的領袖」希望平壤市民能享用來自世界各地的美食。

而我壞心眼對他說，也許是因為「我們尊敬的領袖」年少時住過歐洲，才養成愛吃披薩的口味。他一聽馬上轉過身來，滿臉狐疑望著我，於是我繼續解釋：「就是他在瑞士念書的時候啊，你知道吧?他也去過義大利幾次，八成是那時候吃了披薩。」北韓人細細玩味我剛才說的話，接著他反問我：「他是我們的領導人，怎麼你知道的比我們還多?」

另一天晚上，我到主體思想塔附近一家德式啤酒屋，就在將平壤分為兩半的大同江南岸。啤酒屋裡有裸露的磚牆、深色的木桌，吧檯後方還擺著一排帶龍頭的酒桶，分別裝有七種北韓啤酒。就像美式運動酒吧，其中一面牆上也有光芒閃爍的巨大電視螢幕，正在播放滑冰節目。

菜單上有一道烤馬鈴薯佐頂級牛排，要價四十八美元——北韓駐聯合國大使特別愛去紐約某家牛排餐館，那裡的菲力牛排一樣是賣這個價錢。而維也納炸豬排的價格再怎麼說都合理得多，只要七美元。不過，餐廳裡多數北韓人似乎都點在地食物，但一碗韓式拌飯要價七美元——你在首爾才會付這麼多錢吃混著肉和菜的飯——實在不便宜。

當時，有一位長住在平壤的外國人道救援工作者，在啤酒屋陪我吃晚餐。他告訴我：「如果身上沒戴那些小徽章，可能就是南韓人。他們在這裡吃一頓，要付十到十五歐元。」

那天晚上，餐廳戶外座位擠滿了北韓人，相較於二〇〇五年我在平壤某家酒館看到的情景，簡直是判若雲泥。當年酒吧為保障客人隱私，還在桌子間架起隔板，而我一走進餐廳，全場頓時變得鴉雀無聲。

但這一次，誰也沒眨一下眼睛。他們繼續喝酒、大笑，毫不在意我這張混在當中的西方臉孔。儘管如此，還是有一些昔日平壤的特徵沒變，像是用餐期間突然停電了一陣子，大家也只能坐在黑暗中等待電力恢復。

另一天晚上，我們帶監管人員去黎明大街——另一區在平哈頓冒出頭來的新高樓群——吃一家燒烤餐廳。但這區大廈實在太新了，所以我們的轎旅車司機起初甚至找不到入口，後來監管人員也費了一番工夫才找到餐廳。

這家餐廳比啤酒屋冷清，但還是有幾組北韓人正在享用桌面燒烤的肉食，而北韓人謹慎行事的慣常態度在這裡也比較強烈。例如：一對坐雅座的男女聽見我們走近，就把桌邊的竹簾拉起來。

女服務生推薦我們點一份要價五十美元的肉塊，那是菜單上最貴的選項，顯然她已經受過訓練，懂得按資本主義慣例向上推銷。最後我們點了一桌沒那麼貴的餐點，配上啤酒與韓國燒酒大快朵頤。

若說我從這幾趟北韓行學到了什麼，那就是監管人員絕不會拒絕喝上一杯。在那幾年裡，我不斷看到北韓人拿起燒酒就是一杯接一杯地乾——留在北韓的北韓人是如此，離開北韓在外打拚的北韓人是如此，逃到南韓的北韓人也是如此。那是一種因應機制，藉由自我麻木來因應不得不承受的痛苦。

不僅如此，包括平壤及國外的權貴在內，北韓人一有機會就會大啖紅肉。即使貴為僅占百分之一的菁英階級，也很少有機會吃到這種昂貴美食。

在燒烤餐廳大廳對面，黎明大街設有一家高檔超市，裡面專賣貴得嚇人的進口產品，像是挪威鮭魚、法國起司以及瑞士穀片。週六晚上八點我去那裡時，裡頭空無一人，而當地居民說偶爾才會看到店裡有人。比起銷售食品，這間超市看起來更像是在做政治宣傳，但不知怎地一直沒倒閉。

此外還有別的「模範單位」。

雖然北韓喝咖啡的人不多，國內卻萌生出一種咖啡店文化，與其說是要讓人一解咖啡因癮，不如說是專為附庸風雅而設。在滿是跑步機與瑜伽課的金陵運動館，有一家時髦的咖啡店，裡面的裝潢與情調即使擺在首爾或北京，也絲毫沒有違和感，而店裡的首席咖啡師還曾前往中國受訓。

在那裡，一杯冰摩卡咖啡要價九美元——這價錢走遍全世界都嫌太貴，遑論這個地球上數一數二貧窮的國家。而義式濃縮咖啡一樣貴得離譜，一杯要價四美元，在這個極大多數人民都營養不良的國家裡，真是荒謬絕倫。

非政府組織朝鮮交流中心（Choson Exchange）總部設在新加坡，旗下員工安德瑞·阿布拉哈米恩（Andray Abrahamian）在北韓開設金融培訓課程。根據阿布拉哈米恩的說法，那些咖啡店賺不了多少錢，北韓就是沒有愛喝咖啡又願意出這種高價的顧客群。

「那純粹是要彰顯自己尊貴不凡，閱歷豐富。」阿布拉哈米恩告訴我。他是英國人，說得一口流利的韓語，已經去過北韓將近三十次，並協助訓練過大量企業主，包括那位在金陵運動館開咖啡店的女老闆。

但已經有跡象顯示，北韓出現真正的——正在興起的——消費階級。

我去光復百貨公司（Kwangbok department store）的超市時，那裡很熱鬧。雖然同類本土產品便宜得多，當地人卻還是拿一大堆進口的烏克蘭糖果、日本美乃滋，往自己的籃子裡塞。另外，超市也賣在地食品。幾瓶加起來一共五公升的韓國燒酒，只要特惠價二．六美元。

在首都，黑市也賣巨大的平面電視，以及頂級歐洲製真空吸塵器——只要你有數千美元閒錢，又願意揮霍在這種東西上。

如今，超過一成的北韓人擁有手機，路上也有很多從一美元開始跳表的計程車。有些人甚至養狗當寵物，但不過數年前，這聽起來還奢侈得宛如天方夜譚——當時，這個國家的老百姓連家裡的人類都餵不飽。

全國各地都感受得到程度不等的消費主義，但哪裡都比不上平壤受惠良多。「就算沒有特別好的工作，光是住在平壤就已經得天獨厚。」昭賢告訴我，「我確信很多人都很羨慕我們。」

✪✪✪

姜娜拉（Kang Nara）不住首都，而是住在北韓第三大城清津，不過她在那裡的生活不算差。清津有港口，又占著鄰近中、俄邊界的地利之便，以北韓的標準而言是一塊欣欣向榮的地方。

「我們需要的東西沒有買不到的。有些人心裡嫉妒，巴望著搶一點他的工作去做。」娜拉談到父親的工作時這麼告訴我。

她父親是從事建築業的大財主，當時那一行在北韓正蓬勃發展，顯然他獲利甚豐。

姜娜拉上過一所藝術高中，得以拓展自己在音樂與表演方面的天分，此外也上歌唱家教。「我的學校當然還是有一些窮孩子，但我沒和他們玩在一起。」她回憶道。

她住在清津市中心一幢獨棟房子，家裡三個女兒各有一個房間。北韓有很多人還要生火煮飯，娜拉一家人卻已經用起瓦斯爐和微波爐。另外，他們家還有電冰箱和自動洗衣機，誰都不必跑到河邊去洗衣服。

父親每個月給她四百美元零用錢，相當於國家工廠工人或政府部門職員月薪的一百倍。以青少年而言還不賴。

她拿這些錢去買中國製服飾及珠光唇蜜、法國製香水、手機殼，以及用來裝飾手機殼的小貼紙。她有一頂印著耐吉標誌的棒球帽，但當時她並不知道那是耐吉的標誌，只是覺得帽子很酷。每一樣東西都是從當地市場買來的。

天氣好的時候，娜拉和朋友為了找樂子，會一起去二〇一三年——也就是金正恩當政第二年——在清津開幕的溜冰場。當時直排輪溜冰已經蔚為風潮，像娜拉這樣的富家子弟都有自己的溜冰鞋。

「我們走去溜冰場時會把溜冰鞋掛在肩膀上，那是一種身分象徵，表示你有錢。」娜拉告訴我。她在市場花大約三十美元買下粉紅直排輪，以及頭盔、護膝和護肘。「窮孩子想都別想。」她聳聳肩說。如果窮孩子想一起溜冰，就必須租用廉價又難穿的直排輪——**如果**他們有那個錢租得起。

到了晚上，娜拉會和朋友去市場。當時的市場有各式各樣時尚餐廳，他們可以吃北京烤鴨，或者大阪燒（一種類似鬆餅的日本食物，通常包著麵條與豬肉，看起來厚實，吃起來鹹鹹辣辣的）。對喜歡招搖的人來說，北韓有愈來愈多享樂炫富的好去處。

有時候，娜拉和朋友會用智慧型手機互傳訊息，相約去乒乓球館消磨時間。那間乒乓球館是當地企業主創立的私人事業，娜拉說是很新潮的地方。館內有擺著高腳椅的吧檯區，青少年可以在那裡買啤酒和點心。她告訴我：「我們去那邊當然不是要打桌球，而是為了跟男生玩。當男生過來找我講話，我會先看他們拿什麼手機，如果是舊款的按鍵式手機，我就對他沒興趣了。」但如果男生拿的是北韓國產智慧型手機「阿里郎」，一支要價四百美元的那種，那她就會多看他一眼。

「鞋子和手機都是一覽無遺的身分象徵。要想負擔得起智慧型手機，你必須來自很有錢的家庭。」娜拉告訴我，一面懷念她曾經樂在其中的生活方式。

「除此之外，我們也會看他們的穿著。如果他們穿北韓製的衣服，那就沒戲唱了。我們只想認識穿外國製服裝的男孩。」她說。「外國」通常指中國，表示那東西很好。歐美國家或許認為中國製服飾廉價、劣質，不過在北韓，就連中國製服飾也意味著富裕與老練。

身為富孩子，活在金正恩治下的北韓充滿樂趣，畢竟，富甲天下的大孩子金正恩絕不會讓他們失望。

第十一章 與「豺狼」合作

「羅德曼走到觀眾席，向金正恩鞠躬。金正恩熱情歡迎他，讓他坐在自己身邊。」

——KCNA，二〇一三年二月二十八日

獨裁君主的生活與世隔絕，難免高處不勝寒。金正恩的哥哥、妹妹是血緣關係來的，妻子則是父親指婚來的。除此之外，還有一群馬屁精圍著他打轉，總是說他最優秀、讓他占上風，無微不至大灌迷湯。但他們都真心喜歡他嗎？還是唯恐自己小命不保罷了？

然而，用「社會剝奪」（social deprivation）*當理由，來解釋金正恩選「他」當朋友，似乎不是完全說得通。前芝加哥公牛隊球員兼B咖名人，身高二〇一公分——丹尼斯·羅德曼，二〇一三年現身北韓。

那一年，這位前NBA球星展開第一趟前往北韓的旅程（他前前後後一共去了三次），而他及隨行人員不但與領導人會面，還和領導人一起縱情狂歡。北韓的生存之道少不了循規蹈矩、謹言慎行，但金正恩身為這個國家的領導人，居然擁抱離經叛道又愛出鋒頭的羅德曼。

另一方面，華盛頓外交政策單位被這件事煩死了。那裡的專家與官員都有碩士以上學歷、良好語言能力，而且從業以來就一直在研究這個流氓國家（rogue state）。他們想盡可能了解北韓這個神祕威脅，卻不想向顯然不是專家的羅德曼打聽消息。在他們看來，羅德曼只是個想紅的過氣名人。

數年後，羅德曼說：「我們不是很親密的好哥兒們，但我們的確有某種無關政治的友誼。純粹是因為我們都喜歡運動。」這位籃球員談起和他所謂的「畢生好友」共度的時光，最後做出判斷：「對我來說他只是一個普通人。」[1]

正因金正恩當年是公牛隊死忠球迷，才會促成羅德曼的北韓之旅。一九九六年夏天金正恩到瑞士時，公牛隊才剛贏了NBA總決賽。雖然當時麥可．喬丹獲選為「最有價值球員」（MVP），但羅德曼搶籃板球的本領高超，公認是幫球隊奪冠的主力球員。有喬丹和羅德曼搭檔，公牛隊在後來兩年裡也繼續贏得冠軍。

二〇〇〇年，前美國國務卿瑪德琳．歐布萊特（Madeleine Albright）去平壤時帶著有喬丹簽名的威爾森（Wilson）籃球，當作禮物送給金正日。後來，位於平壤以北的國際友誼展覽館（International Friendship Exhibition Hall），將這顆簽名球陳列在玻璃櫃中。我去展覽館看過這顆球幾次，那裡有兩座當局奉為神聖的宮殿，訪客必須先穿上鞋套並經過一架吹塵機，才能入館。

一開始，美國政府認真考慮讓芝加哥公牛隊以特使身分，前往北韓與新領導人會面。二〇〇九年，金正日將金正恩欽點為接班人的事實昭然若揭後，中央情報局還曾積極設法派羅德曼去平壤，最後卻沒什麼進展。

然後是二〇一二年，金正恩才剛接任沒多久，又還沒有任何美國人去會晤過他。於是，歐巴馬請一群北韓專家到白宮橢圓形辦公室，並向他們徵詢建議，想知道該如何應對年輕的新領導人。

其中有一位名叫馬可思．諾蘭德（Marcus Noland）的經濟學者，是研究北韓饑荒的專家。他建議總統徵召史迪夫．柯爾（Steve Kerr），祭出突破傳統的外交手段。一九九〇年代期間，柯爾曾是芝加哥公牛隊球員，但除此之外，他小時候還跟著當教授的父親在中東住過一陣子，具

* 將出生不久的幼兒或幼獸從群體中隔離飼育，剝奪其社會關係。

備在世界艱險角落生活的經驗。

諾蘭德試圖說服總統利用新領袖對公牛隊的執迷，並建議他請柯爾——當時他已經退休，成為體育主播兼球隊教練——去平壤。說不定柯爾會和金正恩一起玩 H-O-R-S-E*！即使在最壞的情況下，歐巴馬派去的隨行顧問團至少有機會觀察金正恩。

「這個主意是有點瘋狂，但至少比讓羅德曼去好啊。」諾蘭德說。最後這個主意不了了之。

在華盛頓以北的紐約，Vice 新聞（Vice News）旗下愛跟風的電視製作人團隊，也想出一模一樣的主意。他們想製作關於北韓的節目專輯，還想進一步了解北韓領導人。那麼，利用他熱愛芝加哥公牛隊這一點，豈不是最好的辦法？

於是 Vice 團隊找上喬丹的經紀人談這項企畫，但遲遲沒有共識，後來明顯可以看出談不成了。然而，之前 Vice 團隊向北韓駐紐約外交官提議時，已經拋出喬丹的名字，而北韓人真的很希望喬丹能去，所以這下麻煩大了。最後，Vice 團隊只好告訴北韓外交官，說這位職業籃球員——這位世人永遠忘不了的「飛人喬丹」——不敢坐飛機。這是北韓人別有共鳴的那種藉口，因為金正日就是出了名的怕坐飛機。

就這樣，Vice 團隊轉而找上羅德曼。眾所周知，這位大名鼎鼎的防守球員綽號「小蟲」，總是願意標新立異。

舉例來說，大家都知道在一九九六年，羅德曼穿著新娘禮服，還戴上頭紗和長長的白手套，乘著四輪馬車穿越紐約街頭，說要「跟紐約市結婚」，而那陣子他正好發表了自傳《盡情使壞》（*Bad as I Wanna Be*）。九年後，他又踏上另一段搞怪旅程。這一次他躺進靈車招搖過市，周圍還有一群替他送葬的黑衣美女；然後，就像在萬聖節復活的拉撒路（Lazarus）*，他像殭屍般從貼滿線上賭場標誌的棺材冒出來。

羅德曼不只怪裡怪氣，似乎也隨時能受僱上陣。從籃球界退休後，他就一直在推廣線上博弈，也曾在各種電視實境秀擔任參賽者，包括由唐諾·川普主持的《名人接班人》（*Celebrity Apprentice*）。

羅德曼會想要接下報酬微薄的「籃球外交」工作嗎？會，他很樂意。

Vice團隊回報北韓駐紐約外交官，說他們成功邀到一個公牛隊球員，於是，北韓外交官將好消息向上層層轉達給平壤當局，最後他們同意放行。

直到那時北韓外交官才發現，Vice團隊做的不是普通的新聞節目企畫，團隊成員都是紋著

---

* 流行於美國街頭的籃球遊戲，先投籃者在任何定點投籃，後投籃者也要在同樣定點投籃，第一次投不進就得到「H」，以此類推，得完HORSE就輸了。

* 耶穌的門徒，死後四天被耶穌復活。

刺青的千禧世代，對自己在媒體圈搞破壞式創新引以為豪。

但事到如今，北韓外交官已經沒辦法反悔了，「偉大的接班人」正盼著芝加哥公牛隊球員來訪。於是，他們執意要跟 HBO——Vice 媒體（Vice Media）的母公司——執行高層開會，把一些問題先搞定。

就在 HBO 位於曼哈頓的辦公室裡，北韓人對 HBO 資深副總經理妮娜．羅森斯坦（Nina Rosenstein）說，他們很喜歡看《反恐危機》（*Homeland*）。嗯……，羅森斯坦說，那是跟我們打對臺的 Showtime 製作的。她接著問北韓人有沒有看過《權力遊戲》，但他們只是一臉茫然看著她。最後，他們帶著幾套 HBO 影集離開會議。

雖然如此，這卻已經足以打消北韓外交官的疑慮，讓北韓之旅順利進行。就這樣，二〇一三年二月二十六日，在三名哈林籃球隊成員、一位團隊主管及 Vice 新聞工作人員陪同下，羅德曼和顧問團從北京飛往平壤。Vice 團隊認為，哈林籃球隊擅長在球場上耍憨搞笑，「擔任這次出訪的籃球大使再自然不過了」[2]，所以希望他們一起去。

這是一趟絕無僅有的旅程。

羅德曼抵達平壤機場，發現現場擠滿媒體記者及一列車隊時，才意識到這一點。前一週他還在牙科展覽會上辦自傳簽名會，此刻卻已經來到遙遠的世界。

「已經很久沒人關心他的存在了，所以當他發現自己還是一號人物，自然覺得吃驚又興奮。」Vice新聞總編輯長、北韓之旅幕後推手傑森．莫錫卡（Jason Mojica）說。接著羅德曼漸漸明白，如果能見到金正恩，他們就是第一批辦到這件事的美國人。

「他認為自己再度變成大人物，一副準備要好好撈一筆的樣子。」我去布魯克林找莫錫卡探問這趟旅行的詳情時，他這麼告訴我。

後來羅德曼也承認，他很喜歡人家這樣給他捧場。他說：「我一到那裡看見他們那麼敬重我，就覺得，哇！我要走紅毯耶！」[3]

但華盛頓並未表揚這趟旅行，歐巴馬政府極力和羅德曼保持距離。

兩個月前，也就是金正恩當權滿一週年的幾天前，北韓發射一枚遠程火箭，順利將一顆衛星送上軌道。對北韓國內相關飛彈計畫來說，這是一項決定性的技術進步。

接著，就在這群籃球大使抵達北韓的兩週前，金正恩政權進行了第三次核試驗。羅德曼訪問團抵達位於平壤的飯店那天早上，意外發現大廳掛著巨大的橫幅布條，用來頌揚「成功」的核試驗。同時，他們也看到數千民眾湧向大廣場參加慶祝集會。

其實，平壤那邊也不是人人都歡迎這批訪朝團。他們才到首都沒多久，一名「精悍」女子就把莫錫卡從訪朝團拉走，要他坐進黑色加長型禮車後座，然後用英語毫不客氣對他說，她不喜歡他這個人，也不喜歡他的工作——莫錫卡以前報導過北韓古拉格的新聞。她連整個 Vice 新聞都不喜歡。她告訴莫錫卡，她先前反對過他們這趟旅行，只是被當局否決了。[4]

莫錫卡告訴我這樁插曲後，我們一起端詳那趟旅行帶回來的照片，好讓他為我指認那名女子。而他一指出那名女子，我就認出那是北韓政壇重量級人物：崔善姬（Choe Son Hui）。

當時，崔善姬已經是北韓外務省美洲局局長，過去她持續擔任多邊核會談口譯，將近十年前受到拔擢。她的繼父曾是北韓內閣總理*，而崔家與金家又關係密切，所以不出幾年她就當上外務省美洲局副局長。連地位這麼高的官員也參與羅德曼的訪朝之旅，還為其中幾位籃球員擔任口譯（沒在騙！），恰恰說明金正恩政權是多麼認真對待這件大事。

在平壤招待美國人本來就是一種麻煩的想法，畢竟七十多年來，北韓一向對美國深惡痛絕。雖然美國人幾乎已經遺忘了韓戰，但金氏政權拿美國當作代罪羔羊，規避國內經濟敗壞與實施戒嚴的事實，所以受到重創的記憶在北韓依然鮮活，深深烙印在整個民族心靈中。

北韓小學生在校外教學時，會去參觀平壤祖國解放戰爭勝利博物館（Victorious Fatherland Liberation War Museum），或到平壤以南的信川參觀信川博物館（Sinchon Museum of American War Atrocities）。

他們在博物館裡會看到相關畫作，描繪「狡猾的美國狼」——畫中的美國人有金頭髮、白皮膚，還有巨大的鼻子——如何折磨並殘殺北韓人民，像是將釘子敲進婦女的頭顱裡、用步槍刺刀傷害兒童、穿著大靴子重踩嬰兒、用滾燙的撥火棍炮烙北韓人，或是用繩子縛住北韓人再扔進井裡。信川博物館甚至大聲播放孩子的尖叫聲，來搭配這樣的繪畫。

雖然韓戰期間在信川一定有打鬥、有死傷，但是北韓政府宣稱在一場大屠殺中，有三萬五千名「烈士」通通死在美國士兵手上，未免太過誇大了。

金正恩成為北韓領導人後數度視察信川博物館。有一次，他看過這樣的展覽後，下令將信川博物館擴建為「反美教育中心」。

這間博物館是典型的例子，說明了金氏政權如何煽動人民對美國的恐懼，並企圖藉此維持老百姓的凝聚力——一丁點真相，再加上一大堆刺激意識形態的誇大說法，造就了今天的金氏政權。

✪✪✪

---

*指崔永林（Choe Yong Rim）。

正因如此，到了二〇一三年三月一日，北韓人一早醒來看見《勞動新聞》——可說是北韓的《真理報》(*Pravda*)*——頭版照片，發現「我們深愛的同志」坐在美國人身邊時，想必感到非常困惑。況且，明明他們的領導人就在旁邊，這個魯莽的美國人竟還敢戴著帽子與墨鏡。

羅德曼及隨行人員抵達平壤時，正值冷颼颼的二〇一三年二月底，也就是金正恩當政第十四個月。按照計畫，他們以為會有一群孩子在高中體育館裡，等著他們去帶所謂的籃球營，並進行一場表演賽。

然而，他們到了可以容納一萬名觀眾的體育場後才發現，由未成年球員組成的國家代表隊正在那裡等著。雖然露天看臺沒坐人，但這顯然不是一場隨意湊合的輕鬆比賽。

隔天，羅德曼及哈林隊到體育場進行表演賽。這一次，看臺座位不再是空蕩蕩的，數千觀眾已經坐在那裡耐心等候。接著，在場所有人幾乎是一齊從座位上突然站起來，開始鼓掌並歡呼：「萬歲！」、「萬壽無疆！」

他來了。

「那時我坐在休息區，忽然間，這個矮小的男人走進來。」羅德曼邊回憶當時情景邊說，「我當下傻眼，想說這誰呀？一定是這國家的總統吧！他帶老婆和那一票像是大官的人走進來時，就跟總統沒兩樣。」[5]

當時，身穿黑色中山裝的金正恩帶著妻子李雪主走下階梯，進入體育場的貴賓席。

小蟲羅德曼正在貴賓席等候這位領導人，接著他們倆將一起坐在扶手椅上看球賽。羅德曼戴著印有「USA」字樣的黑色棒球帽，耳朵、鼻子和下嘴唇都穿了閃亮亮的金屬環。他走近金正恩，並跟他握手。

場上觀眾的手還拍個不停。「球員與觀眾爆出一陣如雷歡呼，為了能和金正恩一同看球賽感到欣喜若狂。」朝鮮中央通訊社報導道，還說金正恩「准許」羅德曼坐在他身邊。

北韓籃球員也在鼓掌，但他們看起來很緊張。

「每一個朝鮮人都很敬畏元帥，並且想見上他一面。我與元帥身在同一個地方，內心感動得難以言喻。在元帥注目下跟美國人打球，我強烈渴望能打一場更漂亮的球賽。除此之外，我別無他求。」[6]北韓國家代表隊籃球員表英徹（Pyo Yon Chol）後來這麼說，並用正式軍銜來稱呼金正恩。

因為採取由隊長輪流挑選隊員的方式分隊，所以兩隊各自都有美國人與北韓人。接著，比賽開打。[7]

---

*俄共黨報。

隨著比賽進行，球員都比較放鬆了些。哈林隊表演起他們拿手的花招，在籃框上站立或倒吊，觀眾席隨即響起驚呼聲與喝采聲。

馬克．巴特密（Mark Barthelemy）是莫錫卡的朋友，曾和他在芝加哥一起玩龐克樂團，韓語說得很溜。比賽過程中，巴特密一度拿起相機對準金正恩，卻發現這位年輕獨裁者正透過鏡頭直盯著他，把他嚇了一大跳。於是巴特密從相機背後抬起頭，看見金正恩對他微微一揮手，並用手肘頂了頂妻子。接著，李雪主也朝他揮手。巴特密說，雖然當天有一堆詭異的事情，但那是最詭異的一刻——那位獨裁者竟然跟他鬧著玩。

不過，比賽到了第四節就變得嚴肅起來。金正恩全神貫注跟羅德曼說話，透過口譯員討論賽況轉播內容，還不時點頭或比手畫腳，活像兩個彆扭的老朋友，正一起看著紐約尼克隊（Knicks）的比賽。

最後，比賽以一百一十分比一百一十分平手落幕，令人難以置信，而且不許打延長賽——透過機靈的外交手段達成的結果。

羅德曼接著站起來致詞，他對金正恩說，能來到這裡令他深感榮幸；同時，金正恩一邊面無表情坐著，一邊轉頭朝周圍群眾看去，彷彿對這位來客要說的話感到忐忑不安。

但羅德曼表現得很圓滑，他先對朝美關係不佳表示惋惜，接著又自告奮勇說要擔任雙方的橋梁。「先生，謝謝您，我是您一輩子的朋友。」他說，然後對眼前的獨裁者一鞠躬。

最後，經過緊張兮兮的兩小時，金正恩終於離開體育場，所有人這才鬆了一口氣。

但這趟冒險旅程還沒完呢，訪朝團顧問催促羅德曼一行人離開體育場，並說他們還有一項重要行程。

政府監管人員將白厚紙板印製的邀請函交給 Vice 團隊，宣布要舉行接待晚宴。邀請函上沒印詳細資訊，不過北韓當局要求外賓穿著得體，而且不得攜帶任何東西出席——不能帶手機、相機、筆，什麼都不能帶。背後的理由不言而喻。

司機載著他們穿越平壤的街道，離開市區後經過一片樹林，再沿著長路拐了幾個不必要的急轉彎，抵達一幢龐大的白色建築。他們先接受金屬探測器檢查，通過機場級的安檢關卡後，才終於進入宏偉的白色大理石房間，裡頭擺著白色的椅子、白色的桌巾。

金正恩站在接待行列中，正等著親自迎接每一位賓客，場面宛如一場婚禮。

羅德曼仍然戴著墨鏡與棒球帽，但也穿上了很「羅德曼」的晚禮服：灰色 T 恤套上黑色西裝背心，還繫上豔粉紅色領巾來搭配粉白相間的指甲色。

大家入座後都咧嘴露出大大的微笑，桌上擺著精巧的蔬菜雕刻，有用南瓜雕成的碩大花朵，也有用白色蔬菜製成的小鳥，正在一整顆西瓜上落腳。晚餐十道菜出好出滿，包括魚子醬和壽司，另外還有法國葡萄酒、新加坡虎牌（Tiger）啤酒，而帝國主義魔鬼出產的飲料可口可樂（Coca-Cola）也上了桌。

金正恩舉起裝韓國燒酒的小玻璃杯，率先致詞祝酒，並跟羅德曼「叮噹」一聲互碰酒杯，揭開晚宴序幕。李雪主似乎認為還是別喝烈酒為妙，始終只喝紅葡萄酒。

接著換羅德曼起來祝酒。他東拉西扯說了一長串，最後下了結論：「元帥，您的父親和祖父把一些事搞砸了，但您呢，您正想辦法改善局面。我就是喜歡您這一點。」

在場每個人一時都屏住呼吸，等到金正恩舉起酒杯微微一笑，[8]大家才鬆了口氣。

緊接著，坐在李雪主另一邊的男人站起來祝酒，說接下來大家就能更進一步了解彼此。據莫錫卡回憶，這時金正恩翻了個白眼，彷彿在說：「老傢伙別再講幹話了！」對照當時的照片後，莫錫卡證實我的猜想——那個講幹話的老傢伙就是張成澤。

儘管如此，那一晚仍然洋溢著一片歡樂氣氛，一輪接著一輪敬酒。莫錫卡喝多了韓國燒酒，膽子大起來，脫口邀請金正恩來紐約回訪一趟，並舉起酒杯——平底杯裡裝的是約翰走路藍牌（Johnnie Walker Blue）威士忌，但侍者整個晚上都當成葡萄酒在倒——稍微啜飲一口。沒想到，那位年輕獨裁者突然大喝出聲，一面還對他比劃手勢。莫錫卡霎時懷疑自己該不會犯下大錯了。後來口譯員介入說明，要他趕快「乾杯」！

「那是大王要拿我尋開心。壞心的獨裁者下旨要我一飲而盡，我也只能一口乾了。」莫錫卡告訴我。

雖然莫錫卡喝得頭昏腦脹，卻還拿著麥克風，口齒不清說：「再這樣下去，今天晚上我要脫光光啦！」崔善姬露出滿是嫌惡的表情，但身為口譯員，她還是把莫錫卡的話轉述給金正恩，而金正恩聽完哈哈大笑。

狂歡時間開始。

帷幕升起，舞臺上是牡丹峰樂團——有時也稱作北韓辣妹合唱團（North Korean Spice Girls）*。女團員身穿白夾克，還有以北韓的標準而言短得不雅觀的膝上裙，冷不防奏響《洛基》主題曲。她們的樂器包括電吉他、電子小提琴、爵士鼓，以及合成器。

韓國燒酒後勁來了。金正恩臉色漸漸發紅，笑得更加忘形，露出菸槍特有的泛黃牙齒。莫錫卡估計，那夜「偉大的接班人」起碼喝了十幾杯韓國燒酒。按照這位Vice編輯的說法，每個人都「喝掛了」。

其間，哈林籃球隊一度站上舞臺，跟牡丹峰樂團成員手拉手。隨後羅德曼拿到麥克風，在巴

---

*辣妹合唱團（Spice Girls）為一九九〇年代風靡一時的英國女子歌唱團體。

特密用薩克斯風伴奏下唱起〈走自己的路〉，而巴特密還不時閉上眼睛，將上半身歪向後方，彷彿在模仿肯尼吉（Kenny G）*。

直到羅德曼派助理去告訴莫錫卡，請他讓大家收斂一點，別太吵吵鬧鬧，莫錫卡才察覺場面已經失控。連國際上惡名昭彰的壞男孩都叫你冷靜點，你就知道大家有多瘋狂了。

至於其他部分，莫錫卡記不清楚了。「如果我拿出記者最專業的一面，就會整晚保持清醒，把一切牢牢記在腦海裡，但我們都被現場氣氛惑亂了心神。」他說。

數小時後，金正恩起身進行最後一次祝酒。他說，這場晚宴已經幫「兩國人民更加理解彼此」。

從北韓電視臺未播出的錄影片段中可以看到，羅德曼和金正恩互相摟抱。接著，領導人拍拍籃球員的背，露出大大的微笑——他成功收服公牛隊球員了。

✪✪✪

說來不可思議，羅德曼倒是記得在平壤晚宴上醉醺醺玩鬧時，自己對「偉大的接班人」許下的承諾。

七個月後，羅德曼實現諾言，回到平壤。這一次，他帶來一票更加奇怪的朋友。體格壯碩的個人助理克里斯．佛洛（Chris "Vo" Volo）跟在他身邊，此外，哥倫比亞大學（Columbia University）遺傳學者喬．特威里格（Joe Terwilliger）也加入他們的行列。特威里格對自己特立獨行深以為豪。他是職業低音號手、表演亞伯拉罕．林肯（Abe Lincoln）模仿秀、有時蓄著艾米許人（Amish）*的大鬍子、說芬蘭語，還曾是吃熱狗大賽亞軍。

身為遺傳學者，特威里格研究過海外韓僑，所以學過一點韓語，還曾在韓裔美國基督徒經營的私立平壤科技大學（Pyongyang University of Science and Technology）教書。

因此，當特威里格聽說羅德曼有意重訪平壤，就在慈善拍賣會上喊出二千五百美元高價，競得和羅德曼打籃球的機會。在球場上，他極力說服這位籃球員相信，他是能派上用場的韓國通。於是，特威里格順利成為訪朝團一員。

---

*美國著名薩克斯風演奏家。

*艾米許為基督新教分支，崇尚自然簡樸，在美國賓州聚居為與世隔絕的社區。

問題是，這支訪朝團想去平壤卻不知該怎麼辦。因此，特威里格打給他在平壤認識的麥克．史佩弗（Michael Spavor）求助。史佩弗是長居中國北部的加拿大人，經常護送學術及商業訪問團進入北韓。

他們一行四人於九月抵達平壤，坐上金正恩的私人直升機。直升機裡設有舒適的座椅，以及一張木桌，專門用來放金正恩的菸灰缸。他們正要飛往海濱度假勝地元山，而直升機一到那兒就降落在皇家大院裡。

羅德曼很喜歡這種貴賓級待遇，他說：「樣樣都像是五星級、六星級，甚至七星級的。每一天都好棒，有一大堆娛樂表演。超級好玩、超級放鬆，反正一切就是完美到極點！」9

這一回，既沒有籃球賽電視轉播，也沒有繁文縟節，只要在富麗堂皇的海濱別墅縱情享樂就行。

金正恩帶羅德曼一行人搭上鑲著木板的帆船。這艘帆船長約四十六公尺，過去原本歸金正日所有。身為兒子的金正恩也有自己的船，那是一艘造價七百萬美元、長約二十九公尺的遊艇，只不過一直停泊在元山大院特設的有頂船塢裡。

他們在甲板上喝長島冰茶，沿著海岸線飆水上摩托車。金正恩的水上摩托車性能最好，所以不管怎樣，他一定都會贏。據說，年輕的領導人喜歡緊貼著岸邊狂飆，速度快到在海浪上彈跳。

當時金正恩的妻子就在一邊，陪著圓嘟嘟的小女嬰金朱愛（Kim Ju Ae），而他的手足也都在場。哥哥金正哲用英文跟客人交談，並和他們一起騎著水上摩托車，到停泊在近海的豪華遊艇——長約六十一公尺、附設海上游泳池與滑水道——去玩。

妹妹金與正也在，據說她才剛拿到工程學位畢業。在未來幾年裡，她將在金正恩政權中扮演愈來愈重要的角色，除了擔當哥哥最信賴的顧問，基本上也能幫他搞定事情。但這天她穿著紅色泳裝坐在沙灘上，看著大家打打鬧鬧，互相惡作劇。此外，牡丹峰樂團眾女團員也在。她們在海灘上嬉鬧的樣子，想必在場男賓都注意到了。

在另一天，金正恩帶著羅德曼一行人一起去騎馬。從照片上可以看到，羅德曼騎一匹白馬，卻沒穿鞋子，馬鐙上是他套著粉紅襪的腳丫子。

騎過馬後，他們繼續奢靡享用更多佳餚美酒，狂歡作樂，而牡丹峰樂團女團員也還在宴席上，包括富有魅力的團長玄松月。前一個月，南韓媒體才剛報出玄松月已死的消息，但這時她人就在那裡，活得好好的。

牡丹峰樂團猛然奏響手中的樂器，特威里格率先獻唱北韓歌曲〈吾國至高無上〉（My Country Is the Best），接著，穿灰色西裝背心的羅德曼大刺刺露出身上的刺青，高唱他最愛的卡拉OK歌曲〈走自己的路〉。據羅德曼說，輪到金正恩時，他也努力唱了詹姆士·布朗（James

Brown）的〈盡情搖擺〉（Get on Up）。

就是在這趟重訪北韓的旅程中，金正恩對羅德曼說，他很討厭哈林籃球隊炫技作秀。他對待籃球的態度認真，想看一場大家拿出真本事較量的球賽，於是羅德曼說：「那我們來辦場真正的籃球賽吧。」後來，羅德曼得知一月就要迎來領導人的生日，認為那是舉行球賽的「完美」日子。

計畫很快就付諸實行。同年十二月，羅德曼帶著老隊友回到平壤，挑選出要跟前NBA球星對戰的北韓隊伍。然而，他們這一趟來的真是不湊巧。

不到一個月前，金正恩下令處決姑丈張成澤。就在這個男人為了鞏固權力不惜弒親，引發外界猛烈抨擊時，羅德曼和隊友卻在平壤金巷保齡球館（Golden Lane Bowling Alley）開心玩耍，還去祖國解放戰爭勝利博物館看墜毀的美國飛機。

就這樣，羅德曼的行徑在美國掀起愈來愈強烈的反對聲浪。愛爾蘭博彩公司派迪鮑爾（Paddy Power）本來打算贊助籃球賽，這下收手不幹了，有些NBA球員也在考慮臨時退出。雖然這趟旅行還在繼續，但從一開始就是場災難。

多年來羅德曼努力要戒除酒癮，在北京往平壤的班機上卻又酗起酒來，而且似乎到現在都還沒戒掉。

其他NBA退役球員顯然愈發擔心。他們從家鄉的消息得知，許多人譴責他們不該打這場球替獨裁者慶生。因此，關於辦不辦比賽，一時成了未知數。

不過，到最後他們還是決定辦下去，畢竟都已經大老遠跑來這裡了。

二〇一四年一月八日，就在金正恩邁入三十歲這一天，一群前ＮＢＡ球員登上球場。羅德曼走出來，沒戴帽子。他摘下墨鏡，然後彎下腰，朝坐在看臺上的金正恩一鞠躬。

接著，他拿起麥克風，說外界對這趟旅行、對元帥本人，都提出了「不同的觀點」。這大概是北韓有史以來最具叛國精神的公開言論，畢竟北韓人對元帥向來只能有一種觀點：金正恩是半人半神的存在。

同時，金正恩坐在扶手椅上往後靠，小心翼翼掃視整個體育場，似乎很想知道他究竟還會說出什麼話。羅德曼繼續說：「沒錯，他是一位偉大的領袖。他在自己的國家為人民做出貢獻。謝天謝地，這裡的人民都很愛戴元帥。」然後，羅德曼冷不防說了句「生日快樂」，那場面彆扭得叫人忘也忘不掉。

不出所料，朝鮮中央通訊社一本正經報導這場球賽，提到羅德曼說「他覺得朝鮮人民很尊敬金正恩」，並「獻唱一首歌來表達他是多麼崇敬金正恩，打動了在場觀眾的心」。

後來發生更多令人驚訝的事情。美國人參加這場比賽時還以為，就算自己跟以前比起來老了、身材走樣了，這場球還是穩贏的。

但經過整個上半場，強壯又敏捷的北韓人證明自己不容小覷，不論技巧或謀略都比美國人更勝一籌。第一節與第二節結束後，北韓以四十五分比三十九分領先。原先不被看好的北韓隊詭計多端，智取照理說應該更優秀的美國隊。

第一節結束後，羅德曼離開場上，坐到氣焰囂張的朋友身邊。接著在整個下半場，他們就賽況轉播內容聊得十分起勁。金正恩俯身向前，似乎對羅德曼說的一字一句都聽得仔仔細細，而羅德曼不時露出微笑或哈哈大笑，好心情就這樣一直維持到比賽結束——最後，他成為全場矚目的焦點，一面朝仰慕自己的大批粉絲揮手，一面帶領全體觀眾為領導人高唱祝賀歌曲。

後來，羅德曼在場邊徹底放鬆時，坐在板凳上向後靠，還在為現場的氣氛飄飄然。「我居然幫那個傻蛋唱〈生日快樂〉！」他大笑著說，似乎對自己的行為感到吃驚。

但到頭來，羅德曼的行為卻害自己倒大楣。

在球賽進行過程中，金正恩曾邀請羅德曼及訪問團核心成員，到他建造的馬息嶺滑雪度假村，跟他一塊兒過週末。後來，羅德曼一行人抵達那裡時，金正恩的家人及其他政壇顯要已經先到了。史佩弗從小在落磯山脈（the Rockies）附近長大，很快就跟著金正恩的哥哥及妹妹一起滑雪。特威里格坐充氣雪橇時滑得太快，失去控制後撞倒幾個北韓人，所幸他在衝下峭壁前及時停了下來。

在度假村裡，北韓軍隊高官黃炳誓（Hwang Pyong So）經常穿著保暖內衣與寬鬆四角褲，坐在貴賓樓層走廊上對著有線電話說上大半天。其實，那支電話直接上達天聽，另一頭就是北韓領導人。

那個週末金正恩並未現身，所謂的終生友誼降到冰點。

第三部

信心滿滿期

第十二章　派對時間

「為了儘早實現白頭山主體革命事業的最終勝利，我將在神聖的鬥爭中繼續頑強奮戰，鞠躬盡瘁，死而無悔。」

——金正恩，二〇一六年五月十日

二〇一一年十二月父親死後，金正恩在名義上固然已經是北韓領導人，但實際上要等到二〇一六年五月初，才算成為真正的領袖。當時，「偉大的接班人」搬了一齣展示武力與自信的戲碼，從此他的絕對權力再也毋庸置疑。

事情就發生在第七屆朝鮮勞動黨全國代表大會*上。一直以來，金家三代靠著朝鮮勞動黨控制住整個國家，而全國代表大會正是這個共產組織的最高會議。

此前最近一次黨代會辦在一九八〇年，還要再過四年金正恩才呱呱墜地，而當時的領導人正是他的祖父金日成。至於他的父親金正日，則從來沒召開過這樣的大會。然而，新領導人想將共同維繫政權的幹部團結起來。這是一場屬於他的派對。

我在這屆黨代會開幕三天前抵達平壤。當時，北韓政權指派的導遊已經在那裡等我，兩位都是中階官員，包括負責扮黑臉、總是妨礙我違反既定行程的張先生（Mr. Jang），以及負責扮白臉、總是和藹可親的朴先生（Mr. Pak）。在整個旅途上，張先生不斷抱怨我問題太多，還想方設法要帶我去參觀醫院病房與蝸牛農場——都是官方安排的預定行程。而朴先生只是一面微笑，一面拿智慧型手機拍下沿途風光。

當時，平壤正全面舉辦慶祝活動，一路上有很多值得拍照的景象。為了做好萬全準備，金正恩驟然實施「七十天戰鬥」（70-day speed battle）計畫，相關報導大舉攻占報紙版面。穿黑西裝的黨幹與穿橄欖綠軍禮服的軍官，從全國各地蜂擁到平壤火車站，一波又一波湧上街頭。

不論鄉間小路、城市大街，農場或工廠裡，處處都掛著預告黨代會開幕的橫幅布條，以及印有共產黨金色標誌——鎚子、鐮刀和毛筆——的紅旗。平壤 4.25 文化會館（April 25 House of Culture）是一座別具社會主義風格的柱廊建築，即將用來舉行黨代會，此刻已經懸紅掛綵，包得好像禮物一樣。

至於官方為這場活動推出的口號，不論用韓語說，或用朝鮮中央通訊社發出的英文稿念，聽起來都一樣奇怪：「為生產溫室蔬菜發起推廣運動，讓全國大街小巷充滿高亢呼喊！」、「一起果斷解決生活消費品的問題吧！」、「今年也要拿出氫彈測試成功般的精神，讓我們熱力四射實現方方面面的進步！」

這一切慶祝活動的主角昭然若揭。官方口號呼籲北韓人民貢獻一己之力，為「我們敬愛的最高指揮官同志金正恩」奮鬥，並努力成為對他「忠誠耿耿的青年先鋒」。

黨代會第二天，我抵達四十七樓高的羊角島國際飯店（Yanggakdo International Hotel），走進北韓人替我們安排好的新聞中心後，就坐在我的電腦旁邊。羊角島位於一條流經平壤的河流中央，所以北韓政府很喜歡把記者關在那座飯店裡，而我們這些記者都把那裡稱為「惡魔島」（Alcatraz）*。

北韓人希望確保訪客來到島上就不想離開，於是在地下室設置賭場，並在頂樓設立餐廳。雖然那家餐廳以前可以旋轉，但自從馬達壞掉後，就只能靠自己走一圈來欣賞三百六十度美景。此

* 以下簡稱黨代會。
* 美國著名海上監獄。

外，便利商店擺著各式各樣商品，包括意外好喝的當地啤酒、簡直像是用鋸木屑做成的餅乾，以及一盒盒北韓國產壯陽藥「新威而鋼」（Neo-Viagra）。

從架設在新聞中心中央區域的巨大螢幕上，我看到金正恩走出來，站到議事大廳的講臺上。而議事大廳裝飾得美輪美奐，放眼望去盡是社會主義式紅色：講臺上給金正恩及他的親信坐的紅座椅、講臺下給聽眾坐的紅椅、印有勞動黨標誌的紅旗，以及公開寫著「團結一心」的紅布條。

金正恩穿著黑西裝、繫著灰領帶，就跟作為舞臺背景的祖父肖像——同為背景的還有金正日肖像——穿得一模一樣。他們愉快的臉龐像朝霞般紅光滿面，舊日時光正迎來新的黎明。

議事大廳裡有三千四百六十七位代表，其中不少人年紀是金正恩兩倍大。每一位代表都站起來為金正恩歡呼，持續時間長得彷彿過了好幾個小時。高級軍官身上都掛著滿至腰部的勳章。此外，名義元首金永南（Kim Yong Nam）已屆八十高齡，從前他擔任北韓副總理時，「偉大的接班人」甚至還沒出生。但此刻他站在講臺上，同樣轉過身來為金正恩鼓掌。

金正恩比劃手勢要大家靜下來，彷彿要平息眾人對他的熱情，但臺下代表都知道這時要繼續拍手叫好才行。

當時金正恩年僅三十二歲，但他已經具備充分的自信與安全感，能夠站在大家面前欣然享受吹捧。他接著念起一萬四千字的演講稿，還拿數月前完成的核試驗出來說嘴。

演講過程中，金正恩清楚說明五年經濟計畫。這項計畫由他親自負責統籌，現在只要一提起就會直接聯想到他。他特別強調北韓糧食及能源短缺，並誓言會領導政府拿出辦法，好好解決這個問題——當然，舉國人民早就知道這個問題，但金正恩願意承認問題存在，倒是頗值得注意。他重申自己二〇一二年首度演講時許下的承諾，保證會改善人民的生活。接著將矛頭指向中國，痛批「資產階級自由化與『改革』、『開放』的歪風正在鄰國蔓延」。

第七屆黨代會期間，金正恩再度當選為勞動黨領導人，算是意料中的事，不過他的頭銜升級，從第一書記變成委員長。再者，父親金正日即位後曾下放部分權力給軍方，但早在祖父金日成執政那些年裡，勞動黨在北韓一直享有備受誇耀的地位。因此，金正恩正試著重新將黨擺在有利位置。

這是一步險棋。換作其他國家，軍隊大有可能心生不滿，倒戈政變。不過，在同步發展經濟與核武的「並進」政策下，即使勞動黨給金正恩拉抬起來了，軍隊的地位卻沒那麼容易打壓。因此，「偉大的接班人」想辦法討好軍隊，同時防止軍事政變。最主要的做法，就是不斷將稀缺資源投入核計畫、飛彈計畫，並將主事將領抬舉成北韓的頭臉人物。然而，眾將領心底也忘不了前人民武力相玄永哲，只不過在開會時打瞌睡，就被高射砲轟成肉醬。

從這場盛大會議開始到結束，我猛然發覺金正恩具有處變不驚的本領，並不擔心自己要做的事。他已經展示自己整肅甚至處死政敵的天賦，證明外界——以及國內（如果有的話）——那些質疑他能力的人錯了。

他也很精明，同時發展經濟與核武。數月前北韓引爆的核彈，是他們至今規模最大的核試驗。經濟方面，儘管不是突飛猛進，成長率起碼仍維持在百分之四或五——已經是多年來最快的速度了。

隔月，金正恩拔除國防委員會。國防委員會於一九七二年由他祖父創立，原本是北韓軍事及國防最高機構，現在由他新成立的國務委員會取代，成為北韓最高權力決策組織。不僅如此，金正恩更透過國務委員會將自己任命為委員長，正式成為北韓最高領導人。

金正恩掌權以來做的每一件事，雖然有許多看起來心狠手辣，但其實都是經過精心算計的結果。

愛爾蘭都柏林三一學院（Trinity College Dublin）神經科學教授伊恩·羅勃森（Ian Robertson）是一位臨床心理學者，也曾試著深入理解金正恩的心靈。他說，一般人以為這位年輕領袖是個狂人，事實上卻恰恰相反，所有證據都顯示他這個人「心理狀態相當穩定」。羅勃森出過一本探討贏家心理學的書，因此，打從金正恩接掌大權開始，他就一直密切關注這位年輕領導人的動向。

我問羅勃森，他從金正恩的心理狀態看出了什麼端倪，而這位心理學家斬釘截鐵說，他是一個典型的自戀者。

「面對自己的良知或身為領袖的壓力，不管怎樣都沒在怕的人，大多會漸漸變得自戀。」羅勃森告訴我。因為這是一種習得的自戀，所以不是人格障礙（personality disorder），而是人格扭曲（personality distortion）。

但當中也有化學作用的結果，成為北韓領導人後，金正恩的大腦可能真的因此改變了。「權力或許是影響極其深遠的因素，會導致人類大腦產生重大的生理及心理變化。」羅勃森說。

從結果看來，十九世紀英國政治家艾克頓勳爵（Lord Acton）概括出來的思想，的確有一些科學根據。「權力導致腐敗，絕對的權力導致絕對的腐敗。」雖然艾克頓勳爵這話是在描述君主專制政體，例如地位神聖的羅馬皇帝和拿破崙．波拿巴（Napoleon Bonaparte），但換作北韓金氏領袖也同樣適用。

絕對的權力會刺激大腦釋放多巴胺。多巴胺是一種神經傳導物質，會刺激大腦的獎賞及愉悅中心。從吃冰淇淋到性行為，我們感知並體驗愉悅的方式，都受到多巴胺調控——為了追求多巴胺刺激，我們甚至會渴望反覆做那些事。因此，多巴胺往往也會導致成癮。

羅勃森說，以金正恩這樣的領袖為例，他體驗過行使權力帶來的快感後，就會像吸毒上癮般渴求更多。很少有人類在長期握有大權下，還能抗拒這種化學作用並保持心理平衡。

然而，絕對的權力也有帶來苦惱的一面：「自我」（ego）膨脹得愈厲害，就愈脆弱。許多暴君漸漸變得臉皮薄，有時一點微不足道的違紀行為，就能刺傷他們的自尊心。就金正恩而言，他脆弱的自我一發起脾氣就叫人擔心。

✪✪✪

金正恩已經在家鄉樹立不容輕視的權威，這時也準備好冒險對其他國家提出更多要求。他必須向外界批評人士證明自己沒在開玩笑。

要做到這一點，就少不了核計畫。

隨著即位四週年慶祝活動展開，金正恩前往平壤中部一座退役軍工廠——據說朝鮮半島分裂後不久，他的祖父曾在這裡試射衝鋒槍。眾所周知，他到工廠後拋出震驚世人的消息。

金正恩站在工廠外，公開表示北韓已經是「強大的擁核國家」，隨時準備好引爆氫彈，以「捍衛自身的主權與民族的尊嚴」。

「祖國剛解放時一切物資短缺，工人卻還是自立自強生產出衝鋒槍。如果我們效法那種精神奮鬥下去，就能更進一步發展成強盛的國家，到時候敵人哪裡還敢來侵門踏戶。」據說當時他這麼說，而周圍穿軍服的親信還一字不漏抄進筆記本。

數月後，我去參觀那間工廠，逛了逛用來紀念金正恩到訪的攝影藝廊。在北韓，凡是承蒙聖駕親臨的場所，都會像這樣設置紀念展。當時，為我導覽的是一位穿傳統服裝的女士，約莫五十多歲。我問她在元帥來訪那天有沒有值班，她說有。但當我追問金正恩的事，她就一面氣鼓鼓跑開，一面舉手擋著臉，拒我於千里之外。

另一方面，外界對金正恩的宣言持懷疑態度。接掌權位後，他僅僅在二〇一三年初主導過一次核試驗，同時也不過是北韓有史以來第三次試爆而已。當時他引爆一枚小型的簡易原子彈，看起來北韓的技術並沒怎麼進步。

金正恩政權必須兼備核分裂與核融合技術，才能製造出氫彈這種熱核裝置，但情報機構與核武專家不信他有這種能耐，認為那是典型的北韓式吹牛皮，不值一哂。

一個月後，金正恩下令進行任內第二次核試驗，更進一步證明專家懷疑得有道理。金正恩政權聲稱那是一枚氫彈，但外國專家觀察爆炸引起的地震波後，說看起來像是平淡無奇的原子彈，爆炸當量約為六千噸，規模和二〇一三年試爆的原子彈差不多。

相較之下，一九四五年美軍在日本廣島投下的「小男孩」（Little Boy）原子彈，爆炸當量為一萬五千噸，數日後在長崎投下的「胖子」（Fat Man）則為二萬噸。

不過，像這樣拿爆炸規模來取笑反倒沒搞情楚重點。金正恩的宣言無非是在言明志向，表示他正致力於製造氫彈。

儘管如此，「偉大的接班人」卻同時扶植一支截然不同的軍隊——網軍。雖然外界認為金正恩政權沒本事製造核武，但說到駭客技術，北韓倒還過得去。

北韓駭客在網際網路上瞎折騰已經很久了，只是一直沒引起太大憂慮。二〇〇九年，駭客團體「黑暗首爾幫」（DarkSeoul Gang）攻擊南韓數家銀行與電視臺，雖然有時是要攫取資訊，但通常只是要造成混亂而已。

然而，北韓駭客活動量在金正恩治下疾速增長。據南韓官員說，北韓駭客每天嘗試駭入南韓的次數，高達一百五十萬次，相當於每秒十七次。[1]

駐韓美軍司令說，平壤利用網路攻擊來發動不對稱作戰（asymmetric warfare）。*[2]

二〇一四年末，北韓針對這項看法提出令人瞠目結舌的解釋：在電影《名嘴出任務》（*The Interview*）中，結局以凱蒂・佩芮（Katy Perry）的歌曲，配上金正恩隨一團火球爆炸的畫面，所以索尼娛樂公司（Sony Entertainment）成了他們報復的頭號箭靶。

二〇一四年六月，關於這部電影的消息浮上檯面後，平壤發現製片廠竟敢動歪腦筋暗殺北韓領導人，氣得火冒三丈，並誓言一旦電影上映，就要採取「毫不留情的報復措施」。

電影預計於聖誕節上映，在那之前一個月，自稱「和平守護者」（Guardians of Peace）的駭客團體寄給索尼員工惡意程式，有人點開連結後遭到入侵，結果搞得索尼狼狽不堪。不但電腦硬碟遭格式化、薪資明細遭洩露，就連高階主管調情的電子郵件也被公開。接著，這個團體威脅要發動「九一一式」恐怖攻擊，來懲罰那些膽敢放映《名嘴出任務》的戲院，導致大型連鎖影城通通將這部電影下架。

美國聯邦調查局（Federal Bureau of Investigation，簡稱ＦＢＩ）表示，有明顯證據指出是北韓發動這起攻擊行動。接著，美國司法部起訴一名北韓男子，聲稱他涉嫌為偵察總局（Reconnaissance General Bureau，簡稱ＲＧＢ）策劃這次駭客行動。ＲＧＢ是由北韓軍方管轄的精銳諜報機構，內部設有駭客單位「１２１局」（Bureau 121）。

金正恩政權否認參與任何相關活動，但同時也說這次駭客行動是「義舉」。

---

*軍事術語，指軍力弱者對上強者時該如何取勝的作戰方式。

此外，美國也指控北韓人是駭客組織拉撒路集團（Lazarus Group）成員，而拉撒路集團正是另外兩起大膽行動的幕後操手。

第一起行動與孟加拉央行十億美元竊案有關。二〇一六年，拉撒路駭客冒充銀行員身分，透過全球電子系統 SWIFT* 下達轉帳指令。雖然拼寫錯誤中斷了這次攻擊行動，卻來不及挽回已經被駭客盜走的八千一百萬美元，FBI 更稱這是史上最大規模的網路搶案。[3]

接著是二〇一七年，拉撒路駭客發動 WannaCry 2.0 攻擊。WannaCry 2.0 是一種挾帶勒索軟體的電腦病毒，當時肆虐一百五十個國家，感染超過二十三萬部電腦。這種病毒會擅自加密電腦資料，然後要求被害人付贖金來換解密方式，而英國健保系統也蒙受其害，陷入癱瘓。後來美國與英國都指控北韓是幕後主謀，但北韓一樣否認涉入任何活動。儘管如此，技術專家說駭客留下一堆證據，像是原始程式碼、網際網路協定位址（IP address），以及電子郵件帳號，在在證明北韓人就是元凶。

北韓駭客繼續從南韓軍方網路竊取大批資料，資料量約為 235 GB，包含機密的戰時應變計畫，以及企圖剷除金正恩的「斬首」計畫。然後是二〇一八年初，外界懷疑北韓駭客入侵日本加密貨幣交易所 Coincheck，盜走價值五億三千萬美元的數位代幣。

每一回出擊，北韓駭客都表現得比以往更老奸巨猾。

根據估計，自二〇一六年以來，RGB駭客攻擊過全世界超過一百家銀行以及加密貨幣交易所，一點一滴累積了高達六億五千萬美元以上的贓款。[4]

目前，北韓政權積極培育精銳駭客加入RGB「121局」，凡是有潛力的學生——有的甚至才十一歲大——都先送去專門學校，接著再前往平壤，就讀專攻電腦科學的北韓軍校自動化大學（University of Automation）。在五年就學期間，他們學習駭客技術及電腦病毒製造方法，並參加「黑客松」（hackathon）競賽，練習在緊迫時間壓力下破解謎題與網路戰問題。一位校友說：「我們日以繼夜努力長達六個月，就只為了準備好參加比賽。」[5]

二〇一八這一年，在印度軟體公司CodeChef舉辦的競賽中，平壤來的北韓學生經常達到最高評級，有時甚至獨占鰲頭。

另一位校友表示，駭客技術是這個國家最強勁的武器，並補充說這在北韓稱為「祕密戰」（Secret War）。[6]

美國情報機構表示，由於在外國更容易連上網際網路，北韓共派出超過一千名網軍到海外居留工作。雖然大多數在中國，但也有一些在俄羅斯或馬來西亞。

---

*全名為「環球銀行金融電信協會」（Society for Worldwide Interbank Financial Telecommunication）。

他們只有一個目的：只要逮到肥羊，就想盡辦法替金正恩政權賺錢，不管用惡意程式、勒索軟體、魚叉式網路釣魚（spear-phishing），或偷偷入侵博弈網站都行。當中的佼佼者一年能賺進十萬美元——九萬美元歸金正恩政權，剩下一萬自己留著用。[7]

隨著國際制裁阻斷正經生意的收益流，「偉大的接班人」勢必會愈來愈重視這種資金來源。賺不成，他就偷。

✪✪✪

當時，金正恩不斷努力透過另一種方式吸引外界的目光，尤其想要引起北韓政權所謂「狡猾的美國鬼子」注意。

是時候劫持更多人質了——尤其是美國人質。畢竟這招在過去證明很管用，可以逼美國集中精神關注他們的要求。

北韓以前拘押過很多韓裔美國人，他們在邊境從事傳教工作，或利用商業活動作為障眼法，暗中鼓吹北韓人改變信仰。

金正恩接任終身領袖滿一年後，其政權逮捕韓裔美國傳教士裴俊虎（Kenneth Bae）。當時裴俊虎致力在北韓傳播基督教，卻遭北韓當局指控在中國設有基地，企圖顛覆金正恩政權，並因此被判處十五年苦役徒刑。實際上他被拘禁兩年，其間曾在牧場上勞動，也曾因罹患不同病痛，而待在位於平壤使館特區的友誼醫院（Friendship Hospital）——在北韓，政府只允許這家醫院診治外國人。

金正恩政權接著逮捕來自加州的馬修．米勒（Matthew Miller）。米勒是一個緊張兮兮的年輕人，一到平壤就撕毀自己的護照，要求政治庇護，隨即遭北韓政府羈押。但據說他事先就計劃好這一切，目的是實地記錄北韓監獄的生活。最後他被拘禁八個月。

下一個是五十六歲的杰弗利．佛爾（Jeffrey Fowle）。佛爾是一個戴眼鏡的道路養護工人，來自美國俄亥俄州。當時，他以觀光客的身分來到北韓，並在行李袋裝了一顆籃球。在這之前，哈林籃球隊曾到俄亥俄州岱頓市（Dayton）上進行表演賽，而佛爾就是在那時候買下這顆球，並請哈林隊球員在球上簽名。球員一邊簽名，佛爾還一邊對他們說，他希望能把這顆球帶去北韓。

佛爾幻想親自將籃球交給金正恩本人。不僅如此，他還帶了一本綠松色封皮的韓文聖經，故意留在清津海員俱樂部（Chongjin Seamen's Club）的廁所裡，想讓某個不為人知的基督徒發現並傳閱。

然而，發現這本書的北韓人立刻就通報政府，佛爾就這樣被送進北韓拘留所，關了將近六個月。8

北韓這個國家只容得下一個神，也就是金正恩他自己，所以基督徒在這兒並不受歡迎。況且在金氏政權看來，韓裔美國基督徒能說韓語，又是背叛朝鮮民族的賣國賊，當然更是冷眼相待，而且頭一個就要抓他們。

在這方面，北韓政權的手法眾所皆知。他們扣押人質後，通常要等到美國派出某個地位夠高的特使來商量，才會把人放了。美國前總統如吉米．卡特（Jimmy Carter）、柯林頓，都曾遠赴平壤搭救美國人質。接著，北韓媒體就會拿這種訪朝行動做文章，說有頭有臉的人物特地跑來，向全能的北韓領導人致敬獻媚。

但到了二〇一五年末，一名年輕的美國大學生幹了一件事。換作在美國兄弟會的派對上，他也許只會惹來校警一頓訓斥。偏偏這件事發生在北韓，結果便成了致命的錯誤。

奧托．溫畢爾（Otto Warmbier）是多才多藝的好學生，出身於俄亥俄州辛辛那堤（Cincinnati）郊區的富裕家庭，才剛滿二十一歲，平常喜歡蒐集二手商店賣的古怪襯衫。他在校譽卓著的維吉尼亞大學（University of Virginia）主修經濟學，當時正準備到香港遊學。奧托跟家人去過古巴旅行，也去過倫敦留學，還曾到以色列探索自己的猶太信仰——算是已經稍微遊歷過這個世界。而他決定在去香港遊學前，先順道到北韓一遊。

本來溫畢爾一家有三人都要去北韓，包括身為父親的弗雷（Fred Warmbier），以及他的兒子奧托和奧斯汀（Austin Warmbier），並預計跟高麗旅行社（Koryo Tours）的團。高麗旅行社總部設在北京，專門服務外國觀光客，是當地極其著名的旅行社。北韓不允許自助旅行，不過經營高麗旅行社的英國人已經成功樹立信譽。

但最後奧托隻身前往，跟了青年先鋒旅行社（Young Pioneer Tours）的團。青年先鋒旅行社一名源自蘇聯共產主義青年團，以奧托這種年紀的青年為目標顧客，而他們大力推銷的行程，則是「媽媽希望你別靠近的地方」。我有一次去平壤時偶然碰上這間旅行社的團。時間是早上十一點左右，我徒步穿越水上公園的商店區時，正好看見團員在點啤酒，而導遊正和現場一位北韓女子放肆調情。我記得當時自己心裡想，照這樣下去遲早大事不妙。

同年，十二月二十九日，奧托參加五天四夜跨年行程，從北京飛往平壤。頭幾天裡一切都很正常。在平壤市中心高約二十二公尺的金日成及金正日青銅雕像前，奧托跟同行團員擺好姿勢拍照；同時，北韓人民正跋涉穿越雪地，到雕像前致上被強逼出來的敬意。奧托也去看古怪的音樂表演，由北韓兒童專門為外國訪客演出。在結凍的停車場上，他和當地的孩子打雪仗時，臉上掛著大大的微笑。

跨年前夕，這支旅行社團往南到分隔兩韓的非軍事區——同樣是北韓官方安排的常備行程。

而他們回到平壤後，就去吃晚餐、喝啤酒，接著又朝金日成廣場前進，準備去看一場盛大的煙火秀。奧托一行人酒喝個不停，畢竟在新年前夕，這就是一般二十多歲年輕人常做的事。

直到過了午夜，奧托才真的惹上麻煩。從午夜到凌晨四點之間，奧托的室友英國人丹尼．葛萊頓（Danny Gratton）回到房間時，眼前的美國男子正在酣睡，而那短短幾小時裡出了什麼事則永遠不得而知。

金正恩政權聲稱，在凌晨那段時間裡，奧托跑到飯店的員工專用樓層，據說還拆下一大張政治宣傳海報。海報上寫著：「讓我們用金正日的愛國精神堅強武裝自己！」金正恩政權將此舉說成針對北韓的「敵對行為」（hostile act），並趁一月二日奧托即將登機出境時，在平壤機場將他攔截下來。

直到完成了一場核試驗、發射了一枚長程飛彈，整整三週過去後，金正恩政權才公開扣押奧托一事。而且，外界一直等到二月底才終於看到奧托。這個焦慮的年輕人身在平壤，對著攝影鏡頭前陳述離奇的供詞。而種種跡象都顯示，那份供詞是一套事先替他設計好的說法。

奧托在螢幕上說，他的父母手頭很緊，而俄亥俄州家鄉的衛理教會有個教友說，只要他把那張海報當成「戰利品」偷回來，就能向他換得一萬美元。然而實際上奧托是猶太教徒，不可能上衛理教會，而且他父母一點也不窮。此外，他也供稱自己背後有美國中央情報局和維吉尼亞大學祕密學生組織「Z社」（Z Society）撐腰，所以才敢冒險下手。

奧托看起來非常驚恐。他說自己犯下「人生中最糟的錯誤」後，還深深彎下腰，以不自然的姿勢鞠躬致歉。

金正恩知道奧托的處境嗎？也許一開始不知道吧。畢竟，北韓官員不必請示就能捍衛領導人的名譽。然而，逮捕奧托的行動告一段落後，金正恩應該會得知新人質的消息；因為奧托是一個美國白人，而北韓把美國白人與韓裔美國人分得很清楚，所以這一點想必很值得注意。況且，二○一六年就是美國總統選舉年，金正恩應該曉得，這個年輕人將成為他的關鍵籌碼。

以奇怪的方式首度露面後，過了兩週，奧托再一次出現在鏡頭前。三月十六日，奧托戴著手銬被領進法庭裡，進行長達一小時的「作秀審判」（show trial），最後他被判處十五年苦役徒刑。奧托當時年僅二十一歲，又才剛孤獨地遭北韓關押了十週，這對他來說是不堪設想的結果。

隔天，金正恩政權發布一段模糊的監視器錄影畫面，時間戳印為元旦凌晨一點五十七分。從畫面中可以看到，一個高大的身影——看不清楚長相——進入走廊，先把一張海報從牆壁上撕下來，再放到面前的地板上，接著畫面就中斷了。光憑這段畫面根本看不出那是不是奧托，而且處處透著古怪。那個人影徑直走向海報，也不探頭看看周遭有沒有人在，撕下海報後還平鋪在地板上。而且，北韓明明是個電力匱乏的國家，三更半夜走廊居然點著燈！事實上，我在北韓從沒見過什麼地方沒事開著燈，反倒去過許多應該開燈卻不開的建築物。

而北韓政權發布這支影片時，奧托已經遭受日後將導致身亡的傷害——宣判當晚，這個大學生就出了狀況。北韓人聲稱，奧托吃了菠菜和豬肉後就肉毒桿菌中毒，對他們給他吃的藥物又產生不良反應。有些觀察家則認為，這個年輕人在身心煎熬下，可能試圖在牢房中自殺，等到有人發現時已經太遲了。然而，我們大概永遠無法確知那一晚奧托是什麼遭遇。

唯一毫無疑問的是，他後來陷入昏迷，被送往治療過裴俊虎的友誼醫院。儘管北韓政權沒良心又愛挑釁，卻不想自己的手沾上美國人的血。先前的人質若像裴俊虎那樣年老體衰，北韓政權通常會釋放他們，或移送到醫院治療，畢竟囚犯要是死了，便當不成籌碼了。

但就這次的情況而言，北韓國安單位看樣子是慌了手腳，還企圖文過飾非。他們沒將奧托的病況通報有關當局，好讓他得以返回美國接受治療，反而知情不報。也許他們以為奧托會康復。也許他們明白奧托不會康復時，已經太遲了。

我在奧托遭判刑六週後抵達羊角島國際飯店，並立刻請求當局讓我採訪他。北韓以往都會把人質推出來見記者，逼他們說些不痛不癢的話，所以我想這應該行得通。至於當局聲稱奧托偷海報所在的飯店樓層，我也問了能不能參觀。沒想到，他們兩樣都不准。

沒聲沒息，就這樣過了數週，乃至數月，奧托仍舊杳然無蹤。由於美國和北韓並未正式建交，通常由瑞典駐平壤外交官代為交涉。但這段期間，北韓外務省官員不再答理瑞典外交官。

有位交涉人士告訴我，北韓人已經表明，奧托及另外三名涉嫌傳教的韓裔美國人，在他們眼中都算是戰俘。不過他也說，北韓外交官似乎被排除在小圈圈之外，完全不曉得這回事。

隨著美國總統大選的日子逼近，外界猜測在大選結束前，北韓政權會一直將那些人質當成棋子。就像一九八一年，前美國總統隆納·雷根（Ronald Reagan）正式就職後，短短數小時內伊朗學生就釋放美國大使館人質，只為了羞辱才剛卸任的卡特*。因此，也許北韓就是要讓歐巴馬政府難堪，等到新政府一上任就會放人。

但大選沒多久就結束，川普也已經宣誓就任美國總統，人質卻還是沒現身，直到二〇一七年五月初才終於有動靜。這時候，奧托已經遭扣押十六個月了。

北韓外務省官員崔善姬女士前往挪威，準備與前美國官員會談，而這種會議算是經常發生。在會議上，北韓人會探詢美國的施政方針，美國人則會驅策他們表現得像樣點。

同時，美國國務院對北韓特別代表尹汝尚（Joseph Yun）獲准與會，專程到挪威奧斯陸（Oslo）協商釋放四名美國人質。在濱臨峽灣的飯店談話時，尹汝尚說服崔善姬允許人質——數月來四人

*指一九七九年爆發的伊朗人質危機。一般認為卡特受此事拖累，於一九八〇年競選連任總統落敗。

都未曾露面——進行領事接觸（consular access）*，就當作表示善意。

於是崔善姬搭機返回平壤，將自己達成的協議通知國安單位，直到那時候她才發現問題大了。國安單位告訴她，奧托陷入昏迷，而且他遭拘押十七個月以來，有十五個月都處於這種狀態。

崔善姬馬上明白大事不妙，並向一名北韓駐聯合國外交官示警，由對方將消息轉達尹汝尚。美國人頓時兵荒馬亂，緊急為奧托展開醫療撤離行動。在川普總統指示下，尹汝尚準備好偕同一名美國醫師飛往北韓。

同時，北韓人想找個誘餌來轉移媒體的注意力。他們很清楚再這樣下去，後果會有多嚴重。朝美關係至此陷入谷底，而華府和首爾都很擔心，媒體上的口水戰可能升級成實際的軍事衝突。

就在這時候，丹尼斯．羅德曼不明就裡跑來攪局。

自從上次那場醉醺醺的北韓之旅後，這位 NBA 冠軍球員就和這件事扯上古怪的關係。在兩國為奧托一事交涉期間，《名人接班人》前主持人搖身變成美國總統，而羅德曼之前又上過那個節目兩次。也就是說，全世界就只有他既認識川普，又認識金正恩。

這一次，羅德曼的樣子比平常還要更奇怪。他抵達平壤時，身上穿著加密貨幣「大麻幣」（PotCoin）——也就是他最新的贊助商——的廠商 T 恤。有人推測羅德曼是以總統特使的身分前往北韓，他甚至帶了一本川普的著作：《交易的藝術》（*The Art of the Deal*）。

結果證明，羅德曼受邀前往北韓的時間點，正好是外交團隊去帶回奧托的時候。早在那年夏天，羅德曼就已經在想辦法重訪平壤，但北韓人將他的行程推遲數週，刻意跟祕而不宣的美國代表團撞期。看樣子，北韓人就是想假手不知情的羅德曼，轉移媒體的注意力。

尹汝尚和醫師先花了幾小時數度交涉，才總算抵達關著奧托的醫院，而他當時插著鼻胃管，沒有任何反應。經過一番爭執，北韓人在病榻邊馬馬虎虎減刑後，醫師準備好帶奧托展開長途旅行，重返美國。但北韓人放行前，居然亮出奧托的醫療帳單，要求尹汝尚支付二百萬美元。

金正恩政權為了一點小過錯，就把一個好好的年輕人扣為人質。先是害得奧托陷入腦死狀態，接著又監禁長達一年多，還不許他接受適當治療，現在竟然還好意思指望人家替「照顧費」買單！

尹汝尚用飯店電話打給時任國務卿的雷克斯·提勒森（Rex Tillerson），提勒森又打給川普。最後，他們指示尹汝尚簽署同意書，保證會支付二百萬美元。無論如何，讓那個年輕人回到家鄉才是首要任務。

六天後，奧托·溫畢爾在辛辛那提一家醫院與世長辭，離他從小長大的林蔭郊區不遠。至於那張索款二百萬美元的醫療帳單，後來已經送到美國財政部手上，就這樣一直擱在那兒——沒人買單。

---

*意指該國領事官員與被捕或被監禁的國民會面並給予協助。

第十三章　不受歡迎的哥哥

「金正恩依舊有名無實，權力菁英（power elite）*才握有實權。而王朝傳承看在外界眼裡，就只是個笑話。」

——金正男，二〇一二年

專制領袖生性多疑，但最能逼得專制領袖疑神疑鬼的人，莫過於他們自己的兄弟。畢竟兄弟有相同背景、有血緣關係，本質上就是等著繼任的領導人。

自從羅穆盧斯（Romulus）為了建羅馬城殺死雷穆斯（Remus）、該隱（Cain）妒火中燒下殺害亞伯（Abel），以及克勞迪（Claudius）謀殺老哈姆雷特（King Hamlet），世界上做哥哥弟弟的這才驚覺，自己同樣隨時可能掉腦袋。鄂圖曼人將誅殺手足納入法律：穆罕默德二世（Mehmed the Conqueror）通過一項法條，允許繼位為王的子嗣「為保障人民共同福祉而殺死兄弟」，藉此預防權力鬥爭，還建議由又聾又啞的人行刑，讓他們用綢緞將君王的手足勒斃。[1]

金正恩已經冷血謀害親姑丈，現在更決定聽從鄂圖曼前輩的建議，剷除同父異母的哥哥金正男。

其實，他們的父親面對同父異母的手足，一樣懷有這種猜忌心理。當年金正日即將成為儲君時，也覺得地位受到同父異母的弟弟金平日（Kim Phyong Il）威脅——據說，當時金平日在軍隊中握有大權。

一九七〇年代末，金正日正在受訓成為父親的接班人時，開始將弟弟派駐海外，前後長達四十餘年。其間金平日在東歐各國擔任使節，包括前南斯拉夫聯邦共和國、匈牙利、保加利亞、波蘭，以及目前的捷克共和國。直到現在，他都還待在布拉格。

而金正男身為長子，尤其受到北韓文化重視，對「偉大的接班人」來說是更大的威脅。雖然他在海外流亡般住了大約十五年，但那不是重點。在金正男的血管裡，同樣汩汩流著神

* 在一國的軍事、經濟和政治三方領域中占據主導地位的一群人。

話虛構的白頭山血液，而金正恩擺明想把這個**長子**從北韓神話中抹煞。

二〇一七年二月十三日早上近九點，史上最囂張的公然暗殺案，即將發生在金正男身上。

當時，金正男人在吉隆坡國際機場廉航航廈，現場擠滿大批人潮，到處都是塞得鼓鼓的行李包。他正在辦登機手續，準備搭相當於易捷航空（EasyJet）*的亞洲航空（AirAsia）班機，飛往他十五年來的地盤澳門。他只有一個隨身背包，既沒帶大型行李，也沒帶任何隨從。金正男向來是國際知名的紈褲少爺、花花公子，但這個頭髮日漸稀疏的四十五歲男人，如今看起來分明是個普通人。

正當金正男站在機場自助報到機前，一名年輕的印尼女子從背後接近，先是伸出手矇住他眼睛，接著用手掌在他臉上往下抹過嘴巴。就在那名印尼女子逃離現場去洗手時，出現另一名越南女子。她身穿印有「LOL」標誌的白上衣，走上前對金正男做相同的事，然後匆匆走進洗手間，最後離開機場。

她們在他臉上分別抹了兩種化學物質，而這兩種物質一旦結合，就會形成致命的神經毒劑VX——一種國際間已經禁止使用的化學武器。金正男隨即向機場人員求助，並在他們護送下前往機場診所。在診間裡，他頹然跌坐在椅子上，露出腹部，內褲沾滿糞便。

VX成分經由黏膜滲透，導致金正男的肌肉從心肺開始持續收縮。最後他在救護車送醫途中不治身亡，距離最初遇襲只過了短短十五分鐘。

後來發現金正男遇害時，身上就帶著十二瓶解毒劑——包括VX解毒劑。為什麼他當時連一瓶都沒服用呢？[2]這是其中一個不解之謎，我們再也無從知曉。

金正男沒及時自救，在劇烈痛苦中死去，而事發經過全給機場監視器拍了下來。

起初我還懷疑，也許在背後搞鬼的不是北韓政權。以前北韓也暗殺過別人，但從不會假手外國人士，手法也不會這麼明目張膽。而兩名女子——席蒂艾沙（Siti Aisyah）和段氏香（Doan Thi Huong）——很快就遭當局逮捕，並以謀殺罪名起訴。她們到現在還能活著對外描述來龍去脈，同樣讓我覺得很奇怪。

她們說自己遭人誆騙才成了殺手，還以為當時在上電視整人節目，事後可以領到一百美元酬勞。她們皆被判處死刑*。

然而，縈繞在我心頭的是本性難移的北韓。這個北韓——金正恩治下的北韓——刻意對叛逃者公然挑釁，彷彿在說：不管逃到天涯海角，我們一定都找得到，還會叫你們嘗點苦頭。

---

* 易捷航空為歐洲知名廉價航空公司。
* 二〇一九年三月十一日席蒂艾沙當庭獲釋。同年四月，當局撤銷謀殺罪名，改以危險武器傷害罪起訴段氏香，並在減刑下於五月提早釋放。

同時，金正恩也是在對全世界下戰帖。他在公眾場所用化學武器殺了自己的親人，那又如何？大家一時間罵得很厲害，卻沒對平壤造成什麼實際損失。

川普政府走馬上任不過一個月，就發生這樁暗殺案。當時，美國正要允許北韓外交官到紐約，展開長久以來第一次直接對談，但隨著川普政府把暗殺案怪到金正恩政權頭上，相關計畫也就此破局。畢竟，有機會取得這種化學武器的人不多，而有動機付諸使用的更是少之又少。但除了取消這場會議、施加更多制裁，美國什麼也做不了。

當時主事的北韓代表立刻就飛往馬來西亞，還採取途經雅加達、杜拜、海參崴、平壤的迂迴航線，避免經過中國。北京政府向來對金正男保護有加，並將他當成備用人才，好在必要時刻將他安插為鄰國北韓的新領導人，此事肯定讓他們暴跳如雷。

北韓大使在吉隆坡遭到驅逐，而他被迫坐經濟艙中間座位的照片流出後，臉更是丟大了。但馬來西亞駐平壤外交官及其眷屬被扣作人質後，馬來西亞當局也沒辦法繼續要求北韓負責了。

沒多久，這些國家就各自回歸常軌，而對北韓素來採取溫和態度的馬哈地．穆罕默德（Mahathir Mohamed），接著就獲選為馬來西亞首相。馬哈地擺明沒興趣追查這樁案子，在東京一場會議上，他表態說，很多國家都殺人啊，以色列和巴勒斯坦還不是一樣，有什麼大不了？

* * *

一九七一年五月十日，金正男在平壤出生。他父親纏上已婚的著名女演員成蕙琳，最後生下了他。雖然金正日逼這位女演員跟丈夫離了婚，卻還是沒讓父親金日成知道兩人的關係。

成蕙琳來自南韓貴族家庭，不但比金正日年長，又離過婚，因此，金正日和她誕下非婚生子，並不是合乎體統的事情。況且，金正日還有接手社會主義革命的雄心壯志呢。正因如此，小男孩金正男從沒見過祖父。[3]

雖然兩人關係只能保密，在最初十年左右，金正日卻對兩人的兒子疼愛得要命——直到金正恩及其兄妹出生為止。

「光用言語不足以形容金正日對兒子的愛有多深。」成蕙琳的姐姐在回憶錄談到宮廷生活時寫道。[4]「兒子躁動不安時，年輕的王子背著他來回輕晃，直到他酣然入眠；兒子嚎啕大哭時，王子像媽媽安撫嬰兒般對兒子低聲呢喃，直到他停止哭泣。」

這孩子要什麼有什麼——唯獨沒有朋友與自由。他住在高牆環繞的平壤宅院，由外祖母和阿姨照顧，還有一大群家政人員隨侍左右。其中包括兩名成年男子，一個是電影技師，一個是畫家——兩人的任務都是當他的玩伴。金正男把他們稱為「小丑」。看樣子，金正日將他們派給金正男，就像將壽司師傅派給金正恩，是出於同樣的目的。

通常，金正男的母親都不在他身邊。自從捨棄輝煌的演員生涯，她就被當成可恥的祕密對待，變得憂鬱又焦慮。後來，這種情緒更演變成心理問題。金正男三歲時，她到莫斯科去接受治療，結果再也沒回到北韓。

就這樣，金正男和外祖母及家政人員住在皇家大院。他阿姨寫道，這個小男孩「接受的養育方式並不正常，完全與籬笆外的世界隔離開來。他連個朋友都沒有，從沒嘗過跟朋友玩在一塊兒的樂趣」。[5]

等小男孩到了該上學的年紀，他阿姨就搬進那幢房子，以維多利亞時代家庭女教師般的身分，教他韓文、俄語、數學、歷史。此外，她也帶著自己兩個孩子住進來：一個比正男大十歲的男孩，以及一個比他大五歲的女孩。當他們發現皇家大院與平壤百姓的生活天差地別，簡直不敢置信。

年長的男孩很快就離家去上大學，剩下正男和名叫李南玉（Ri Nam Ok）的女孩在家。由於金正日不准他們離開大院，他們倆一起度過非常寂寞的童年。

他們的玩具也多得很荒唐。這對實質上就像親手足的姐弟倆，可以看電影、開槍射擊，還可以開高爾夫球車橫衝直撞，彷彿活在一個詭異的平行宇宙。[6]

金正男也有過一場極盡奢華的生日派對，比金正恩八歲時大肆鋪張的那場早了十幾年。當時金正男身穿量身訂製的兒童軍服，軍服上配戴著元帥肩章。他還曾對真正的士兵誇口，說自己的制服比較高級。

沒多久，大家就開始把小男孩喚作「將軍同志」，而十多年後，同父異母的弟弟也會獲得同樣的稱號——那時正恩開始得寵，正男則日漸受冷落。不過在這個時候，「長子」的生日派對上正放起豪華煙火，在夜空中招搖寫下幾個煙花字：「將軍同志，生日快樂」。

金正男六到十二歲之間的生日，金正日會特別派一隊人馬出國，替他的大兒子採買禮物，所到之處包括日本、香港、新加坡、德國及奧地利，一年要花一百萬美元在小王子的禮物上。一般小孩想得到的電子遊戲他都有。他甚至有一把鍍金玩具槍。[7]

外祖母憂心小男孩生在權貴之家，身陷「不幸的處境」之中。所以他快要滿九歲時，她提議全家人一起去莫斯科。表面上說是要讓小男孩探望母親，但實際上，她是想替舉家遷居蘇聯的計畫鋪路，好讓小男孩有個正常一點的童年。

一九七八年秋天，他們一家子動身出發，包括外祖母、親如姐姐的表姐，以及年紀輕輕的「將軍同志」。當時，蘇聯領導人是列昂尼德·布里茲涅夫（Leonid Brezhnev），該國正因經濟沉痾而陷入蕭條，有時歷史上將這段時期稱為「停滯時代」（Era of Stagnation）。

這段時期對正男來說也很難熬。小男孩不習慣跟其他人相處，待在蘇聯的最後那幾天過得不太愉快。有一天在學校裡，他覺得廁所很髒，不願意使用，結果尿溼褲子。後來走路回家時，還因當地氣溫低於零度而導致褲子結凍。

金正男一家就這樣回到平壤。

隨著時序邁入一九八〇年，正男的祖母也想出B計畫。正當新年吃團圓飯，精緻的筵席豐盛得叫僕從懷疑桌子可能被壓垮時，她提出把孩子們送去瑞士的可能性。她說，瑞士立場中立，作風謹慎，能夠提供一定程度的保障，更何況，那裡的廁所一定比較乾淨。

金正日的姐姐、姐夫對這個主意顯得很感興趣，於是，金正日召來會說法語的外務省官員李洙墉（Ri Su Yong），並將八歲的正男以他兒子的身分引介——金正日頭一次這麼做——給李洙墉。金正日要求這個外交官馬上去日內瓦，勘查日內瓦國際學校（International School of Geneva）。那是一所以法語和英語授課的私立教育機構，知名校友除了幾位泰國王室成員，還包括好萊塢演員麥克・道格拉斯（Michael Douglas），以及前印度總理英蒂拉・甘地（Indira Gandhi）。

姑丈張成澤也跟去勘查，而他們回國後，表示那裡很適合金家孩子。於是B計畫啟動。[8]

就這樣，這非比尋常的一家人搬到日內瓦湖畔，住進一幢有游泳池和桑拿室的大別墅。那幢房子花了北韓政府二百萬美元。一開始，金正日拿二十萬美元給他們一家子開銷，但從那之後，他們每個月就只有五萬美元能湊合著花用。[9]

在這項任務中，李洙墉受命擔任僅次於皇子的重要角色，而正男及表姐就登記為他的子女：李漢（Ri Han）、李瑪惠（Ri Ma Hye），也叫作亨利（Henry）、瑪莉（Marie）。他們在學校上法語班，主要是為了避免接觸一窩蜂上英語班的南韓人。

金正男和別的孩子互動得很辛苦，彷彿預示著金正恩日後在伯恩求學的類似經歷。有一部分原因是金正男不會說法語，另一部分則是他討厭同學的緣故。他阿姨寫道：「他習慣跟懂得奉承他的大人相處，他們會對他說：『將軍同志，是這樣嗎？將軍同志，是那樣嗎？遵命，先生，遵命！』」他並不想跟其他孩子玩，下課時，他喜歡待在教室，仿照在家鄉看過的圖，在紙上塗鴉「美國鬼子」漫畫。

但正男的監護人總是很擔心，就怕小男孩遭遇不測。因此，即使小表姐年長五歲，他們仍然把她送進同樣的班級，並在學校對面租一間五樓公寓，以便時時盯梢，甚至偷偷跟著他去校外教學。

這一家子在日內瓦只待了幾年，後來，李洙墉——他在瑞士當差那幾年裡叫李哲（Ri Chol）——認為那裡對孩子來說太危險，所以他們一行人又回到莫斯科，並讓兩個孩子上當地的法語學校，以免荒廢了在日內瓦習得的語言能力。

同時，外交官李洙墉注意到皇家風向變了，於是用高明手腕跳槽到金正恩一家身邊。他獲派為北韓駐瑞士大使並遷居伯恩，在那裡陪金正恩完整度過求學時光，而這項決定確實帶來豐碩回報。他在金正恩治下平步青雲，先是於二〇一四年成為外務省外務相，接著又在勞動黨內晉升到更高的地位。

話說不為人知的金正男一家，就這樣在莫斯科住了數年，然後又舉家遷回日內瓦，好讓南玉去念大學、讓正男完成高中學業。到了那時候，金正男對外只以北韓大使兒子的身分自稱「阿李」（Lee，為名義上的姓氏 Ri 的變體寫法）。就像金正恩在伯恩私立學校的經驗一樣，在那種充滿外交官子女的文化大熔爐裡，每個人都來自某個外國，都會說某種外國語，加上歐洲孩子根本分不清南北韓差別，所以也不會對金正男多注意一眼。

金正男逐漸和一群愛跑夜店的富家子弟交好，當中包括有錢的阿拉伯人、希爾頓飯店（Hilton Hotel）*繼承人，以及查爾．阿茲納弗（Charles Aznavour）——外界將阿茲納弗譽為「法國的法蘭克．辛納屈」——的孩子。

當時和正男同窗的瑞士商人安東尼．薩哈基安（Anthony Sahakian）表示，正男跟權威人士一向處不好。他說：「規矩這種東西不適合他。我不是在說他支持無政府主義，只是他當時翹掉一大堆課，而且未滿法定年齡就在開車。」

關於「阿李」，有件事倒是令人刮目相看。他不光是在日內瓦一帶開開車而已，他開的是許多獨裁者最愛的豪華轎車：Mercedes 600。「那時我們滿腦子就是想開車，所以嫉妒得要命。我們白天會一起翹課，跑去別的地方喝咖啡。」薩哈基安告訴我。

那是一段充滿祕密與詭計的青春歲月，既享有特權又疑神疑鬼。不過，阿李的確好好享受了在歐洲當青少年的時光。他跟朋友一塊兒去滑雪、用假身分證買酒喝，還駕著Mercedes 600疾速奔馳。

然而，隨著正男邁入十八歲，美好時光也在一九八九年進入尾聲。他回到平壤，新生活與逍遙自在的歐洲歲月簡直判若雲泥。正男曾對日內瓦的老同學說，「宮中生活」非常壓抑。「他在那裡要什麼有什麼，但他過得鬱鬱寡歡。」另一個他以前的同學告訴我。

此外還有更糟——糟透了——的事。他發現，過去父親傾注在他身上的豐沛父愛，如今都轉向另一個新家庭，包括分別喚作正哲和正恩的兩個小男孩，而當時年幼的正恩才五歲而已。

現在，父親幾乎不會待在正男一家住的宅院，所以他們家經常瀰漫著與正恩一家較勁的氣

---

*從比佛利山發跡的知名連鎖飯店。

氛。正男一家深信，另一個女人——金正恩的母親——是心機重的潑婦，害得金正日對他們心生嫌隙。他們會討論那個女人有多肥（但高英姬是舞者，恐怕胖不到哪裡去），笑她是「半個日本種」（half Jap），還起綽號叫她「Pangchiko」。這詞是「酒糟鼻」（hammer nose，韓文發音 mangchiko）和「柏青哥」（pachinko，一門賭博生意，在日本主要由韓國人經營）合成的貶義詞。[10]

到了一九九〇年代初，南玉就像那位日本壽司師傅一樣，已經看明白金正日偏愛小兒子金正恩。

「長子」正男受到父親冷落，又困在皇家大院裡，無法想像自己往後要過什麼樣的人生，於是變得愈來愈難相處——他表姐南玉後來這麼說。他開始趁夜偷偷溜出大宅院去買醉，到處跟別人上床。而他的身分曝光後，讓外人得以一窺「敬愛的領袖」的私生活，恰恰觸犯了父親的大忌，導致自己的處境雪上加霜。

南玉在一本從未出版的回憶錄中寫道：「（金正日）愈常花時間陪其他家人，我弟弟適應不良的情況就愈多，但這麼一來，爸爸反而更有理由去待在其他家人身邊。」

比起國內正要歷經饑荒的其他地方，正男和南玉在大宅院裡過得很奢侈，但他們仍然覺得自己被關在「高級監獄」裡，而且一輩子都是囚徒。因此，當金正日對這個大兒子提出交換條件，說只要他娶妻生子就可以離開北韓時，金正男馬上興匆匆答應了。

金正男於一九九五年結婚，先生下兒子金漢率（Kim Han Sol），再生下女兒金率熙（Kim Sol Hui）。他們一家遷居澳門一處有門禁的封閉式社區，住進兩幢別墅裡。

接著，他開始和另一名北韓女子過從甚密，還生下三個孩子。後來他安排他們搬到北京，同樣住進有門禁的封閉式社區。

他的密友表示，二〇一一年，他和第三名女子誕下另一個孩子。果真是有其父必有其子。

✪✪✪

哪怕在東京的機場被逮個正著，出盡洋相，遭驅逐出境的畫面還給攝影機拍光光，外界仍然對金正男十分著迷——又或者，那正是原因所在。在北韓皇室成員中，唯獨他活躍世界各地，又很容易認出來。

南韓媒體充滿各種專家、叛逃者與政府官員的發言，談到金正男在政權中扮演的角色時，把誤導言論說得好像千真萬確。比方說他是高階軍官啦、勞動黨官員啦，或是位於平壤、價值五億美元的朝鮮電腦中心（Korea Computer Center）——北韓電腦駭客總部——負責人。

曾有報導說，年紀較輕的金正哲和金正恩聯手設局，要在二〇〇二年底金正男出訪奧地利時，趁機暗殺這個政敵。兩年後，又傳出有另一樁暗殺陰謀，地點則是中國。就這樣，謠言相繼出現，始終未曾平息。

金正男逝世後，南韓國家情報院告訴國會議員，金正男生前曾聯繫弟弟，懇求弟弟放過他。據說他在信上寫道：「我們無路可走，也無處可躲，自殺是唯一的解脫。」11

據說，金正男還曾和姑姑——金正日的妹妹金敬姬——通過幾次長長的電話，兩人醉醺醺聊著國家局勢，都深感痛惜。其他專家則說，當時金正日把大兒子送到海外生活，是為了考驗他的能力。直到二〇〇七年，還有報導說他已經回到平壤，正在勞動黨組織指導部工作。

關於金正男的一生還有很多謎團，但可以確知的是，他長期活在賭徒、惡煞和間諜的陰影中。他似乎和北韓政權保持著某種連結，同時卻又生活在政權之外。

金正男擁有很多化名，包括「金哲」（Kim Chol）*；同時，他也有數本護照，包括兩本北韓護照及一本葡萄牙護照。此外，一位在生意上認識金正男的人說，他也有一本中國護照。除了韓語，他還會說中文、英語、法語和俄語，而日語也還過得去。

在那幾年裡，金正男運用自己獨一無二的各項技能，冒險謀取自己的利益——或許正是因此觸怒北韓政權，而遭暗殺身亡。

美國ＣＩＡ一向致力扳倒它討厭的獨裁者。而金正男成為ＣＩＡ線民後，就開始為它提供情報，通常會跟ＣＩＡ探員約在新加坡或馬來西亞碰頭。不過看在弟弟金正恩眼裡，光是跟美國間諜交談，恐怕就是一種背叛行為。[12]

金正男在那趟旅行遇害身亡後，警方調閱監視器畫面，發現他曾和一名男子同乘飯店電梯。那名男子看起來像亞洲人，據說就是ＣＩＡ探員。此外警方也發現，他在機場攜帶的後背包中有十二萬美元現金。

那可能是他從事情報活動的酬勞，也可能是他經營賭場生意賺來的錢。

某人從二〇〇七年起跟金正男合作，後來又和他成為好友。據這位前生意夥伴說，金正男生前經營東南亞各地賭博網站，持續至少十年之久，而馬來西亞也包含在內。

我第一次跟這位前生意夥伴談話，就是在金正男身亡當天，由我們共同的熟人牽線認識。當時他正在坐飛機，驚恐萬分，過程中還當著我的面哭了出來。因為我們用飛機 Wi-Fi 在

---

*金正男在馬來西亞遇害時，離境用的護照化名就是「金哲」

FaceTime 上交談，所以有時聽不太清楚他說的話。他告訴我，他在入境檢查處遭到額外盤查，還有一些形跡可疑的人在他辦公室附近徘徊。

我知道這個男人的名字、國籍，以及居住地，而他也模糊提過自己工作上的細節。就像許多在險惡的黑社會走跳的人一樣，他對很多事都諱莫如深。

他不許我寫出有關他的任何詳情，所以在這裡我姑且稱他為「馬克」（Mark）。

馬克是網路安全專家。有一天在曼谷的高檔飯店「香格里拉」（Shangri-La Hotel）裡，有人將馬克引介給一個男人。這個男人自稱金強尼（Johnny Kim），需要資訊科技專家為他的伺服器保障安全。

馬克完全不曉得他是誰，甚至也不曉得他是哪裡人，不過他看得出來，這個男人有點不誠實。金強尼從事的工作並「不正當」。他經營一大堆賭博網站，而眾所皆知，賭場經常——尤其是線上賭場——成為洗錢的工具。

二〇〇九年某一天，他們一起看電視時，強尼轉身面對馬克，說：「我想告訴你我是誰。我是金正日的兒子，名叫『金正男』。」馬克一聽不知道說些什麼好，畢竟他對北韓所知不多。後來他們依舊像以前一樣，在強尼經營的許多賭博網站上一起工作。

馬克說，有兩個北韓網路專家很常和金正男共事。在澳門，他跟賭博界兩大鉅子在生意上密切往來：一位是人稱「賭王」的何鴻燊，他在澳門擁有大約二十家賭場，甚至在平壤也開了一家；另一位是陳明金，他以前當過立法會議員，同樣擁有賭場。金正男喜歡去他們開在澳門的賭場消磨時間，包括何鴻燊的葡京娛樂場，以及的陳明金的金龍娛樂場。馬克說，他們聚在一起時，會點一瓶瓶伏特加與威士忌來喝。

「他認識很多舉足輕重的人物，中國人、英國人、葡萄牙人、美國人或新加坡人都有。他在澳門無人不知、無人不曉。」馬克告訴我。

馬克說，二〇〇〇年代初，北韓正量產一百美元偽鈔，而對金正男來說，澳門正是最適合洗這種黑錢的地方。有一次，金正男甚至用這種百元假鈔付錢給馬克，還說那偽造得十分高明，簡直是「超級美鈔」（superdollar）。二〇〇六年，美國政府對澳門匯業銀行（Banco Delta Asia）施加制裁，指控該銀行協助北韓政府洗錢，並散布這些偽造的美國貨幣。

在澳門，「長子」很享受當花花公子的感覺，經常出入紳士俱樂部，酒也喝得很凶。他在亞洲到處都有女朋友，而他身上的巨龍及錦鯉刺青，與亞洲黑幫組織盛行的樣式如出一轍。馬克還說，他對統稱為「極道」（yakuza，ヤクザ）的日本黑道及中國三合會特別「著迷」。

金正男在幾近流亡的那段日子裡，始終和北韓政權保持聯繫，與提倡經濟改革的姑丈張成澤更是親近，經常和他談話。

不過，他倒是很少回家鄉。二〇〇八年父親中風時，金正男曾飛往平壤，也曾赴法國替父親尋求治療方法。後來金正男告訴馬克，在那趟法國之旅中，他也結識了克萊普頓*。看樣子，整個金家都對克萊普頓情有獨鍾。

父親逝世後數週，金正男再度回到北韓，但他既沒見著同父異母的弟弟（當時已經成為北韓最高領導人），也沒出席父親的葬禮。[13]

馬克說，自從弟弟掌權後，金正男「就有點擔心自己遭遇不測」，並說他從沒提過要在北韓爭個一席之地。馬克告訴我：「他很開心過著自己當時已經擁有的生活，而且孩子、老婆和情婦都不住北韓，也讓他很滿意。」

金正男去日內瓦或維也納見老同學時，總說自己剛好出差才會到那裡。他告訴他們，之所以到歐洲出差，是要為腰纏萬貫的亞裔客戶擔任顧問——例如某個中國暴發戶，想要花三萬美元買葡萄酒，或在瑞士購置房地產。「就是像這樣的事情，沒什麼不可告人的。」從前在日內瓦國際學校的同班同學薩哈基安說。

金正男酷愛喝葡萄酒和抽雪茄，平常戴著名貴手錶，是很講究生活的人。不過薩哈基安說，他所看到的金正男，從不像別人口中的酒鬼、賭徒或浪蕩子。

這位好朋友未曾探人隱私，但他感覺得出來，金正男遭弟弟斷了財源後，確實在努力謀生。

他生前最後一次去日內瓦時，住的是Airbnb民宿，而非四季酒店（Four Seasons）*。

薩哈基安傳來一張他們倆在日內瓦的自拍照。照片裡是兩個蓄著鬍渣的中年男子，襯衫上掛著墨鏡，正站在一家名叫「米莎」（Mischa）的美味熱狗店前，對著相機露出微笑。

不論馬克或薩哈基安，兩位好友都說「長子」一向非常注意人身安全。馬克說，金正男一定會蓋住所有電腦上的網路攝影機鏡頭，也常常在辦公室與住家搜查有無竊聽器。

此外，他也熟知建築物間沒安裝監視器的祕密路線，這樣他在城裡就能避人耳目，迅速移動，誰也不會發現。一旦看到日本人，他就會馬上避開，以免碰上的是日本記者。馬克說，金正男去北京時特別疑神疑鬼，用的是二〇〇〇年代初問世的老舊諾基亞手機——用這種手機，別人就追查不到他的行蹤。

但萬萬沒想到一個活得這麼遮遮掩掩的人，也有很赤裸裸的一面。

金正男流亡期間，一直維持著名叫「金哲」*——他其中一個化名——的Facebook個人頁面。他在那個頁面恣意張貼自己的照片，其中有一大堆是在澳門不同賭場外面取景。他在其中一張

* 即金正哲崇拜的英國吉他手。
* 知名豪華連鎖飯店。

照片寫道：「我住在亞洲的拉斯維加斯。」

他的 Facebook 曝光後，我馬上傳訊息給上面一百八十多個好友，就這樣找到薩哈基安。後來我發現，當時我也傳了訊息給金正男的表姐夫。

此外，「長子」也對記者講了一大堆話。先前日本記者在北京機場等他，並將自己的名片硬塞給他。到了二〇〇四年，還沒出現任何關於北韓接班人的公開宣言時，金正男就先發電子郵件給前述一部分記者，表示他父親具有「絕對的權力」，想選誰都可以。

二〇〇九年，隨著父親明顯變得更加孱弱，金正男身穿運動褲，在澳門遭日本電視臺記者跟拍。「如果我是接班人，還會穿成這樣嗎？」他這麼回應記者的問題，表現得不屑一顧。

後來，父親選定金正恩為繼承人後，這個被棄置在一旁的哥哥表示，原則上他反對北韓家天下邁入第三代，但他還是祝金正恩一切順利。「我希望我弟弟能盡全力改善北韓人民的生活。」金正男說，還表示他樂意從國外予以支援。[14]

在那之後，他批判起北韓政權更是尖銳，不但把二〇〇九年貨幣改革形容成「錯誤」，還說北韓是時候像中國一樣「改革開放」了。

到了二〇一二年初，同父異母的弟弟才剛成為北韓領導人一個月，金正男發出有史以來最不留情面的批評。他在寫給日本記者五味洋治（Yoji Gomi）的信上說：「我很懷疑，一個才受過兩年領袖訓練的人怎麼懂治國？」五味洋治在不同場合見過金正男兩次，而後兩人電子郵件往來不下一百五十封。

而「偉大的接班人」可受不了這種批評。

✪✪✪

金正男逝世一年後，我找上他親如姐姐的表姐南玉。她逃離金正日——她稱為「爸爸」的男人——的魔掌已逾二十五年，想到當年為了「弟弟」犧牲自己的人生，她就覺得心情鬱悶。就因為金正男，她從沒受過適當的教育，也不能去上大學，有時還會遭到處罰——金正男酗酒亂搞時明明都二十歲了，她卻還是得受罰。

於是，南玉偷偷離開。她嫁給在莫斯科法語高中認識的法國男子，並入籍法國，生了兩個俊秀又貪玩的法國兒子。

南玉現在仍然過著享有特權的生活，不過是另一種特權。多虧她有力的政界關係，夫妻倆開創的事業很成功，並過著非常舒適的生活。在個人資料上，南玉將出生地登記為越南，逢人只說自己是「韓國人」（Korean）。

她對自己的身分保密到家，網路上完全找不到她近數十年來的照片，只有她從前還和「弟弟」住一起時的合照。照片裡的她穿貂皮大衣、傳統韓服，或者和弟弟穿款式相配的水手服，在元山一帶合影。此外，也有一些合照地點是北韓的戶外射擊場、游泳池或海灘。

像這樣的照片都收錄在南玉的回憶錄中。她透過從前在高中的人脈，結識英裔法籍作家伊默金・歐尼爾（Imogen O'Neil），隨後和他合作撰寫《黃金打造的牢籠：從女兒觀點談金正日生活》（*The Golden Cage: Life with Kim Jong Il, a Daughter's Story*）。雖然歐尼爾已經完成這本回憶錄，卻因南玉臨陣退縮，而遲遲未能出版。

我一路追查出南玉夫妻倆住的城市，並在她公司留下一封信。後來她丈夫同意見我，並努力解釋她不能也絕不會親自跟我談的原因。南玉的丈夫告訴我，她必須對北韓政權內幕保持沉默，以策安全。

南玉的親哥哥已經遭北韓政權殺害。他叛逃到南韓後，儘管日子過得艱苦，卻十分隱密，絲毫不受北韓政權侵擾。但他破產後出書談論北韓宮廷生活，才過幾個月，就在首爾市外的公寓住宅裡，頭部和胸部中彈斃命。

而「姑丈」張成澤曾安排南玉就讀瑞士的學校，是她受困平壤時為數不多的其中一個有趣人物。在南玉的親哥哥身亡後，張成澤先是遭公開羞辱，接著就被處以死刑。再加上直到最近，名義上的弟弟金正男才在大庭廣眾下遭北韓政權殺害，死狀悽慘。南玉的丈夫告訴我，正因如此，她不能冒險公開發表意見，否則會落到同樣的下場。

然而，光用這套說詞來解釋南玉何以不願多談，我不是完全相信。有充分的跡象顯示，她和北韓政權藕斷絲連，依舊享受著身為北韓人的好處。

我很猶豫要不要公開我挖到的新消息。我本來可以發表一篇報導，披露南玉的新名字、新住處、新事業，並解釋我何以認為她和北韓政權——或起碼是北韓政權的支持者——暗中勾結。這可是貨真價實的獨家新聞！畢竟過去二十五年來，從沒有人找到她的下落。

但如同一般脫北者為保障家人安全而要求匿名時，我會尊重他們的意願，最後我決定保守南玉的祕密。一旦揭穿身分，就會引來大批南韓及日本記者關注。到時候，記者甚至會到大學校園或滑雪場上纏著她的孩子，但她的孩子明明什麼也沒做，不該承受這種壓力。

再者，在整個不正常的金氏家族中，獨獨南玉成功過上正常的生活。我並不想當那個摧毀這一切的人。

不過在金正男死後，最有可能接著遭殃的其實不是表姐南玉，而是他敢言直諫的兒子。金正男的子女中，就只有他廣受公眾關注。

金漢率（Kim Han Sol）平常用英文名「唐納德」（Donald）。如同金正男，他雖然是北韓皇室的一員，卻也出人意料地喜歡批評時政。金漢率在平壤出生，卻在澳門長大。就像父親一樣，他以前也過著類似富裕僑民子女的生活。那是一種看起來挺幸福的生活。他上私立學校，說得一口略帶英國腔的流利英文。他把頭髮漂染成淺色、穿耳洞、戴十字架項鍊，還交了個名叫索妮雅（Sonia）的漂亮女朋友。

此外，金漢率也在 Facebook 張貼照片、在 YouTube 發表評論。「我知道北韓同胞正在忍受飢餓，而我願意盡我所能幫助他們。」他在一支呈現北韓飢民情景的 YouTube 影片下留言。然而，從另一則留言卻看得出，他和北韓當權的金家「有關係」。「**DPRK 萬萬歲**」他用北韓官方國名縮寫 **DPRK** 在另一支影片留言。[15]

二〇一一年，就在叔叔接手統治北韓前幾個月，漢率搬到波士尼亞，就讀位於莫斯塔（Mostar）的世界聯合學院（United World College，簡稱 UWC）。他在那裡過了幾個月比較清靜的生活後，才開始遭南韓媒體察覺、跟拍。

他接受芬蘭前國防部部長兼 UWC 創辦人伊莉莎貝·雷恩（Elisabeth Rehn）訪問時，表現得相當耐人尋味。後來芬蘭電視臺播出訪問影片，螢幕上的他是個見多識廣的年輕人，努力要克服畸形的家庭環境，活出屬於自己的正常人生。

漢率說，他不曉得叔叔怎麼會變成北韓的「獨裁君主」，不過他——就像他父親一樣——盼望一切能有所進步。他說：「我一直夢想有朝一日回歸故鄉，改善那裡的情況，好讓人民過得更無憂無慮。我也夢想有一天能實現兩韓統一。」此外他也表示，每年夏天他都會回北韓，「跟家人保持聯繫」。

漢率在波士尼亞完成學業後，接著於二〇一三年秋天前往法國，註冊成為菁英學府巴黎政治學院（Sciences Po）學生，並在勒哈佛校區（Le Havre campus）求學。同年年底張成澤遭金正恩處決後，法國警方還加強保護漢率的安全。

漢率的恐懼其來有自。他是男性，就杜撰的白頭山血統而言又是嫡系子孫，所以同樣有與生俱來的皇位繼承權，足以成為金正恩的競爭對手——最起碼，現任北韓領導人可能這麼想。

據說父親遇害時，漢率人就在澳門。當時我在吉隆坡，馬來西亞警方正堅持要先完成DNA採樣，才願意交出金正男的遺體；同時，眾人也熱烈猜測漢率可能到場提供樣本。因此，每當看到戴時髦書卷氣眼鏡的二十多歲亞裔男子，從澳門飛來的亞洲航空班機走出來，現場電視記者就會一窩蜂擁上前去。

但漢率始終沒現身。他本人、他母親和他妹妹都沒出現，反倒已經倉皇踏上逃亡之旅。他們的第一站是臺灣。在美國、中國及荷蘭政府協助下，他們在臺灣等候三十小時，順利為後續行程拿到各國簽證。據說當時數路人馬紛紛出手，要阻止這個流著白頭山血液的年輕人逃跑，以免他隱姓埋名後繼續批評金正恩，或做出更糟的事——暗中謀反。[16]

他們一家一脫離險境，漢率就發出另一支同樣耐人尋味的影片。「幾天前，我父親遭人殺害，目前我和母親、妹妹在一起。」他說。影片中的漢率身穿黑毛衣，坐在可能存在世界上任何角落的白布幕前。他亮出北韓護照來證明自己的身分，但列明身分資訊的那一頁偏偏被遮蓋掉了。儘管如此，漢率其實用不著證據，他跟父親長得就像一個模子刻出來的。

漢率在影片中向保護家人的各方人士致謝，其中包括荷蘭駐首爾大使，因而引發外界猜想他人在荷蘭。不過，也有謠言說他在法國、中國，或——難免有人這麼想——CIA。

此外，那支影片右上角還印有「千里馬民防」（Cheollima Civil Defense）的標誌。看樣子，就是為了上傳這支影片，才成立「千里馬民防」，而且幕後推手可能是南韓國家情報院。這個組織的名字源自朝鮮神話中的「千里馬」（천리마），但明顯是用南韓的拼音方式*。

漢率在影片結尾這麼說：「我們希望一切很快就會好轉。」

話說明明還有一個男人，同樣是白頭山血統嫡系子孫，看起來卻安全無虞，甚至過得益發愜意。

北韓領導人的親哥哥金正哲，目前似乎住在皇家大院與世隔絕的高牆內。金正恩十分了解他，顯然也很信任他。再者，多年來人家總用「娘娘腔」甚或「有胸部」來形容哥哥，所以他看起來沒有任何威脅。正因他一心只想玩吉他，才有機會活下去。

二〇一五年某一天，時任北韓駐倫敦副大使的太永浩，收到平壤來的加密訊息，說之後在皇家艾伯特音樂廳（Royal Albert Hall），將舉辦克萊普頓歡慶七十歲生日的巡迴演唱會，並要他去買門票。

沒人告訴太永浩票是為誰而買，但不用人家說他也知道——在北韓，大家都曉得誰是吉他手克萊普頓的頭號粉絲。

---

*一九五〇年代北韓為振興經濟發起「千里馬運動」，後來更建造千里馬銅像，奉為民族精神象徵。

這位貴賓將搭上俄羅斯航空（Aeroflot）班機，從海參崴經由莫斯科飛抵倫敦，然後在那裡待上四天三夜。

太永浩替這位由他負責照料的貴賓，預先訂好五星級飯店的雙臥室套房。在切爾西海港大飯店（Chelsea Harbor Hotel），頂層套房一晚要價高達三千美元以上。此外，這位貴賓病得不輕，貼身帶著一位醫生隨行，還要每天三次服用大量藥物。太永浩一邊說，一邊像捧起藥物般把手拱成碗狀。

緊張兮兮的太永浩也準備一份清單，列出最受歡迎的觀光勝地，並拿出優秀北韓官員的專業，勤記每個地方相關的歷史事實、著名人物。就像外來旅客到北韓觀光，一定少不了嚮導從旁說明某某塔用幾塊磚頭砌成，或「偉大的領袖」初次造訪當地是什麼時候。太永浩也一樣，腦袋裡裝滿了關於倫敦塔（Tower of London）與國會廣場（Parliament Square）的冷知識。

雖然太永浩有備而來，但金正哲想做的就只是逛丹麥街（Denmark Street）看吉他而已。丹麥街位於倫敦蘇荷區（Soho），是一條滿是音樂用品專賣店的街道，在吉他愛好者的圈子裡享有盛名。

太永浩說，金正哲在街上的店裡試彈吉他，神情認真專注，高超的技巧連店老闆都驚豔不已。從他左手指尖磨出老繭這一點，可以看出他大概很常彈奏。

然而，逛遍了街上每間店，都找不到正哲想要的吉他，所以太永浩只好想辦法找出哪裡有在賣。最後他找到另一家專門經銷商，就在離倫敦四十公里遠的小鎮上。就這樣，一行人出發到那座小鎮去。

那家經銷商果真有那把吉他，於是正哲買了下來。當時，那把吉他要價三千英鎊（按當時匯率約為四千五百美元）。買賣過程中，因為正哲的英語能力應付得來，所以太永浩刻意站得遠一點。「他愛死那把吉他了。」太永浩回憶道。

接著，正哲去皇家艾伯特音樂廳看克萊普頓演唱會。他還不只看一場，而是連著兩個晚上都到場。從照片可以看到他戴墨鏡、穿黑色皮夾克，身邊還有太永浩、另一個男人，以及一個女人。那個女人也戴墨鏡、穿綠色皮夾克，同樣為這場搖滾盛會打扮了一番。太永浩說她不是正哲的女友，也不是妻子，而是牡丹峰樂團的吉他手。

儘管到了第二天晚上，就有成群記者與攝影機到場守候，這位北韓來的貴賓在音樂會上卻老神在在，盡情沉醉在「慢手」（Slowhand）*音樂生涯中曾紅極一時的一首首單曲，像是〈蕾拉〉（Layla）、〈淚灑天堂〉（Tears in Heaven），以及〈今夜多美妙〉。

*克萊普頓外號。源自他每回彈斷弦總愛在臺上慢條斯理換弦，觀眾會打著緩慢的拍子等他處理完，故而得名。

「他玩得很盡興，一整晚都不斷跟著歌聲哼唱。」一個也在現場的演唱會常客說。[17]太永浩說，金正哲彷彿對樂聲著了魔，竟站起身來瘋狂鼓掌，還大肆搶購演唱會紀念T恤與其他紀念品。這群北韓人回到飯店後依然興致高昂，將房內小冰箱的酒一飲而盡。

除了演唱會，太永浩也替這位貴賓安排行程，帶他體驗倫敦的頂級享受。

「我帶他去夏德摩天大樓（Shard）一家豪華餐廳，但他吃得並不多。」事後過了數年，太永浩這麼告訴我，還提到著名地標倫敦塔，「我只好問他想吃什麼，他居然說麥當勞！所以我們改去麥當勞，他也真的吃了。他特別喜歡那裡的薯條。」

不過太永浩也說，即使是在演唱會上，或是在吃薯條時，金正哲的好心情似乎都維持不了多久。「他不太笑，話非常少。」

看樣子，金正恩如願將親哥哥留在身邊近距離監視，隨時確保他沒搞錯誰是父親王位的正當繼承人。金正哲從不鬼鬼祟祟亂跑，從不讓弟弟臉上無光，當然也從不對記者議論是非。

金正哲從不公開露面，唯獨那年在克萊普頓的演唱會上例外。不論是閱兵大典、現場指導，或是從那時起日益頻繁的核試驗及飛彈發射現場，弟弟金正恩身邊都不見他的蹤影。

第十四章　北韓的寶劍

「只要美國及其附庸國軍隊不放棄核威脅、不停止勒索，我們就會繼續厚植先制攻擊能力，還有以核武力為本的自衛能力。」

——金正恩，二〇一七年一月一日

「偉大的接班人」很樂——樂得要命。他雙手叉腰，洋洋得意，笑得合不攏嘴。二〇一七年九月，金正恩當政將近六年時，北韓宣稱他們才剛「對美帝及其附庸國軍隊，毫不留情地迎頭痛擊」。

金正恩手下的科學家已經打造出一顆氫彈，才剛在位於北韓北部的萬塔山（Mount Manthap）

山腳引爆。當時爆炸規模龐大，因而氫彈一炸裂，地球觀測衛星畫面隨即顯示，原本高達二千二百〇五公尺的山峰明顯坍塌。[1]

經過那次核試驗，北韓成功加入氫彈俱樂部，成為備受嫌棄的新成員。截至當時，檯面上已經加入氫彈俱樂部的國家，就只有美國、英國、俄國、中國，以及法國。

金正恩對北韓權臣說，現在我們能用「強大的寶劍來捍衛和平」，並宣布未來再也不需要核試驗。[2]他言下之意，就是北韓已經掌握一直以來追求的技術能力。既然已經把「炸彈」做到完美，就不必再進行試驗了。

此前，金正恩已經是一百二十萬名士兵的統帥，現役軍人規模為全球第四大。此刻他三十三歲，也是全球最年輕的擁核領袖。而且，他擺明了要外界知道他是核武計畫的推手。從照片中可以看到，他現身飛彈發射場及引擎試驗臺旁，檢查狀如花生的氫彈，並簽發命令來試爆那顆氫彈。

儘管金正恩矢言同步發展經濟與核武，實際上做起來，卻更像是過程中一個階段罷了。他固然鬆綁了對經濟活動的限制，也默許市場蓬勃發展，但早期幾年人民感受到的經濟成長，其實不外乎是北韓政府良性忽略（benign neglect）*，甚至漫不經心的緣故。

核計畫才是金正恩放在心上的大事。他傾盡全國資源去發展核計畫與飛彈計畫，以利鞏固自己對北韓的領導權，同時叫外界不敢貿然挑釁。

有那麼一陣子，全世界都在暗笑北韓自詡的軍事實力。「天才戰略家」金正恩先是把雙筒望遠鏡拿反了看，沒多久，又搭著一架鏽跡斑斑的潛水艇航行在海面上（聽說他當時在指揮海軍），一時成了諷刺作家的笑柄。後來，他跟北韓口中的微型核彈頭同臺現身時，還被嘲笑是迪斯可舞廳的鏡面球燈，引起網路迷因一片瘋傳。

然而，「偉大的接班人」想證明自己並非笑柄。隨著對領導職務漸漸駕輕就熟，金正恩也想拿出一點顯著的成績。他老是把北韓是個「強大壯盛的國家」掛在嘴上，所以現在要趕快專心致志發展核武計畫，才好用核武來實現這項承諾。

第一步是紙上作業。二〇一二年中，金正恩修改北韓憲法，一方面抬舉父親的地位，一方面用白紙黑字來為核實力進步歌功頌德。有史以來第一次，「核」這個字寫進了憲法裡面。修訂版本寫道，金正日將北韓變成「一個頑強不屈的政治思想強國、擁核國和無敵的軍事強國」。[3]

金正恩早期試射過幾次飛彈，二〇一三年二月又完成第一次核試驗，看起來就跟他父親一個樣，光會自吹自擂，卻是空口無憑。先虛張聲勢大談北韓的技術能力，再利用核計畫來達成

---

* 在政策或治理方式上抱持著忽視的態度，不去承擔管理或改善情況的責任。

政治目的。

北韓政權就喜歡相準時機挑釁，為的是發揮最大效果。以二〇一三年二月核試驗為例，那個月裡共有三件事，值得金正恩賣弄北韓那套逞強的本領來誇耀：首先，數週前歐巴馬才剛展開第二段總統任期；再者，數週後保守派朴槿惠（Park Geun-hye）就要宣誓就任南韓總統。而在這兩件事之間，又剛好碰上他父親的誕辰紀念日——在北韓是舉國同慶的「光明星節」（Day of the Shining Star）。

從技術的角度看，相較於北韓以前實行過的核試驗，金正恩初次試爆並沒進步多少。北韓似乎是特地選在那個時間點，要證明這位年輕的獨裁君主已經站穩腳跟。至於二〇一三年、二〇一四年試射的飛彈，同樣不怎麼厲害，那種砰隆砰隆響的短程飛彈北韓本來就有，大家早就知道了。

這一切到了二〇一六年中開始改變。那年一月，金正恩手下的政治宣傳人員聲稱，北韓已經試爆一枚氫彈。不過，當時的爆炸當量並未達到氫彈的水準。在接下來的幾天內，北韓發布錄影片段。從影片中可以看到，他們聲稱是彈道飛彈的東西從潛艇發射。如果影片並非造假，那他們真的是有了重大進展。

結果發現，那支影片被剪輯竄改過，所以北韓才能再次大吹牛皮，看似已經大有長進，實則非然。於是，全世界更是恥笑連連，說這個草包政權連 Photoshop 都用不好。誰相信他們成得了多大氣候？

然而，這其實是北韓又一次表明心跡的例證。金正恩既沒有氫彈，也沒有能力從水面下發射彈道飛彈，但他希望自己辦得到，而且不久後果真辦到了。

二〇一六年，北韓為了慶祝金日成誕辰紀念日，發射了舞水端（Musudan）。舞水端是一種中程彈道飛彈，嚴格說來能從北韓飛到日本及南韓各地，甚至能抵達太平洋中央的美國屬地關島。這次飛彈試射失敗了。一週後，另一枚潛射彈道飛彈（submarine-launched ballistic missile）* 也失敗了。到了五月底，北韓試射另一枚舞水端飛彈，同樣沒能成功。

但到了六月，從另外兩次飛彈試射可以看出，北韓人正不斷從錯誤中記取教訓。雖然其中一次試射依舊失敗，另一次卻成功了。儘管外界訕笑不斷，北韓卻正在進步，而且那全要歸功於「擁有鋼鐵般意志的百戰百勝指揮官」。

這次試射在金正恩監督下大獲成功後，他興高采烈說：「我們有把握能全面而有效地攻擊太平洋戰區的美國人。」透過照片可見金正恩坐在一張桌子旁，手裡拿著雙筒望遠鏡，面前擺著一

*由潛水艇發射的彈道飛彈。

幅地圖，周圍還有一群欣喜若狂的軍人，正在手舞足蹈。

當時，北韓用移動式發射器射出這枚發彈。那是一種改裝卡車，平常可以藏在國內任何一處機庫或地道中，一有需要就推出來故技重施。這意味著，北韓發射飛彈時，不再使用易遭衛星監測的固定試射臺，已經構成更大的威脅。關於這一點，世界各國該有警覺。

到了八月，前幾次潛艦飛彈試射失敗引來的譏笑聲漸漸平息。自從在北韓東岸附近發射的潛射彈道飛彈命中日本海域，試射失敗次數減少了，成功次數增加了，一枚枚飛彈也飛得更遠了。叫人憂心的不只是北韓技術進步，還包括那試射次數之多。看得出來，北韓有的是飛彈，想怎麼炸就怎麼炸。

二〇一七年北韓舉行兩次核試驗，實際上是氫彈的那一次也算在內。此外，他們也發射了三枚洲際彈道飛彈，而第一次就發生在七月四日美國國慶日——當然是為了發揮最大的效果。理論上，那一枚飛彈飛得到阿拉斯加，而金正恩政權還說這是「送給美國鬼子的賀禮」。

緊接著，北韓在月底發射第二枚洲際彈道飛彈，而這枚飛彈顯然飛得到丹佛（Denver）或芝加哥。到了同年十一月底，金正恩發射第三枚飛彈，但這一次的射程證明，這枚飛彈實際上飛得到美國境內任何地方，包括華府。

金正恩還沒證明北韓有能力結合兩種技術——在「彈道飛彈」上搭載「核彈頭」，然後發射出去並命中靶心，是一項非常困難的技藝，核彈頭要禁得起激烈震動與極端溫度才行。不過，絕大多數分析家都認為，隨著時間過去、經過更多試驗，金正恩不久就能達到這個目標。

對金正恩來說，發展可靠的核武系統是抵禦美國的好方法，方便他鞏固對北韓的統治權。的確，雖然核試驗及飛彈試射充滿挑釁意味，但這位領導人也強調，北韓核武庫只會用來保家衛國。二〇一六年，他在那場時隔三十六年再度召開的黨代會上表示，「除非好鬥的敵軍使用核武侵犯我們的主權，我們不會率先使用核武」。

也就是說，金正恩將核計畫當作保險單，以防格達費當年蒙受的厄運降臨在自己身上。一旦率先用核武進攻，一定會引起美國反擊，到時金家不可能倖免於難，等於是自取滅亡。然而，留著幾枚打得中華府的核彈頭飛彈，倒是有助於嚇阻美國，讓他們不敢隨便攻打北韓。要叫全世界「把我放在眼裡」，最有力的表達方式，就是準備好一枚核彈，並準備好隨時派上用場。

核試驗及飛彈試射除了對外威脅，對內也能傳達一個重要訊息。金正恩就像是在對北韓人民說：「看哪！在我偉大的領導下，我們正變成一個多麼強大而進步的國家！」

再者，把寶貴的資源投入和計畫中，也可以安撫軍方——畢竟，軍隊對這個不夠格的「元帥」大概最沒好感。在這個沒什麼事物值得稱道的國家裡，核計畫能帶來強烈的自豪感，即使是反抗既存體制的人也會這麼覺得。

我問過那個念科學的脫北學生萬福，學校作業都寫些什麼，他說：「我還記得，有一天老師教到核技術時，我覺得真是了不起！我的國家已經有能力進步到這種程度，而且已經成為核武強國。」

北韓政府已經將核武與飛彈編入學校課程，小一點的孩子要學著為核計畫感到光榮，大一點的孩子要學習有關核技術的物理學。二〇一三年出版的「社會主義倫理學」小學課本中，有張圖畫著一個男人、一個男孩，以及一張銀河三號（Unha-3）火箭的照片。圖裡的男孩問看起來像是工程師的父親：「您讓『我們尊敬的領袖』很滿意，對不對？」

金正恩自從成為北韓領導人，就屢屢表揚各領域的科學家，還對他們大加賞賜。

二〇一三年「偉大的接班人」蒞臨金策工業綜合大學（Kim Chaek University of Technology）——號稱北韓麻省理工學院（MIT）——時，官方媒體報導：「金正恩對科學家與技術員懷著無限的關愛。不論改善人民生計或加強國防能力，他們都扮演重要角色。」二〇一七年三月，金正恩進行新火箭引擎地面試驗後，在終身任期內留下一張照片，照片裡沒有羅德曼，但驚世駭俗的程度毫不遜色。

「我們尊敬的元帥」身穿棕色大衣，笑逐顏開，還背著一個參與試驗計畫的核心人物。這個火箭科學家比金正恩年長好幾輪，明擺著苦哈哈的表情，勉強攀在金正恩背上。同時，周圍清一色穿著橄欖綠軍服的軍官正撫掌大笑，為他們歡呼。

這項舉動令人聯想到韓國傳統的「背負」象徵。舉例來說，年輕男人藉由把父母馱在背上，來表達感恩之情。在韓式婚禮上，新郎也要把新娘馱在背上，除了顯示自己很強壯，也表示自己願意終生背負妻子——只是打比方，當然不是真的背在身上一輩子。

由此可見，金正恩傳達的訊息很清楚：他要對這群火箭科學家表達前所未有的愛與感激。

✪✪✪

有一回，北韓官方媒體發布金正恩的照片：某個星期六早上，這個即位將滿六年的年輕皇帝正在視察核裝置。除了北韓，全世界都在暗中取笑這張照片。

從照片可見金正恩伸長了脖子，正在看一個具有銀色金屬外殼的裝置。這個裝置兩端都凸鼓鼓的，其中一端比較大，另一端比較小，而照片一釋出，馬上就有人給它起了渾號叫「花生」。滑稽的領導人盯著宛如大型烤肉架的滑稽裝置，惹得網友紛紛嘲笑。

在場還有五個科學家，全穿著跟金正恩一樣的黑色中山裝，正在為領導人指出裝置設計的細節。同時，他們也都拿著小本子寫筆記，似乎正飛快記錄領導人提出的見解——儘管核科學家明明是他們，不是金正恩。

此外，北韓唯恐人家搞不清楚金正恩想拿這裝置幹嘛，還特地擺在一枚洲際彈道飛彈的鼻錐後方。為了加強說服力道，後方牆上還掛著一幅示意圖，說明該如何把這顆花生核彈頭置入錐形罩裡。

這看起來像是典型的北韓式吹牛皮，但其實不是。

數小時後，地震感測器紀錄資料顯示，北韓北部出現一場芮氏規模六・三的人為地震。那是一顆氫彈引起的熱核爆炸（thermonuclear blast），相較以往北韓引爆的其他裝置，這顆氫彈的爆炸威力堪稱突飛猛進。由測得震波推算，當時爆炸當量約為二百五十萬噸，比起一九四五年摧毀廣島的美國原子彈，規模為十七倍左右。

科學證據看起來毋庸置疑。全世界的情報機構與核專家普遍都承認，這一次爆炸規模確實符合熱核試驗標準。

另一方面，金正恩也力保自己獨占這項建設的功勞。在某個電視特輯中，就有他正在簽名授權核試驗的畫面。人人都必須知道，這一切成就全是他一個人的壯舉。這枚氫彈是他的寶貝，隨之而來的慶祝活動在平壤整整持續一個多星期。

在接下來的週末，北韓核計畫團隊來到錦繡山太陽宮陵墓前，擺起姿勢拍紀念照。那張照片看起來很可笑，一大堆人在兩位已故領導人的照片下排排站，根本看不出誰是誰，只能從前排中央穿黑色中山裝的身影，辨認出大塊頭的金正恩。但這就是重點所在：金正恩希望大家看到，國產核武是集無數北韓人之力才辛苦得來的成果，而且與「永遠的主席」及「敬愛的領袖」的遠見息息相關，密不可分。

之後，在平壤市中心富麗堂皇的賓館裡，幹部在大型宴會上誓言要拿出「革命的熱情」，「用世上最強大的核彈」來捍衛北韓。他們承諾對金正恩矢志效忠。

這一系列慶祝活動就在平壤的音樂會上圓滿落幕。在候迎幹部響亮的掌聲圍繞下，喜孜孜的金正恩偕同妻子走進劇院，身邊還跟著兩名頂尖的核科學家。音樂會演出了幾首輕快好記的歌曲，包括〈榮耀歸於金正恩將軍〉（Glory to General Kim Jong Un），以及〈邁向忠誠之路〉（We Will Go Along the Road of Loyalty）。官方媒體說，年輕領導人的照片一出現在巨大的銀幕上，觀眾就爆出一陣「興奮的熱烈掌聲」。

在音樂會上，軍需工業部（Munitions Industry Department）部長李萬建（Ri Man Gon）說：「這顆爆炸威力超強的氫彈，毫無疑問是金正恩的氫彈。他對國家和人民懷著熱烈的愛，才終於製造出這顆氫彈。」李萬建是核計畫其中一位主腦，正是他及其他核科學家完成一切研發工作，但他們很清楚該功勞該算在誰頭上。

劇院內人群擁擠，燈光照耀，把許多別在胸口的勳章照得閃閃發亮。獲選與會的觀眾都很清楚自己的任務，少不了獻給領導人熱烈的掌聲與禮讚，但當中想必還是有一部分出自真心，畢竟全世界都承認北韓這一回成果斐然。

消息一出，舉世震驚。明明這個國家幾乎沒有先進科技，連為人民提供基本的糧食與服務都辦不到，卻已經製造出**氫彈**。而且北韓不但已經掌握這項技術，還規避了過去十年來國際施加的經濟制裁，成功取得發展核武必需的資金與零件。

但席斐．赫克爾（Siegfried Hecker）一點都不驚訝，畢竟北韓一路走來，步步都流露出野心。問題是，幾乎誰也沒把北韓政權放在眼裡。

那枚氫彈試爆後沒多久，赫克爾告訴我：「從一九八〇年代起，北韓就明明白白表示，他們正努力發展這一塊。」赫克爾是大名鼎鼎的核科學家，曾是原子彈誕生地「洛斯阿拉莫國家實驗所」（Los Alamos National Laboratory）所長，後來到史丹佛大學（Stanford University）工作。而且，他對北韓核計畫的見地慧眼獨具。過去北韓一想要炫耀新成果，就會打電話給赫克爾。

二〇一〇年，金正恩在獨裁路上還是個小小學徒時，赫克爾受邀前往北韓。他本來預期會看到落後五十年的技術，就跟前幾次參觀一樣。

然而，赫克爾走進一間現代鈾濃縮廠後，卻發現裡面擺著二千台最新一代的離心機，整整齊齊排成一列。他覺得十分詫異，這才明白：「我們大概沒辦法說服他們放棄氫彈了。」

赫克爾那天看到的離心機，擺在一棟屋頂呈鮮藍色的建築裡，從空中就能看得一清二楚。打從金正恩成為領導人後，那棟藍頂建築就變成原來的兩倍大，至於金正恩政權手上究竟有多少可分裂材料（fissile material）*，誰也不曉得。有專家說夠用來造十五枚氫彈，而美國情報機構表示，或許要造六十枚甚至七十枚，都還綽綽有餘。赫克爾則認為，金正恩政權生產的可分裂材料，足堪一年造六、七枚氫彈——每年六、七枚也不成問題。

從許多角度看，核燃料的多寡無關緊要，不容置疑的事實就擺在眼前：北韓現在有氫彈了。「大家看到這個落後國家做出氫彈，都覺得很訝異。」赫克爾告訴我，「但說到做氫彈，北韓其實一點都不落後。」

*指能夠發生核裂變的物質，例如鈾235。

金正恩推動氫彈試驗，同時發展彈道飛彈計畫，已經將祖父的夢想化為如假包換的現實。

早在北韓立國初期，金日成就開始打著核武的主意。他看到一九四五年美國摧毀了廣島和長崎，僅靠著兩枚原子彈就迫使大日本帝國立即投降。從此，他對核武就念念不忘。

然後是韓戰期間，美國威脅要用核武來對付北韓。當時，美國的警告確實如願奏效，南北韓雙方都簽署停戰協定，讓戰爭告一段落。然而，這場戰爭對金日成的影響非同小可。從那時候起，這種可能遭美國核武攻擊的危機意識，一直是北韓政權在戰略思考及行動上的核心原則。[4]

因此，金日成也想要擁有這種武器。北韓撐過韓戰後不過數年，他就派手下的核科學家去蘇聯，在杜布納核能聯合研究所（Joint Institute for Nuclear Research in Dubna）進修並接受實務訓練。杜布納核能聯合研究所位於莫斯科市外，是當時領先群倫的核研究機構。再者，過不了多久，北韓領導人就從古巴飛彈危機帶來的恐慌中認清，北韓非得培養自身核實力的理由何在。

一九六二年，擁有核武的蘇聯在古巴部署飛彈，離美國海岸線只有不到一百六十公里，導致美、蘇陷入長達十三天的僵局，全世界面臨核戰爭一觸即發的危機。最後，蘇聯領導人赫魯雪夫同意撤除飛彈，條件是美國總統約翰・甘迺迪（John Kennedy）答應不入侵古巴。於是雙方達成協議，透過外交手段化解這次衝突。

但看在金日成眼裡，這項協議形同蘇聯對美國屈服，顯示莫斯科為了自保不惜出賣盟友。看樣子，「偉大的領袖」從這件事學到教訓，認清北韓永遠不該將國家安危託付給他國政府。

金日成一直努力要實現獨立擁核，而古巴危機更是推了他一把。短短幾個月內，金日成政權就已經開始摸索，想發展出屬於北韓的核威懾力量。這位領導人從前還主張加強農業政策，一轉眼卻已經站在平壤文武官員面前，強調經濟與國防兼行並進的重要性——就是最初的「並進」政策。本來在一九五六年，北韓的國防預算只占總預算的百分之四・三，但其後十年間竟飆升到將近三成。[5]

核科學家從蘇聯學成歸國後，在平壤東北方約一〇三公里處，開始建造類似杜布納核能聯合研究所的設施，也就是後來的「寧邊原子能研究中心」（Yongbyon Nuclear Research Complex）。

到了一九七〇年代初，身為北韓另一大盟友的中國，暗中開始跟美國發展外交關係，還促成一九七二年尼克森總統出訪北京，展開深具歷史意義的會晤。而中美關係升溫的消息曝光後，更刺激金日成積極發展北韓的核武力。

同時，強人朴正熙也正在南韓發展自己的核武。朴正熙原本是個將軍，透過軍事政變成為南韓總統。消息曝光後，對金日成的個人虛榮心及國族自豪感，都造成難以忍受的打擊。[6]

此外還有一項關鍵因素：眼看自己大限將至，金日成一定憂心忡忡。到了這時候，他已經六十多歲了，正著手為兒子繼位做準備。金日成認為有了核武，兒子統治起這個國家會更輕鬆。既然金正日沒什麼個人魅力，起碼也該有核武器。

隨著時序邁入一九七〇年代晚期，北韓人光是在寧邊，就已經蓋了不下一百座核設施，[7]不免引起美國情報機構憂慮。一個沒有任何經驗的國家，只花了大約六年，就造出一座能正常運作的核反應爐。三年後，有確鑿證據顯示，這座反應爐是要作為軍事用途，而非為民服務——北韓已經蓋好一座核燃料再處理設施，可以將反應爐的燃料轉換成可分裂材料。[8]

然而，北韓的盟友也已經察覺它暗地裡忙著。一九八五年末，蘇聯對金日成施壓，要求北韓簽署〈核武禁擴條約〉（Nuclear Non-proliferation Treaty），而北韓拖了七年，才照條約規定允許檢查員入境視察。檢查員到現場一看，才發現許多跡象都顯示，北韓政權一直在偷偷實行之前說好不碰的核計畫。一九九三年，金日成威脅退出〈核武禁擴條約〉，一度引發令人憂心的僵持局面，成為北韓與美國四十年來最接近戰爭的一刻。

一九九四年夏天金日成猝逝後，朝美雙方都被迫面對未知的變局，為化解僵局而展開的對話還在繼續。最後，雙方順利簽定〈核框架協議〉（Agreed Framework）。根據這項具有里程碑意義的核裁軍協議，北韓同意凍結核武計畫，並逐步拆除所有核設施；同時，以美國為首的聯盟同意，將為北韓興建兩座民用核反應爐，好讓這個電力匱乏的國家用來發電。

但這一回，平壤一樣沒打算遵守約定。金正日政權純粹是要為核計畫爭取更多時間，才會簽署這項協議，表面上一副乖乖合作的樣子。

這時候，北韓已經開始和巴基斯坦核科學家卡迪爾汗（Abdul Qadeer Khan）密切往來。一九九〇年代，正當北韓人民瀕臨餓死邊緣、金正恩在瑞士觀賞成龍電影，金正日政權正悄悄發展鈾濃縮計畫。嚴格說來，〈核框架協議〉沒針對鈾濃縮提出具體規範，而北韓就是愛鑽這種規範的小漏洞。

二〇〇二年夏天，小布希政府聲言北韓在卡迪爾汗大力幫助下，暗中進行鈾濃縮計畫。從此，〈核框架協議〉宣告破滅。

正當金正恩準備要慶祝自己當權滿五週年，世界另一端發生一樁大事，即將顛覆北韓一直以來與美國打交道的方式——商界名人川普當選總統。起初，就像許多國家一樣，北韓官員也絞盡腦汁預測新總統可能採取的態度。

然而，隨著金正恩的武器計畫，在川普執政第一年裡變得更有可能成功，這位新任美國三軍統帥說起話來也益發直言不諱。共和黨人很快就把金正恩說成「瘋子」，川普則說他「根本是神經病」。而川普手下第一任駐聯合國大使妮基·海利（Nikki Haley）說，金正恩是「一個不理性的人」，共和黨參議員約翰·馬侃（John McCain）則稱他是「瘋癲小胖」。

打從金正恩即位頭幾天開始，外界就熱烈揣測他的心理狀態。

過去幾世紀以來，許多領袖已經發現，裝瘋賣傻有時不失為明智的做法，而馬基維利在著作中也提過這一點。有時領袖希望敵人覺得他已經失去理智，以便迫使他們採取某種行動，做出在相反情況下不會做的事。

尼克森總統在越戰期間的表現，就是一個典型的例子。他甚至說那是「狂人理論」（madman theory），是一種脅迫外交（coercive diplomacy）。先是一九六〇年代軍備競賽，然後是古巴飛彈危機，眼看著可能升級為核武衝突，美蘇雙方發出核威脅時都會克制一點。

「由於可能落到同歸於盡的結局，莫斯科及華府領導人都避免明擺著撂狠話，同時由中央嚴加控制各自的核武力，並透過直接溝通來緩和緊張情勢，以免升級成雙方都不樂見的軍事衝突。」學者史考特・薩根（Scott D. Sagan）及杰若密・蘇里（Jeremi Suri）寫道。[9]

尼克森認為，他的前輩德懷特・艾森豪（Dwight Eisenhower）總統藉由威脅使用核武器，才順利在一九五三年說服北韓、中國和蘇聯結束韓戰。

一九六九年，尼克森爭取不到國內支持，沒辦法用他偏好的大規模空襲來對付北越人。於是，「狡猾迪克」（Tricky Dick）*決定效法艾森豪的戰術，明知不可為而「假裝」為之。他打算發出要使用核武的祕密訊息，企圖讓蘇聯誤以為他要對北越發動大空襲，甚至核攻擊。

「我稱之為『狂人理論』。」他對白宮幕僚長說，「我想讓北越人以為，我已經瘋狂到為了結束戰爭，什麼事都做得出來。我們只要放出風聲，說：『有完沒完啊！尼克森成天想著共產主義，發起脾氣來誰也擋不住——還會把手放在核按鈕上！』這麼一來，兩天後胡志明（Ho Chi Minh）本人就會現身巴黎求和。」[10]

許多人在二〇一七年間都納悶，大打口水戰的川普和金正恩，哪一個在打狂人牌？有人說，川普想讓北韓人以為他陰晴不定，以前的美國總統做不出來的事他都敢做——即使要犧牲首爾

---

* 尼克森綽號。

也在所不惜。但從頭到尾，川普都不停指責金正恩才是瘋子。

二〇一七年，川普說北韓領導人是「瘋狗」，而且「顯然是個瘋子」，「把人民餓死或殺死也毫不在乎」。（而北韓不管有沒有用，也馬上反擊說川普是「老瘋子」。）

對電視新聞臺而言，這位美國總統簡直妙語如珠，方便它們寫新聞，但他的話真的都沒錯嗎？一個人一定要符合臨床診斷的精神失常，或可以證明是精神病態，才會這麼殘暴對待自己的人民？一個人如果神智不清，還能夠排除萬難成功嗎？

世界各地情報單位的心理剖繪師，都在苦苦思索這樣的問題。

數十年來，CIA一直努力建立世界領袖的心理剖繪，以理解他們行為背後的成因，並預測他們可能採取的行動——尤其是在談判及面臨危機的時候。

早在一九四三年，CIA前身「美國戰略情報局」（Office of Strategic Services）就曾利用「心理傳記法」（psycho-biographical techniques），來理解希特勒的心理與人格。自一九七〇年代起，CIA就已經建立起世界領袖的心理剖繪，並用來評估他們的政治行為、認知方式，以及決策歷程。不過，CIA也會觀察領袖身處的文化，評估還有哪些因素可能造成影響。[11]

美國情報分析家與川普堅信不移的說法恰恰相反。據他們描述，金正恩是一個「理性行動者」，向來以達成他人生唯一的目標為行動準則：保住權力。

二〇一七年，這位年輕領袖一連發射好幾枚飛彈，一枚比一枚更高科技。當時，CIA韓國任務中心主任李永錫（Yong Suk Lee）難得公開發表評論，說：「金正恩做的事帶有明確的目的。」金正恩不會某天早上醒來，就忽然決定用核武器攻擊洛杉磯；他很清楚，這麼做會導致美國以牙還牙。李永錫說：「他希望能長治久安，在自己的床上安詳離世。」

事實上，要是金正恩不發展核武，那才真是瘋了。北韓是資源匱乏的小國，又一直怕被美國徹底擊垮，它正是靠投資核科技與飛彈科技，才能夠獲得大量的火力。就算金正恩心知肚明，北韓的常規兵器不是美國軍事力量的對手，同歸於盡的可能性——過去在冷戰時期效果奇佳——卻還是能助他一臂之力，避免美國發動任何攻擊。

然而，美國白宮卻把金正恩的行動，說成精神失常者的瘋狂行為。

二〇一七年七月，北韓接連發射洲際彈道飛彈後，美國總統威脅要在北韓降下「世所未見的烈焰與怒火」，還說美國軍隊「砲彈已上膛」。到了九月，北韓進行核試驗後，川普在聯合國大會（UN General Assembly）登上講臺，說他為了保衛美國，一有必要就會「徹底摧毀北韓」。雖然過去數十年以來，這一向是美國的政策沒錯，但從沒有哪位總統像川普這樣大刺刺說出來。

同時，這位美國總統也嘲諷敵人，說他是「小火箭人」。川普在聯合國大會對臺下目瞪口呆的聽眾說：「火箭人是在自掘墳墓。」

但金正恩沒因此被嚇退，事實上，他反而壯起膽子了。「我絕對會用烈火教訓這個精神錯亂的美國老番顛。」他這麼一形容川普，全世界都爭先恐後去查字典*。這話可不只是一般的北韓式叫陣——這一次由金正恩本人直接發出威脅，是極其罕見之舉，可見情況有多麼嚴重。

這是原始的強勢雄性對決，絕無僅有。

川普出言恫嚇後，金正恩更有理由說他是在保護北韓人民，對抗邪惡的美國人。這個國家建立的前提，就是把美國視為企圖摧毀北韓的外敵，而川普的發言看起來恰恰印證這一點。

無巧不成書，美國與南韓軍隊的年度大規模軍事演習，就在這時候展開。兩棲登陸艇開始練習搶灘登陸，同時，戰鬥機在南韓一處訓練場投擲炸彈，距離南北韓分界線只有數十公里之遙。

白宮國安顧問麥馬斯特（H. R. McMaster）揚言，只要北韓人繼續加速實施核武計畫，美國就會發動「預防戰」（preventive war）。照麥馬斯特的定義，「這場戰爭將能預防北韓用核武威脅美國」。

麥馬斯特的措詞，令人想起當年美國入侵伊拉克前提出的說法，他說：「我認為，這個殘暴的流氓政權，這個在機場用神經毒劑謀殺親兄的男人，毫無疑問會造成莫大的危險。」[12]

於是，南韓及美國軍隊開始積極練習對北韓領袖發動「斬首攻擊」（decapitation strikes）*。

南韓專門成立一支「斬首部隊」，旗下菁英士兵合稱「斯巴達 3000」（Spartan 3000）。據南韓國家情報院表示，在那段情勢緊張時期，金正恩常在最後一刻臨時更改預定行程，就是要讓大家猜不透他人在哪裡。

而北韓也反過來威脅要用飛彈「籠罩」美國屬地關島，要「用烈火教訓美國人」。一名北韓官員宣稱，北韓也威脅要「將我們的手靠得離『按鈕』更近，以便採取最嚴厲的報復措施」，暗示未來可能以核武發動先制攻擊。

東北亞顯然很擔心，未來真有可能與北韓發生軍事衝突，而華府部分人士也懷有相同的憂慮。

自第二次世界大戰以來，日本首度為防範飛彈來襲舉行軍事演習。南韓人面對難捉摸又愛挑釁的新任美國總統，感到十分憂心。在夏威夷，當局再度啟動過去用於冷戰時期的核彈空襲警報。

在華府，就連最謹慎的分析家都指出，爆發衝突的機率超過五成。

後來，當麥馬斯特及其他川普政府官員說，威懾戰略——在整個冷戰時期，這就是美國核政

* 金正恩使用「老番顛」（dotard）一詞罵川普，是連一般詞典都未收錄的罕用字眼。

* 藉由先消滅敵方的首腦來瓦解軍心，類似「擒賊先擒王」的概念。

策的基礎——對北韓不再奏效時，只是進一步加劇這種恐懼。

川普沒就此罷休，反而對北韓祭出「極限施壓」（maximum pressure）大作戰，極力推動更嚴苛的經濟制裁。

在這之前，制裁對象僅限涉及核計畫、飛彈計畫的產業與財源，這時卻開始變得像是一種貿易禁運（trade embargo）。海鮮、煤及服飾出口都遭禁。隨之而來的還有旅行禁令，規定凡是美國公民，都要取得特別許可才能到北韓旅行——但人道工作者發現，國務院不接受他們以人道援助為由前往北韓。此外，具備全球規模的多邊健康組織「全球基金」（The Global Fund），也不再為北韓的瘧疾及結核病防治專案挹注資金，因而有醫師警告，此舉或將引發重大公衛問題及人道危機，屆時可能要花上數十年才能恢復。

據美國國務院估計，經濟制裁已經封鎖九成以上的北韓出口貨物。這還不包括同樣遭到禁止的人力輸出。在經濟制裁下，北韓的強勢貨幣收入總共減少大約三分之一——也就是十億美元。

那是相當龐大的數字，但與此同時，北韓邊界正出現可能改變局勢的行動——中國正對北韓實施史無前例的經濟制裁。

從前，北京生怕北韓垮臺，更甚任何流氓政權的飛彈，所以願意提供最低限度的幫助。但如今川普說要對北韓發動攻擊，看樣子可能是來真的。比起政局動盪的可能性，北京更擔心爆發戰爭。

因此，北京中斷貿易，不再對北韓進口海鮮與煤，而數千名在中國工作的北韓勞工當中，也有許多人遭遣送回國。一股顯而易感的肅殺氣氛，降臨在中國對北韓的貿易門戶丹東。晚上七點半，我在丹東的北韓餐館還沒吃完最後一口飯，就給人攆了出來。在這樣的環境中，什麼都要關門大吉。

中國要向美國證明，它確實也跟著採取制裁手段，以確保華府不會採取軍事行動。政局安定好過政局動盪，但政局動盪好過軍事侵略。

專家也公開表示憂慮，擔心雙方因一時誤判而掀起戰爭。數年來，雙方以經過精心謀劃的訊號與手法小心過招，一旦其中一方誤讀訊息並衝動回應，就可能引爆戰爭。說到底，兩國領導人合起來只有七年從政經驗，而且當中有六年要算在金正恩頭上。

現在看來，兩國互相誤解的可能性不斷升高。

有傳言聲稱，川普政府擬出一項計畫，要對金正恩「迎頭痛擊」，也就是要針對北韓核工廠或飛彈設施，發動有限的外科手術式打擊（surgical strike）*。這麼一來，年輕的北韓領導人企圖

*以造成最低連帶傷害為原則，對目標物採取精準的軍事攻擊，就像外科手術般乾淨俐落。

挑釁前，就不得不先好好想一想，並回到談判桌上考慮放棄核計畫。

平壤政權不曉得該怎麼理解這位新美國總統。他在效法尼克森，故意裝出狂人的樣子嗎？還是他要來真的？

於是，北韓官員找上卸任美國官員，來幫他們解讀川普的 Twitter 發言。北韓人讀起《交易的藝術》，也讀起《烈焰與怒火》（*Fire and Fury*）——一本談論白宮亂糟糟內幕的爆料書。他們還問，核按鈕是不是真由川普全權掌控。

金正恩政權非常嚴肅看待川普的挑戰。北韓官員開始向外國外交官，還有其他交涉人士徵詢意見，想知道如果北韓真的動手，在關島附近——甚至上空——投下一枚飛彈，川普會有什麼反應？他們不太清楚美國的底線在哪裡。

同時，平壤各地都貼出海報：一枚北韓飛彈瞄準美國國會大廈及一面美國國旗，標題寫著「朝鮮的反擊」（North Korea's Response）。

兩位領袖都是政壇新手，卻膽大妄為，又喜歡拿核按鈕來說大話，正各自領導素來互相敵視的兩個國家。隨著時序從二〇一七年邁入二〇一八年，朝鮮半島脆弱的和平看起來命懸一線。

第十五章　魅力攻勢

「不論對話、交流或旅遊，我們願意對任何來自南韓的人敞開大門……條件是他們誠心希望實現國家和諧及統一。」

——金正恩，二〇一八年一月一日

金正恩為了鞏固統治權，已經完成一切該做的事。他取得了可靠的核威懾力量，剷除了或真實存在、或出於假想的政敵。他也創建了自己的「小聯盟」，確保有一小群人心甘情願維護他的權力。

如今是該扭轉形象了，原本心狠手辣、威逼天下的擁核暴君，正要蛻變為遭人誤解、宅心仁厚且努力發展經濟的獨裁者。在第二階段，金正恩試圖藉由改善對外關係，來穩住自己的統治地位。

而轉型第一步就是使出他的祕密武器：妹妹金與正。二〇一八年初，金與正出席南韓冬季奧運開幕式，是韓戰以來首位前往南韓的金氏家族成員。

從金正恩的角度看，這是非常高明的決定。妹妹和他受到一樣的誘因驅使，都想確保他的政權屹立不搖——她也希望維持住整個金家的統治地位。不過，金與正不像哥哥有種荒唐的喜感；事實上，她去南韓那三天裡幾乎沒怎麼說話。

二〇一八年二月九日，也就是預定的冬奧開幕日，金與正抵達南韓，臉上掛著蒙娜麗莎般的神祕微笑。從南韓電視臺的實況轉播畫面可以看到，她哥哥的專機「空軍恩號」降落在首爾市外的仁川機場。另一方面，北韓人很懂得象徵手法的力量。金正恩的專機載著妹妹抵達南韓時，航班編號是「615」，在南韓政府看來正是北韓釋出善意的表現：二〇〇〇年，第一次南北韓高峰會於六月十五日——也就是「615」——劃下句點。

在大批電視臺記者一路跟拍下，這位北韓公主偕同金永南走下飛機，從容不迫步入貴賓室，接受南韓高官款待。金永南是北韓高級官員，嚴格說來是這支代表團的團長，當時已屆九十高齡。

從那一刻起，南韓大眾就對這位「第一妹妹」著迷不已。她舉止端莊，謹言慎行，一身素雅的黑色裝束，幾乎沒配戴什麼首飾，頭髮一絲不苟向後挽著。南韓年輕人早已習慣名人渾身珠光寶氣，藉由整形手術加強外表，因此，當他們看到北韓公主打扮得如此樸素，自然覺得十分驚訝。

報紙上提到，金與正很「放得下身段」，雖然她貴為北韓皇室成員，卻仍按照儒家長幼有序的規矩，示意金永南先行入座。報評人寫道，「看看她的儀態」，她坐得那麼挺，說不定就跟母親一樣學過舞蹈。金正恩恐怕找不到比她更神祕誘人的親善大使，來為這個既不親切也不友善的國家代言。

在冬奧開幕典禮上，金與正為兩韓聯合代表隊喝采，而美國副總統麥克·彭斯（Mike Pence）擺明不把她放在眼裡，反倒顯得氣量狹小。再者，金與正起立聆聽南韓國歌，但在北韓這是觸犯政治罪的行為。隔天晚上，她也為場上比賽的兩韓女子冰球聯隊加油打氣。

在那場冰球賽上，我坐在貴賓席上方的媒體座位區，不過我偷偷溜下來，以便將金與正看個仔細。她看上去雍容文雅，跟哥哥的形象大相逕庭。有人對她說話時，她會彬彬有禮微笑，閒話幾句家常，但其他時候她依然充滿謎樣的氣息。

隔天，她去南韓總統府青瓦臺（Blue House）轉達哥哥的訊息。在這之前，最近一次有北韓人靠近青瓦臺是一九六八年，當時，一支特攻隊試圖暗殺南韓總統未遂。

這一次，北韓人搭乘南韓政府提供的 Hyundai Genesis 豪華轎車，光明正大走前門。金與正的心口別著印有祖父及父親頭像的胸針，手裡揣著裝有邀請函的藍色資料夾。南韓總統文在寅會想和她哥哥見面嗎？

就在八個月前，隨著對北韓態度強硬的保守派前總統朴槿惠鬧出醜聞，因而失勢下臺，鋃鐺入獄，還可能在牢房裡度過餘生，文在寅接著就獲選為南韓總統。文在寅的脾性與政策都跟前總統恰恰相反；前總統一直想靠經濟制裁扼殺北韓，文在寅卻希望與北韓建立關係。他上任以後，承諾要與北韓人展開對話，設法結束緊張的僵持局面，為朝鮮半島重新注入活力。而金正恩明白，這正是好機會自己送上門來，於是派妹妹出馬善加利用。

北韓在接下來幾個月裡頻頻示意。十一月二十九日，金正恩政權又發射一枚洲際彈道飛彈，暗示北韓已經準備好要對談，彷彿在說：「現在我們已經完成火箭計畫囉！」那就是北韓示意的訊號。北韓累積了足夠的談判籌碼，這時已經準備好過招了。

到了元旦那一天，北韓更進一步清楚表態。金正恩在這天站出來對人民發表年度談話，就相當於美國總統進行國情咨文那樣。

「我們應當攜手合作，緩和南北韓間極度緊張的軍事關係，為朝鮮半島共創和平的環境。」金正恩說，並敦促南韓「正面回應我們努力和解的誠意」。

然而，金正恩也藉著這段談話宣布，北韓在新的一年裡將著手「量產」核武與飛彈，情況於是變得更加複雜。但在金正恩看來，這兩個訊息本來就是針對不同的聽眾，預示的結果也可以有所不同。

文在寅決定對有關核武的大話置若罔聞。他已經準備好展開對話，手下人馬早在好幾個月前就開始暗中會見北韓官員，為北韓參加冬季奧運鋪路，會面場合包括中國的足球賽場邊。

正如一九七〇年代以「乒乓外交」為基礎，讓原本敵對的中美關係漸漸步上常軌，現在也常用體育運動這種無關政治的手段，來促成充滿政治意圖的對話。

南韓將冬奧稱為「和平奧運」（Peace Games），一方面肯定奧運起源於古希臘的歷史*，但另一方面分明也有對北韓示好的意思，況且，冬奧會場就設在橫跨南北韓交界的江原道。兩韓運動員相偕步入開幕典禮，身上穿的制服只印著一個「韓」（Korea）字，手上揮舞的旗幟則印著全境統一的朝鮮半島。

為了完美發揮象徵手法的作用，還由湯瑪斯・巴赫（Thomas Bach）擔任國際奧委會主席。巴赫以前是奧運擊劍國手，來自曾經分裂復歸統一的德國*。在開幕典禮上，他公開表揚兩韓這

*古代奧運賽事期間，各城邦互不交戰，象徵和平的精神。

*一九七六年巴赫曾代表東德贏得奧運男子團體鈍劍金牌，當時兩德尚未統一。

一次合作，視之為奧運凝聚力的傑出典範。

「我希望在國人心目中，平壤和首爾變得更加親密無間，而且很快就能實現統一，國運昌隆。」金與正在南韓總統府青瓦臺的賓客簿上寫道。北韓公主的魅惑力道絲毫不減。

雖然金與正在公開場合很沉默，私底下卻表現得清新可人，直言不諱。人家在餞別晚宴上請她發表幾句感言時，她說：「老實說，我從沒想過會臨時接到通知，就這樣來到南韓。本來還以為感覺會很陌生、很不一樣，但其實並不會，這裡有很多東西都跟北韓很像，甚至一模一樣。我希望我們很快就能合而為一，在平壤再次見到這群美好的人。」

南韓媒體也被這位「第一妹妹」迷得神魂顛倒，還將她封為「北韓伊凡卡（Ivanka Trump）」*。也就是說，她為飽受抨擊、作風偏激的男性親屬，充當另一張和藹可親、溫文儒雅的面孔。而且，正如金正恩派妹妹去參加冬奧開幕典禮，美國總統川普也派出女兒伊凡卡，去參加冬奧閉幕典禮。

不過在這趟南韓行期間，北韓人不論政治或情報都絕不馬虎，只給出他們願意給的。雖然金與正在南韓住五星級總統套房，卻帶自己的摺疊床來睡覺，退房後還把房間整理得清潔溜溜，沒留下半點指紋，就連一絲頭髮也沒有，以防南韓情報人員採集到任何金家人的DNA。

金與正是極少數受到金正恩信賴的人，在哥哥的政權中扮演愈來愈重要的角色，可說是集幕僚長、禮賓官與特助於一身。她既是金正恩的左右手，也是他的守門人（gatekeeper）*。

照這樣看來，這對兄妹正是在效仿父親的榜樣。當年金正日也跟妹妹——就是後來嫁給張成澤的金敬姬——如膠似漆，後來某位金家人曾說，金正日非常疼愛她。[1]金正日放逐同父異母的弟弟後，真的就只剩金敬姬這個親人了。因此，金敬姬扮演左右大局的顧問角色，在勞動黨內占有重要地位，直到金正恩處死她的丈夫後，她才銷聲匿跡。

二〇一二年底，這兩名女子在金正恩的馬術中心雙雙現身，同樣都穿著棕色夾克、騎著白馬。看樣子，金敬姬正在訓練姪女，協助她扮演好「第一妹妹」的角色，一如金正日當年訓練兒子。

金與正比哥哥金正恩小幾歲，至於確切的年齡差距，誰也說不準。南韓國家情報院說她一九八八年生，美國政府卻認為是一九八九年。她去伯恩跟哥哥作伴時，登記的名字是朴美香，出生日期是一九九一年四月二十八日。但這看起來未免也太晚了，大概是為了在瑞士學習新語言，才更改她的出生日期，以便加入低學齡班級。

從當時的照片可以看到一個笑容燦爛的小女孩，約莫八、九歲，戴著一九九〇年代末風靡一

---

* 即美國總統川普之女。
* 意指有權決定誰能獲得資源與機會的人。

時的頸鍊，身穿紅洋裝，圓鼓鼓的臉蛋與如今稜角分明的臉孔截然不同。就像母親一樣，她也熱愛跳舞。

金與正從小在北韓皇宮裡成長，過著與世隔絕的生活。父親總喚她「與正小甜甜」，或「與正小公主」，並認為她聰明機靈，具有優秀的領導才能。金正日認為，金正恩和金與正都具備適應政治生活的資質。[2]

金正日也將金與正送到瑞士，讓她在伯恩跟著兩個哥哥一起上學。她在那裡待到二〇〇〇年底，完成了相當於美國六年級的學業。外界認為，她後來先透過家教接受完整的教育，才接著去念金日成大學。

等到她哥哥準備接掌國家時，我們才終於又看到她的身影。二〇〇九年，在元山樹下拍攝的模糊家庭照中，金與正出現了；二〇一〇年，就在哥哥以接班人身分亮相的那場勞動黨代表會議上，她又一次現身。當時，金正日的第五任「妻子」*在他的私人祕書處工作，而金與正就站在她身邊。由此可推論，「第一妹妹」那時候也在私人祕書處工作。

金與正再度露面是在父親的葬禮上。她身穿黑色洋裝，骨瘦如柴，低著頭跟在哥哥身後，一起走向父親的遺體。但當時關於她的已知資訊少之又少，所以誰也不敢肯定那就是金與正，甚至有人推測她是金正恩的妻子——在那個階段，第一夫人李雪主還不為人知。

打從哥哥最初成為領導人的那段日子裡，金與正就常伴左右，鼎力輔佐。

正當魅力四射的李雪主陪在金正恩身邊，負責烘托領導人的摩登形象，扮演人人稱羨的成功榜樣，金與正卻只能做些苦差事。第一夫人可以穿得光鮮亮麗，勾著丈夫的臂膀四處閒晃，「第一妹妹」卻經常要屈居幕後，負責確保事事順利不出差錯。

二〇一七年在平壤閱兵大典上，可以看到金與正從露臺梁柱後方冒出來，把一本手冊交到哥哥手上。看樣子，眼前正在廣場上與天空中上演的壯觀場面，都和那本手冊大有關係。另外，金與正也在首都重要住宅建設的揭幕儀式上現身。當時，她就站在舞臺上確認攝影師都各就各位，並確保哥哥到場前一切都準備就緒，還時不時掏出手機檢查訊息。

她也曾偕同金正恩前往軍事場所、工廠與博物館，進行現場指導。她通常臉上掛著微笑、手裡拿著筆記本，看起來就和其他幹部別無二致——她總是穿得像公務員一樣。

自從哥哥接掌大權後，她在勞動黨的地位就節節高陞。

二〇一四年邁入尾聲時，金與正成為勞動黨宣傳煽動部副部長。宣傳煽動部控制著北韓所有媒體，決定了電視及廣播電臺播放的內容、報章雜誌刊登的新聞資訊，以及書籍是否符合出版標

*指金玉（Kim Ok）。

準，形同北韓領袖個人崇拜的守護使者。

金與正在宣傳煽動部內主管的單位是「5 號紀錄辦公室」（Documentary #5 Office），專門記錄北韓最高領導人的相關活動，並整理成報導與照片供官方媒體使用。想當年，她父親也曾為祖父扮演同樣的角色。[3]

不過，金與正在宣傳煽動部的職稱有點誤導視聽。她其實不是副手，而是主腦，之所以坐上那個位子，就是要確保哥哥能像祖父般以仁君形象示人，受到老百姓愛戴。在她接手前，這原本是一位八十九歲老先生*的工作。當時老先生是北韓政權叱吒一時的人物，在金正日葬禮上還曾緊貼著靈車行進，但到了二〇一六年中就突然消失蹤影。一轉眼間，「第一妹妹」反倒變得無所不在。

二〇一六年，金與正加入勞動黨中央委員會；隔年，她接著成為政治局候補委員，取代姑姑金敬姬原本的位子。從新政治局的照片可見金正恩位居中心，兩側有數十名老得該去領退休金的男人，還有一名年僅二十多歲的弱柳女子。

雖然北韓未曾宣告她是領導人的妹妹，但大家不用多聰明就能心領神會，畢竟一介年輕女子即使身為北韓權貴階級，要在權力階層中像這樣迅速高陞，並沒有什麼暢行無阻的門道。況且，從韓國命名傳統也可以看出，既然她的名字裡也有一個「正」字，那麼她和金正日、金正恩的關係大概非比尋常。

後來，金與正漸漸闖出一番名堂，終於榮登美國制裁名單之列——二〇一七年，她因在北韓策動嚴格審查制度，而遭控侵犯人權。她登上制裁名單後，美國公民就不得和她有商業往來，而她在美國的資產也遭到凍結。不過，金與正在美國本來就沒從事商業活動，也沒有任何資產。因此，以她為制裁對象的象徵意義遠大於實質，更凸顯出她在政權中的核心角色。

美國制裁對金與正來說不痛不癢。她繼續在北韓累積自己的影響力，在共產黨組織階層中一步步往上爬，就和金正日的妹妹如出一轍。

目前還看不出金正恩的接班人會是誰。即使他有兒子，想必年紀也還小，所以有人猜測，他正在訓練妹妹金與正，以防哪天自己遭遇不測，還可以由她來接管國家。

有一天，我見到一位專研北韓領袖的南韓學者。我問他，金與正有沒有可能成為哥哥的候選接班人？他一聽這話看著我，那表情彷彿覺得我瘋了。他答道：「她不能當領導人，她是女的啊！」他彬彬有禮，只差沒對我說：「廢話！」[4]

他說的話不無道理。女性身在沙文主義盛行的北韓，大概唯有扮演從旁支持的角色才算合乎

---

*指金基南（Kim Ki Nam）。

常理，而由家族中某個男性來接掌權位，才是最有可能發生的情況。或許，人在北韓卻行蹤成謎的哥哥金正哲，會利用妹妹那一身令人敬畏的好本領，將自己推舉為金家王朝名正言順的繼承人，並讓她繼續在幕後操持一切。

另一方面，「第一妹妹」似乎也已經開始為白頭山血脈傳宗接代。外界發現她左手無名指上多了一圈戒指，還傳出已經跟崔龍海（她哥哥麾下主將）的兒子完婚。據說她丈夫任職於第39號辦公室，也就是專門替領導人掙行賄基金的勞動黨單位。

金與正到南韓參加冬季奧運時，有人注意到她雖然身形苗條，腹部卻微微隆起，因而納悶她是否已經懷孕。後來南韓官員透露，她幾個月前才剛生產過。

自從「第一妹妹」到訪南韓後，兩韓交流就變得極度熱絡，政府官員也展開籌備工作，預計於兩個月內在板門店（Panmunjom，位於非軍事區中心地帶的停戰村）舉行峰會。

但在那之前，南韓先露了一手石破天驚的軟實力。一支南韓大型藝術表演團來到平壤，為金正恩及手下幹部呈獻「春天來了」（Spring Is Coming）演唱會。

表演團陣容有一大群歌手，包括南韓流行團體 Red Velvet，而她們的音樂其實已經遭北韓官方禁止。Red Velvet 是一支女子團體，成員個個染髮，穿著火辣，在演唱會上更當著北韓頭號壞男孩的面，表演當紅歌曲〈壞男孩〉（Bad Boy）。「每當我姍姍來到，男孩都為我傾倒，都忍不住——噢噢！」她們邊唱邊跳，但編舞並不像平時那麼挑逗。

金正恩和妻子——李雪主出身北韓音樂劇團，堪比南韓大量製造的女子團體——從頭到尾都不停拍手，最後全場起立鼓掌的時間更長達十分鐘。這是北韓菁英有生以來前所未見的場面——最起碼在檯面上沒有。

南韓音樂家先前就來過北韓演出，但在領導人面前表演還是頭一遭。而「偉大的接班人」之所以這麼做，全是為了加強自己身為統治者的現代感。金正恩告訴Red Velvet歌手，他甚至調整既定行程，只為了能出席第一場演唱會，親眼觀賞她們的表演。此外，他也就這份贈予平壤市民的「善意的禮物」，對她們表示感謝。雖然Red Velvet的演出已經收斂尺度，但對廣大北韓民眾來說，似乎還是有違善良風俗，因而在官方電視臺的播出畫面中通通被剪掉了。

儘管如此，金正恩仍然在演唱會後親自接見她們，甚至偕同妻子一起擺好姿勢，跟所有演出者留下一張合影：有染成金髮的南韓人、穿著超短褲與膝上靴的女子，還有團員個個一身白西裝的搖滾團體YB，而身穿中山裝的金正恩就在最中間。

這張照片登上《勞動新聞》頭版，以主要官方報紙而言，此舉著實叫人嚇一大跳。北韓政府嚴禁南韓音樂，一旦被抓到就以政治犯行論處，可能面臨不堪設想的後果。但事實擺在眼前，一群道德觀有待商榷的南韓異教徒，當時正跟這個實施南韓音樂禁令的男人合照。

至於言行不一這回事，北韓打死不認。官方媒體寫道，在聆賞表演時，「親愛的領導人同志表示心裡感動極了」，還說他看到北韓人民深入認識南韓流行文化，感到十分欣慰。

南韓歌手崔辰熙（Choi Jin-hee）年逾花甲，在演唱會後也見過金正恩。後來我去拜訪她時，她說金正恩本人非常親切，還告訴我：「我當然知道他殺了自己的姑丈，還做了很多壞事，但他說起話來鏗鏘有力，給人的印象非常好。」

崔辰熙紅極一時的歌曲〈愛的迷宮〉（The Maze of Love），據說是金正日的心頭好，所以她本來以為自己一定得在平壤演唱這首歌。不過她一到現場，人家就要求她唱一九八五年發行的南韓民謠〈遲來的後悔〉（Belated Regret）*。崔辰熙以前從沒演唱過這首歌，不禁一頭霧水，後來才知道是北韓領導人親自提出的要求。

「金正恩真的跑來找我，還說他實在很感謝我唱那首歌。」崔辰熙說，「後來我才從北韓歌手口中得知內情，聽說他母親在罹患癌症那段日子裡，很常聽這首〈遲來的後悔〉。」

金正恩掌權後，前六年裡都不曾出國旅行，一直在國內日理萬機。

如今妹妹已經幫著打點好一切，他也準備好改頭換面，要展現出負責任又受敬重的世界領袖形象。在這段轉型期間，他表現得像個詭計多端的謀士，在國際外交棋局中下得一手好棋。

金正恩已經邀請南韓總統參加一場峰會，不過他確實很機靈，竟提議讓南韓人出面交涉，居中替他安排跟川普的另一場峰會。因此，南韓人在前所未有的誘因驅使下，亟欲促成這樁美事。

二〇一八年三月初，冬季奧運開幕後不到一個月，金與正就遞出北韓的第一份邀請，讓南韓總統派大使專程到華府白宮開會。本來南韓大使還以為，他們得先跟美國官員商談，隔天才能見到川普總統。

沒想到，才開第一場會川普就走進來，把南韓代表團嚇了一跳。沒多久，川普當場答應跟金正恩開高峰會，又叫南韓代表團吃了一驚。事實上，川普甚至想馬上跟金正恩開會。

南韓人一聽全傻了眼，隨即反問川普：不是該讓南韓總統先見過金正恩，弄清楚他要的是什

---

*此為南韓雙人團體「賢與德」（Hyun-i & Deok-i）的作品，原唱者非崔辰熙。

麼嗎？而川普縱然心裡不情願，也明白他們說的有道理。

美國國安局幕僚請川普延後宣布這項決策，而川普給他們大約一小時去料理一切。於是，他們急忙跑去打電話給日本首相辦公室，向那群保守派盟友示警。接著南韓大使離開會議，走進白宮西廂（West Wing）車道，對媒體宣布這項消息。從外交角度看，這麼做其實很不合體統——外國政府就這樣代替美國總統公布了重大決策。

金正恩在國際間原本像過街老鼠人人喊打，但不知怎麼回事，他竟然成功讓各國領導人爭先恐後跟他會面。到了這時候，想締造歷史紀錄的可不只有川普一人。

在北京，國家主席習近平正注視著這場騷動。這位中國領導人已經表明，他沒空理會隔壁那個蠻橫的小夥子。中國與北韓過去七十年來，照理說一直是「脣齒相依」般的關係，但習近平與金正恩完全不顧這段歷史情誼，兩人各自即位近五年來連一面也沒見著。

金正恩始終沒照慣例前往邊界的另一頭，向偉大的共產黨金主兼守護者致上敬意；而二〇一三年初晉升為國家主席的習近平，也沒興趣跟金正恩打交道。歸根結柢，恰恰在習近平獨攬大權那一年裡，跟中國關係該是最密切的姑丈張成澤，就這麼給金正恩處死了。

中國不大欣賞金正恩汲汲營營發展核武及飛彈的行為。有一回，習近平在中國東部的杭州市，為世界二十大經濟體集團領袖主辦峰會*，北韓卻在同一天發射三枚中程彈道飛彈，顯然把中國人氣得火冒三丈。隔年習近平舉行「一帶一路論壇」(Belt and Road Forum) 開幕典禮，又一樣給北韓發出的隆隆砲聲毀了。這場盛會本來堪與「達佛斯論壇」(Davos)* 相媲美，傲慢無禮的北韓人卻當眾給中國國家主席難堪。

從這種挑釁舉動可以看出，年輕的北韓領導人簡直膽大包天。拒絕向隔壁的國家主席卑躬屈膝是一回事，但主動想辦法羞辱對方，又完全是另一回事了！

然而，二〇一八年初發生的事改變了習近平的布局思維：霎時間，習近平迫不及待想跟金正恩展開對話；或者更貼切的說法是，他不想變成唯一那個沒跟金正恩對話的人。

就這樣，金正恩帶著李雪主搭上北韓領導人專門列車，坐在塞得鼓鼓的粉紅扶手椅上，動身前往出巡之旅第一站：北京。根據中國官方媒體報導，金正恩要將北韓近年發展的最新資訊，親口告訴習近平。

習近平長期冷落這位北韓領導人，如今卻鋪紅毯迎接他——不是打比方，而是真的在北京火車站月臺鋪上一塊紅毯。接著，習近平和金正恩一起走紅毯、檢閱一支軍隊，然後留下笑容滿面

---

* 指二〇一六年G20杭州峰會。
* 即「世界經濟論壇」(World Economic Forum)。

的合影。此外，習近平的妻子彭麗媛是中國著名聲樂家。這次會面多了她和李雪主，更顯得華美迷人。

他們享用了一頓愉快的晚餐，關於昔日美好時光的黑白影片，正在大型銀幕上播映。有金正恩的祖父與毛澤東會面、並擁抱鄧小平和江澤民的畫面，還有金正日按照社會主義傳統禮節，三度擁抱江澤民及其接班人胡錦濤的畫面。

最後，習近平與彭麗媛挽著手，朝黑色轎車上準備離開的年輕北韓夫妻揮手微笑。那情景彷彿新婚夫妻第一次到新郎父母家過感恩節，用過餐後正要離開。

這其實頗令人訝異，表示他們雙方都已經認清，保持密切友好的關係對彼此都大有好處。雖然過去雙方關係一度變得緊張，但金正恩明白，他需要這個至今依然跟北韓最親近的盟友。

對習近平來說，既然金正恩已經展開對話，中國就不必再為美國實施「極限施壓」而操心，對朝鮮半島可能開戰的憂慮頓時煙消雲散，而他也可以回去煩惱老問題：如何確保北韓局勢穩定。從此，北韓海鮮回歸中國邊境城市市場，北韓工人也開始冒險重返中國工廠。雖然嚴格說來國際制裁尚未告終，但已經沒必要徹底執行。習近平不必再防範外敵入侵了。

金正恩回到老家後，北韓官方電視臺就開始大肆報導這趟中國行。大家才發現原來這趟旅行的每個片刻，都經過年輕領導人精心設計，好讓攝影機拍下來。在橫越中國與北韓的大橋上方，金正恩甚至也安排了攝影機，從上而下捕捉專用列車奔馳過橋的畫面。

「偉大的接班人」想讓他的子民從頭到尾看個仔細。他希望他們看到，兩國領導人當真肩並著肩，一同站在中國與北韓國旗前面，身旁也都跟著雍容華貴的夫人——金正恩儼然是跟習近平分庭抗禮的人物。

✪✪✪

一個月後，金正恩顫顫巍巍徐步而來，直到跨越混凝土緣石，走進區隔兩韓六十五年的軍事分界線，而南韓總統文在寅正站在板門店共同警備區（Joint Security Area）南側等著他。韓戰期間，文在寅的父母從北韓撤退到南韓，而共同警備區不但是非軍事區一部分，更是一九五三年為結束韓戰而簽署停火協定的地方。

金正恩走上前來，伸手跟面帶微笑的文在寅握手。兩人握手時間比一般情形更長，一旁媒體不停拍下這饒富歷史意義的一幕。

然後，這位北韓年輕人讓大家看清楚是誰在操控全局。他先越過分界線到南側，繼續拍下更多合照，接著就邀南韓領導人跟他一起越過分界線到北側。文在寅答應了。於是兩個男人就這樣手握手，站在嚴格說來是北韓的土地上，而南韓記者見狀不禁倒抽一口氣。一切都照著金正恩的劇本走。

從結果看來，二〇一八年四月二十七日是意想不到的好日子。兩韓領導人達成協議*，承諾要朝正式結束戰爭的方向努力，並促進雙方的關係。他們也對外宣布，要以朝鮮半島無核化為共同目標。看在美國華府（尤其是白宮）部分人士眼裡，這就像金正恩終於開始準備揚棄核武了。川普一早醒來看到南北韓峰會的新聞，就發了 Twitter 說：「看來好事正在發生。」

但事實上，使用「朝鮮半島」一詞可能會造成問題。長年來不管要談什麼協議，北韓總會堅持一項交換條件：美國須撤除朝鮮半島南半部的核武器。雖然美國已經按照一九九一年某項協議，撤除原本布置在南韓的核武器，卻還是會定期派可攜帶核武的軍機及軍艦到南韓。對美國及南韓軍事同盟來說，這一點向來不可能讓步。

就在四月二十七日這天，我看著金正恩和文在寅，沿著那條專為這場會面鋪在非軍事區的木棧道漫步，心裡仍然難以置信。他們單獨坐在公園長椅，在燦爛的陽光下談了半小時。讀唇專家分析錄影片段後表示，他們的話題涵蓋美國、聯合國、北韓核計畫，乃至川普本人。當時文在寅似乎正在解釋，之後美國總統會如何籌辦他自己跟金正恩的會面。[5]

這只是兩位領導人第一場會面，此後數月裡還會接連舉辦兩場會面。第二場其實是倉促成行，但表面上看起來就像事先安排的峰會，只是碰巧發生在金正恩與川普鬧得不像話的時候。第三場則是文在寅到北韓回訪的時候。

這種外交手腕的效果十分驚人。金正恩允許文在寅站上體育場講臺，對臺下十五萬名北韓人發表感人肺腑的演講。但照理說，金家人才是北韓人眼中唯一合法的朝鮮領袖，所謂的「南韓總統」毫無正當地位。到了二〇一八年末，雙方已經開始拆除非軍事區的邊防哨所。

此外，金正恩也下令關閉一座核試驗場，就在北韓北部一處山腳下。因為金正恩已經擁有他要的核武技術，而那座山經過幾次試驗又已經搖搖欲墜，所以他本來就再也用不著。但事實上，他這一招幹得漂亮，表面上彷彿正在中止核計畫，實際上卻不必捨棄任何武器。金正恩先在核試驗場大門口舉行爆破拆除儀式，再讓世界各國媒體播出爆破畫面，而這正是北韓一貫的伎倆：金正恩一臉不甘心，好像在讓步，但說到底只是在放煙幕彈——就這件事而言，確實放出不少「煙幕」。

*即《板門店宣言》。

另一方面，金正恩冷不防數度會見文在寅，雖然多半是表面工夫，卻帶給我們許多寶貴的情報。他們每一回會晤，我們都能一窺金正恩布局的手段。

這位北韓領袖以前老是放話要火燒武攻、毀天滅地，這時卻證明自己也能表現出國際政治家的風範，不光是平易近人，甚至能自我解嘲。

二〇一八年三月，德裔國際奧委會主席巴赫造訪北韓期間，金正恩帶他去宏偉的平壤五一體育場（May Day Stadium）看足球賽。

看球賽時，金正恩再三提到北韓教育制度很重視體育，而一般大眾也該靠運動來強健體魄。這位領導人說，運動最重要了。

金正恩說這話時很清楚，自己身為體態臃腫的男人還說重視運動，簡直要笑掉人家大牙。他能這樣自我調侃，著實叫人意外，但在北韓誰敢亂開這種玩笑，恐怕會被冠上叛國罪名。

看上去或許不是那麼一回事，不過他多多少少是這麼對巴赫說，「但我很喜歡運動，以前還常常打籃球」，然後大家就笑了。

透過這幾次會面，金正恩的健康狀況一覽無遺，而他的健康或許正是他最大的隱憂。這位年輕領導人看來很有可能心臟病發，顯然也一直有點健康問題，早在二〇一四年底那段「失蹤期」，就約略能看出這一點。當時他還只有三十歲，先是人間蒸發六星期，隨後又拄著枴杖重回公眾視線，據說是患了嚴重痛風的緣故。

四年後，兩韓領袖在初次會面時鏟土覆蓋松樹根部。不料六十五歲的南韓總統做來輕鬆自如，才三十四歲的北韓領導人卻氣喘吁吁，才動沒幾下就面泛潮紅。早先在另一次會晤時，金正恩的妻子曾對南韓大使說，她希望金正恩戒菸，卻勸不動他。

接著是同年九月，金正恩和文在寅一起去爬白頭山。他自己氣喘如牛，卻注意到文在寅似乎連大氣也不喘一個。熱愛登山的南韓總統告訴他，我也會喘啊，但爬起來這麼輕鬆的還不至於喘。

北韓人對領導人的健康情形保密到家。金正恩每一回出國——包括去新加坡——會晤，手下都會替他準備專用的流動廁所，以免遺留任何可能透露健康資訊的樣本。

然而，透過那幾次會面，外界已經取得大量北韓無從審查的錄影片段，足以讓醫學專家從金正恩外出活動的模樣，去推斷某些健康狀況。

首先，他們認為金正恩算是重度肥胖。他身高一百七十公分，體重據估約為一百三十六公斤，表示他的身體質量指數（BMI）高得不得了，差不多是四十五或四十六。

他行走的方式受到這種體型影響，導致腳趾頭與手臂都過度向外展。再者，醫生也推測他打鼾很嚴重。他們仔細研究金正恩的影片時，甚至計算他的呼吸次數。在第一場峰會上，他和文在寅才走了四十二秒鐘，就呼氣三十五次。他要不是當時太過緊張，就是太久沒運動而導致肺活量下降。

他們也注意到，金正恩的右腳踝似乎不太對勁，當時可能正戴著支架。這項觀察與二〇一四年報告不謀而合，但並沒有證據顯示問題出在他乳酪吃太多。

不過他們認為，「偉大的接班人」的確因工作壓力大而暴飲暴食，健康狀況怕是岌岌可危。「大致說來，胖到這種程度，再加上抽菸，大概會導致壽命縮短十到二十年。」仁荷大學醫院（Inha University Hospital）教授許允錫（Huh Yun-seok）說，並假定這位年輕的領導人已經罹患糖尿病。而他走起路來「顫顫巍巍」，也是體弱多病的跡象。另一位醫師提到，嚴重肥胖人士得關節炎的機率是一般人的四倍。

但「偉大的接班人」明白，不只他自己體質衰弱，北韓同樣國祚衰弱。

金正恩與南韓總統會晤期間表現得意外坦率。他談到照理說是「人民樂園」的北韓時，還不忘提醒那位南方領袖，說等他來到北方，就會發現相較於南韓高鐵，北韓運輸系統「不夠完善、不夠舒適」。

那天到最後，金正恩發表一場談話，並首度對全世界進行現場轉播。他和民選國家元首文在寅比肩站在講臺前，對現場媒體記者朗讀宣言，儼然是再尋常不過的世界領袖。

而李雪主身為妻子，也明白自己該怎麼表現。南韓人找來魔術師炒熱晚宴氣氛，這位北韓第一夫人卻率先逗樂所有來賓。「我是不是該消失了？」她打趣地問，全場氣氛瞬間變得歡快起來。

魔術師在屋裡走來走去，從來賓手上取來幾張紙幣。先是把大面額鈔票變成小面額，接著又把十元鈔變成百元鈔，最後遞給文在寅，逗得兩位領導人爆笑如雷。文在寅高舉手中那張百元美鈔，金正恩一看擺擺手，笑得樂不可支。這時有人高聲嚷嚷：「北韓不用再搞出口貿易，像剛才那樣用魔術變鈔票就行啦！」

他們都喝了不少酒。南韓人準備了某個頂級名牌的燒酒，酒精濃度高達四成，但在將近三小時的晚宴上，金正恩從頭到尾沒拒絕過旁人勸酒。[6]

晚宴結束時，北韓工作人員迅速進入屋內，把金正恩及妹妹在晚宴上用過的餐具通通收走，然後清洗到鑑識不出半點DNA的程度。

金正恩已經藉由這一次次過招，證明自己有本事插科打諢、施展魅力，還懂得對敵國領袖灌迷湯。從各方面看來，他都已經證明自己不是什麼狂人，而是老謀深算的領導人，始終按照計畫推進每一步棋。

金正恩小試身手表現不俗，這時已經準備好披掛上陣。

第十六章　與「豺狼」談判

「為朝美關係開創歷史新紀元的世紀會議。」

——《勞動新聞》，二〇一八年六月十三日

這個飽受奚落的男人遭世人小看，此刻正要取得迄今最了不起的成就。金正恩實乃小國領袖，北韓嚴格說來又還沒跟美國停戰，如今他卻一心要跟美國總統通力合作。金正恩進行這樣的會面後，在天下人眼中會顯得更像個合法領袖，更值得受到敬重。況且如果進展順利，未來說不定還能撤銷重創北韓的經濟制裁，甚至吸引美國投資。

二〇一八年六月十二日，就在不到九個月前，金正恩才剛威脅要「用烈火教訓這個精神錯亂的美國老番顛」，這天卻已經現身新加坡，偕同川普在地處僻靜的新加坡嘉佩樂酒店（Capella Hotel）步上舞臺。兩人站在悉心布置的北韓與美國國旗前方，先是相視而笑，接著互相握手，感覺上彷彿握了好幾分鐘。

這是舉世震驚的一幕，就連「偉大的接班人」自己也難以置信。

「對世界上許多人來說，這就像是科幻電影的畫面吧。」這位北韓領導人透過口譯告訴川普，同時和他走進雙方代表團候迎的內廳。

「小火箭人」再會了，「徹頭徹尾的瘋子」慢走不送，金正恩的言行舉止在在證明，川普以前說他是「精明的傢伙」（smart cookie），說得一點也沒錯。

從前祖父及父親努力過卻做不到的事情，金正恩做到了。

金日成離世前幾年，一直試著要和美國談一項「重大協議」，並曾兩度會見美國布道家葛理翰（Billy Graham）。一九九二年第一次會面時，葛理翰替他捎來老布希（George H. W. Bush）總統的口信。

正當柯林頓總統第二段任期邁入尾聲時，金正日曾邀他前往平壤。於是，柯林頓派時任國務卿歐布萊特出面考察，雙方關係似乎也有望從此升溫。而柯林頓沒親自出馬，反倒把任內最後幾個月全花在辦公室，處理另一項棘手的問題：以巴衝突。

然而，真正跟美國談成協議的卻是金正恩。

媒體上受訪的華府人士無不憂心如焚，時而大吐苦水，時而怒氣沖沖。他們說：「外交不是這樣搞的呀！」、「先協調好才辦峰會，哪有人先辦峰會再協調？」、「這是學他父親那套老把戲。」照這種辦法，美國根本無法讓北韓放棄核武。

但就我在新加坡的觀察來看，倒是很看好這樣的進程。我想都沒想過「偉大的接班人」會放棄核武，那可是他不可或缺的護身符，況且格達費的下場他還沒忘呢。

不過，金正恩大概願意放棄部分飛彈及核彈頭，以便解除經濟制裁，並讓國際社會接納他的領袖地位。他多少會刻意刁難，但看起來確實有合作意願。

再者，或許也該試試一點新花樣了。過去二十五年來，因循守舊的外交方法一直行不通，說不定這兩位標新立異的領導人，正是能另闢蹊徑的不二人選。

金正恩已經讓我們看清楚，他跟父親不一樣，相比之下更加大膽敢衝。而川普相較於歷任美國總統，也展現出另一番世人前所未見的作風。

打從入主白宮開始，川普就採取不尋常的做法來會晤世界領袖。他喜歡單獨見他們，有時只帶著一位口譯員。可見他有把握能和其他領袖建立融洽的私交，並達成有利的協議。

川普這一套正中金正恩下懷。再者，在亞洲不管做哪一種生意，私交本來就極其重要，一旦生意不好談，往往更是看情面來辦事。更何況，北韓是強人統治的專制國家，當然少不了套點交情。

一九七〇年代初，美、中試圖修復雙方關係，時任國務卿亨利．季辛吉（Henry Kissinger）費了數百小時，與當時的中國總理周恩來再三會晤。如今也一樣，現任國務卿麥克．蓬佩奧（Mike Pompeo）在峰會前後也花上許多時間，與金正恩及他的親信反覆磋商，會面地點包括華府、紐約，以及平壤。

既然金正恩和川普要辦這場峰會，峰會成敗就牽連他們的個人利害關係，在這樣的誘因驅使下，兩人都很積極要拿出一點成果。

此外，儘管兩人有許多差異，卻也有不少共同點。他們都來自烜赫門第，一個誕於帝王世家，一個生在企業豪門。他們都不是家中長子，都不是天經地義的繼承人，卻都成功向父親證明自己才是家族王朝的最佳傳人。而且，兩人都很喜歡浮誇的建案。

我會對這場峰會這麼樂觀，最主要還是因為金正恩已經清楚暗示，他現在要轉而全力以赴拚經濟——只不過這項訊息普遍遭外界忽略。

金正恩跟文在寅展開峰會一週前，曾先在平壤勞動黨會議上發表談話，宣布正式終止「並進」政策。他再也不必開發核武器——反正已經有了嘛。因此，他公開表示要即刻停止核試驗，也不再試射洲際彈道飛彈。

金正恩已經在軍事方面取得傲人成績，也剷除了批評人士與政敵。此刻，他準備繼續按部就班改革，推動北韓經濟成長。

金正恩說，從現在起他要聚焦於「新戰略方針」，專心致志發展經濟，而且他需要「對社會主義經濟建設有利的國際環境」，才能實現這項目標。

這是一項非同小可的轉變。經過數十年始終如一的先軍政治，在二〇一三年，他就已經展現過人的魄力，將經濟提高到與核計畫同等重要的地位。距離當時過了將近五年後，他更堂而皇之將經濟發展視為當務之急。

然而，以美國為首的國際制裁還沒結束，影響層面又十分廣泛，甚至可能扼殺北韓經濟。再者，要是金正恩不先贏得美國總統正式認可，也無法實現自己的外交目標：以正常國家的領導人身分，受到國際社會接納並信任。

✪✪✪

可以看出，金正恩一離開北韓便搖身一變，成為見多識廣的國際政治家。

金正恩的父親向來怕坐飛機，總是搭裝甲列車（armored train）去北京或莫斯科。而「偉大的接班人」不怕坐飛機，只是他也沒有性能特別可靠的飛機，所以乾脆吃現成飯，向鄰國金主討來一架中國國際航空（Air China）的波音747（Boeing 747）。波音747通常是中國總理的專機，而且是美國製飛機，機艙門邊有一個大大的星空聯盟（Star Alliance）標誌。

金正恩甚至沒設法掩飾自己借用座機這回事。北韓主要報紙頭版以全彩刊出他登機的照片，彷彿強大的中國出借噴射機給他，是一件值得引以為傲的事。

「第一妹妹」則搭另一架北韓飛機隨行。畢竟天有不測風雲，金家人似乎希望別冒險一次斷送太多白頭山血統。

而且，後勤準備工作也做得滴水不漏。金正恩當上領導人後，還沒去過離北韓這麼遙遠的地方，而護衛司令部（Supreme Guard Command）——也就是北韓領袖的私人維安人員，據估由高達十二萬名士兵組成——必須確保萬無一失。

金正恩及妹妹在瑞吉酒店（St. Regis Hotel）下榻，酒店大門口的安檢過程受到北韓護衛嚴密監控。附帶一提，他們同父異母的已故哥哥金正男在世時，到新加坡也喜歡投宿這一家酒店。

瑞吉酒店最頂端的三層樓全保留給北韓人，包括位於二十樓、一晚要價七千美元的總統套房，而酒店食宿費用都由新加坡政府買單。此外，電梯裡都有北韓護衛全天候站崗，以防閒雜人等搭電梯到十六樓以上。

北韓護衛原本想把酒店房間通通檢查一遍，但酒店管理層不許他們進入其他樓層房間。於是，他們徹底搜索頂層三樓每一間房，以及峰會會場的會議室，預先清除爆裂物、竊聽裝置，或任何可能傷害或冒犯北韓領導人的東西。

峰會過後，北韓工作人員必須進行大量清潔作業，以確保沒半點金家DNA遺留在房內。直到金正恩離開新加坡兩天後，他們才將這批房間交還給酒店管理層。

金正恩及妹妹待在瑞吉酒店時，活動範圍僅限於自己的房間，吃的是用平壤帶來的食材烹調的特製菜餚。北韓人先另外用一架貨機運來食材，再用冷凍貨櫃車將食材從新加坡機場送到酒店。此外，北韓人也用同一架貨機來運送金正恩的豪華轎車，以及授權武器和其他日用品。

金正恩一平安抵達新加坡就贏了一仗。

他在第一天會晤新加坡總理李顯龍，其父為新加坡建國領導人，也就是統治島國五十年的強人李光耀。後來李顯龍公開表示，時年三十四歲的金正恩是「充滿自信的年輕領袖」。

這下除了文金會合影，又多了一張官方握手照，能為金正恩的領袖地位多罩上一層合法的光環。

那日天黑後，金正恩接著走訪新加坡幾處觀光勝地，但並未事先對外公開。在新加坡外交部長與教育部長陪同下，金正恩帶上妹妹金與正，以及大批貼身保鑣與北韓攝影師，沿著波光粼粼的水灣散步。他們在濱海灣花園（Gardens by the Bay）——一座壯觀的未來主義公園——欣賞花卉，然後像去過那裡的無數遊客一樣拍下自拍照：金正恩朝新加坡外交部長的相機咧嘴微笑，當地溼熱的天氣讓他的雙頰泛起紅光。

他們一行人經過一座橋，接著四處晃晃，走到濱海灣金沙酒店（Marina Bay Sands Hotel）。金沙酒店頂端有一座巨大的混凝土船形建築，橫跨構成酒店的三幢摩天大樓，堪稱建築奇觀。附帶一提，酒店老闆就是賭場大亨薛登·艾德森（Sheldon Adelson）。艾德森曾在二〇一六年美國總統大選贊助川普，而金正男生前也經常造訪他開在澳門的賭場。

他們登上位於五十七樓的空中花園（Sky Park），那是一處附設無邊際泳池的露天酒吧區。金正恩在船型建築的甲板上站了約莫十分鐘，眺望天際線，眼前的摩天高樓頂部還有花旗銀行（Citibank）與滙豐銀行（HSBC）的標誌，正在暗夜裡閃爍光芒。

這位北韓領導人所到之處，都會引來大批群眾，不論觀光客或在地人，都想一睹為快。金正恩抵達所入住的酒店時，街道兩側擠滿了圍觀民眾，在警方搭起的護欄前翹首盼望。他沿著濱海藝術中心（Esplanade）漫步時，大批人潮又蜂擁到濱海灣岸，想拍張照片上傳社群媒體。他大駕光臨濱海灣金沙酒店時，民眾同樣在酒店大廳裡踮起腳尖，試圖從擁擠人潮中看清楚他的身影。而他經過頂樓的無邊際泳池時，池中泳客——有的穿著暴露的比基尼——還特地爬出泳池，就只為了把握機會拍張他的照片。

然而，諸如此類的行為，頂多是助長金正恩個人崇拜的完美養分。就像北韓有大批人潮聚集起來，證明自己對領導人忠貞不渝；新加坡也有大量外國人蜂擁而至，想看一眼「我們深愛並尊敬的最高領導人」。有關這一切的照片將成為北韓媒體的焦點。「看到了吧？」政治宣傳人員能這麼對北韓人民說，「金正恩在國外也備受尊崇。」

新加坡適合辦這場峰會的原因有很多。首先是一直以來，北韓持續對新加坡穩定輸入人力與商業活動。再者，北韓人容易旅遊的國家為數不多，但他們要入境新加坡甚至不必辦簽證。此外，新加坡可說是東南亞的意見領袖，而相互交流正好可以引導這個流氓國家棄暗投明。美國偏好用制裁與孤立來對付北韓，相較之下，新加坡傾向採取截然不同的方法。

其實，這並非第一次有亞洲領袖到新加坡取經。

頗富經濟遠見的鄧小平曾於一九七八年造訪新加坡。當時李光耀為他嚮導，說明自己是怎麼打造出這座先進的都市，令鄧小平欽佩不已。五年後，鄧小平就開始採用具有中國特色的社會主義。因此，面對另一個亟需經濟轉型，卻又極其畏懼政治變遷的亞洲國家，新加坡盼望能再次帶來鼓舞的力量。

就在隔天，從官方媒體出人意表的報導中，可以看出金正恩倒是從善如流。北韓主要報紙在頭版刊出他走訪新加坡的照片，包括他在摩天大樓頂層船形建築的照片。

此外，北韓媒體還加碼播出了一支長達四十二分鐘的電視紀錄片，叫人看得目瞪口呆。那支紀錄片叫作《開拓朝美新歷史的世紀會晤》（*The Epochal Meeting That Pioneered a New History between North Korea and the United States*），從各方面呈現這趟新加坡之旅。最令人詫異的是，從金正恩在瑞吉酒店留宿的奢華套房，到新加坡引以為豪的一幢幢富麗堂皇的特色建築，這支官方影片裡的新加坡看起來整潔、美麗又耀眼。

從影片可以看到，金正恩的車隊行駛在新加坡赫赫有名的購物街上，途經勞力士（Rolex）與Prada名牌店後，一行人下車沿著華美絕倫的海灣蹓躂。

「偉大的領導人同志說，」紀錄片傳來旁白的聲音，「從現在起，我們在各式各樣的領域上，都會鑽研新加坡卓越的知識與經驗。」

峰會過後，一位平壤經濟學者說，只要經濟制裁解除、政治氛圍有所改善，北韓就能藉由效法成功經驗，追上像新加坡或瑞士這樣的國家。這位學者表示，新加坡或瑞士「資源匱乏，領土

狹小，卻懂得運用自己的地理位置，來獲取最大的利益」。[1]顯然這位經濟學者從沒去過新加坡或瑞士，似乎也看不出短期內不可能發生這回事。委婉一點說吧，北韓還有別的障礙要克服，像是「民主」，或是「法治」。

金正恩正在對外界——更重要的是，對他自己的人民——發出訊號，說明這就是他的願景。這是至今最清楚的暗示：北韓領導人沒興趣當個愚昧的史達林式獨裁者；他想成為努力發展經濟的獨裁者，就像其他蒸蒸日上的亞洲獨裁先驅一樣。

✪✪✪

重大的日子來臨。這一天，金正恩即將與頭號死敵面對面，不論在政治上或個人安全上（疑神疑鬼的獨裁者隨時都擔心小命不保），他都有機會獲得高得不可思議的回報。

那天早上，金正恩離開酒店前往峰會會場時，身邊圍著超過四十名護衛司令部旗下保鑣。

這支菁英小隊的選拔門檻極為嚴苛，最優秀的人才從軍隊受到徵召後，必須經過一系列測驗，包括健康、性格、身高、外貌，以及——最重要的——家世背景。受命為「英明的同志」護駕的保鑣，一定要具備無可挑剔的政治紀錄，而且必須來自最忠誠的社會階級。一位已經卸任的保鑣寫道，要加入北韓領導人的維安小隊，「比穿過針眼還難」。[2]

不過一旦選上了，就能在北韓享有優渥的生活。金正恩當然希望佩著槍在他身邊打轉的人，個個都對人生感到心滿意足。

其中十二名保鑣在新加坡潮溼的天氣下，依然穿著黑西裝，跟在金正恩的豪華轎車邊小跑步。這段錄影畫面讓他們一時成了網路紅人，似乎也道盡北韓領導方式的荒謬之處。

其實，金正恩是從克林．伊斯威特（Clint Eastwood）身上想到這個人肉盾牌的主意。小時候他看過電影《火線大行動》（*In the Line of Fire*），主角伊斯威特飾演的美國特勤局（US Secret Service）探員，於一九六三年甘迺迪遇刺時擔任他的保鑣，而其中一幕正是他和其他探員圍著總統座車奔跑。[3]

金正恩的豪華轎車同樣值得注意。他搭乘Mercedes-Maybach S 600 Pullman Guard抵達會場。那部轎車長約六．四公尺，不到一年前才剛正式發售，零售價為一百六十萬美元，貴得嚇人。

梅賽德斯-賓士（Mercedes-Benz）將這款「頂級奢華轎車」推銷給「國家元首與其他特別需要防身的人」。根據該公司的說法，這款轎車「後座貴賓席空間寬敞，品味高雅」，但吸引金正恩的無疑仍是那一系列維安配備。

這款轎車全副武裝，禁得起機關槍掃射。車底有爆炸防護功能，能阻斷爆裂裝置；後座後方有一面鋼板，能保護乘客的頭部，防止任何穿過後窗的東西造成傷害。由於有這些設備，這款轎車重量高達五噸，車門也因太過厚重，而另外加裝專用馬達，來驅動車門開啟或關閉。

兩位領導人一開始在媒體鏡頭前握手相會後，接著就展開一對一會議——更確切地說是二對二會議，因為雙方都帶著口譯員。金正恩劈頭就用英語說：「很高興認識你，總統先生。」後來，我問了十幾個見過金正恩的英語或德語人士，是否聽過他用英語或德語這麼殷勤打招呼，他們都說沒有。然而，他卻為了川普額外下功夫。

金正恩在那五小時會晤過程中，證明了他完全懂得該如何操弄這位美國總統。

他比川普早一步進入酒店，符合傳統上尊敬長輩的韓國規矩。川普的年紀是金正恩的兩倍有餘，表示他的地位比較高，理當晚一點現身。再者，韓語以複雜的層次來區分表示敬意的程度，而金正恩與川普對話時，一定會採用最高敬意的措詞。他知道，這位美國總統大概會欣賞這一點。川普的口譯也告訴他，這位北韓領導人的措詞畢恭畢敬。

這位美國總統自負出了名，而金正恩利用這一點也不是第一次。峰會來臨前幾週，他就派出親信金英哲（Kim Yong Chol）前往白宮，替他送一封信給川普——不只是一般的信，而是裝在超大信封裡的信，還因此成了漫畫的笑料。後來白宮發布照片，川普拿著大信封，咧著嘴笑嘻嘻，而網路上隨即有人將川普比作益智問答節目贏家，手裡拿著巨大的支票。

峰會期間，金正恩看上去並不緊張，反而相當迷人。他談笑風生，顯然明白該如何博取好感，卻也在乎別人怎麼看待他。他希望自己看起來溫文有禮。

美國總統將這位北韓領導人引介給自己的團隊時，語調十分輕快。隨後金正恩提到，之前川普斷言不到一分鐘就能看透他，現在看出什麼沒有？於是川普回答，他發現同為國家領袖的金正恩堅強、聰明，而且值得信賴。

金正恩接著毫不遲疑將矛頭轉向約翰·波頓（John Bolton），也就是川普的鷹派國安顧問。就在幾個月前，波頓才剛寫了一篇專欄，闡明用飛彈攻擊北韓的合法論點。[4]

北韓與波頓早在以前就結下梁子。當年波頓在小布希政府擔任幕僚時，平壤政治宣傳人員就曾將他譏為「人渣」、「吸血鬼」。而波頓也有個自己喜歡派上用場的笑話：怎麼分辨北韓人是不是在說謊呢？只要嘴唇在動就是了。

但如今在新加坡，川普才剛誇獎完金正恩，這位北韓領導人接著就問波頓怎麼想。這位國安顧問頓了一秒鐘，才委婉回答：「我老闆最懂得看人了。」

兩位領導人當著媒體的面，坐在扶手椅上對話時，金正恩對川普說他很高興能開這場峰會。

「走到這一步並不容易。過往束縛著我們，舊時成見與慣例妨礙我們前進，但如今我們克服萬難，在這裡齊聚一堂。」他說。

川普聽完就亮出招牌動作，對金正恩比了個「讚」。

這位寫過《交易的藝術》的男人被迷住了。川普說，北韓領導人「很聰明」、「很有才華」，而且是「很優秀的談判者」。他還說，金正恩年僅二十多歲就接掌國家，而且「有能力雷厲風行治理國家」，已經證明自己是「萬中選一的人才」，並說他們倆已經建立「非常特別的關係」。川普說，他信任金正恩。

金正恩在峰會前後都寫過信給川普。長僅一頁的韓文短信，附上由北韓這邊提供的英文翻譯，堪稱大師級的熱烈恭維。

金正恩用「閣下」（Your Excellency）來稱呼川普，不斷表示這位美國總統聰明絕頂，具有高超的政治思維，還說能和蓬佩奧合作真是太棒了。蓬佩奧以前是CIA局長，後來成為川普的國務卿。到了九月底，川普更說他跟金正恩「戀愛了」。

然而，這場談判要走到這一步，其實相當不容易。

二〇一八年四月蓬佩奧前往平壤，了解南北韓最新會晤成果。當時，他直截了當問金正恩是否打算棄核。雖然金正恩當下答得很動聽，但誰知道他是發自真心，還是暗藏鬼胎。

「金委員長說他既是人父，也是人夫，實在不願意看到自己的孩子終生背負核武器。」CIA韓國任務中心（Korea Mission Center）主任安德魯·金（Andrew Kim）說。金在這趟北韓行中擔任蓬佩奧的口譯。[5]

事情看起來相當順利。就這樣，在峰會開始前數個月，雙方就先派出談判代表來達成協議。雖然會面地點在非軍事區的板門店停戰村，但北韓人必須一再開車經過坑坑巴巴的公路，回到平壤進一步請示領導人，所以談話進展得十分緩慢。

即使是到新加坡以後，兩國代表團仍舊抱持截然不同的態度，各自擬了不同的協議草案。峰會前一晚，蓬佩奧在新聞記者會上表示，「美國唯一接受的結果」是「完全（complete）、可驗證（verifiable）、不可逆轉（irreversible）的朝鮮半島去核化（denuclearization）」。其中，CVID——D其實是指「裁軍」（disarmament）——是指涉具體目標的術語。根據CVID規定，北韓還必須允許國際檢查員在境內自由視察。

美國代表團對北韓棄核承諾存疑其來有自。金氏政權簽署過多項核協議，但每一回都想盡辦法違背承諾。

峰會結束時，金正恩在協議中占了上風。關於放棄核武與彈道飛彈，他沒做出任何具體承諾就揚長而去，僅僅重中四月與南韓總統訂定的模糊協議，也就是以朝鮮半島無核化為共同目標——況且，朝鮮半島可不是指北韓，而是**北韓與南韓**。

前一晚美國國務卿蓬佩奧堅持的「完全、可驗證、不可逆轉的朝鮮半島去核化」，在協議中隻字未提。

此外，川普也答應暫停兩年一度的美韓聯合軍演。美韓聯合軍演至關重要，旨在為朝鮮半島突如其來的變局做好準備，像是政變或北韓入侵。

北韓認為這種聯合軍演形同挑釁，還逼得自己也要發動軍演來回應，白白消耗許多資源。國防部助理部長蘭迪．薛瑞福（Randy Schriver）與川普的首席亞太顧問博明（Matt Pottinger）就坐在一邊，聽了談話內容都不敢相信自己的耳朵。於是他們卯起來互傳訊息，希望能想出對策。他們一人去打電話給日本國安顧問，另一人去打給南韓國安顧問，想要搶在消息公布前向美國兩大軍事盟友示警。尤其是鷹派日本政府，得知消息後大概會憂心如焚。

但後來川普宣布暫停聯合軍演時，還是搞得人心惶惶。峰會過後，這位美國總統在一場新聞記者會上，將美韓聯合軍演說成「戰爭遊戲」——就和北韓的說法一模一樣。

金正恩曾對代表美國進行談判的蓬佩奧一行人說，雖然美國與南韓聲稱聯合軍演旨在防禦，北韓卻會覺得受到冒犯。[6]

再者，川普也對北韓領導人說他願意簽署宣言，終結韓戰，等於讓金正恩又贏了一回。[7]帶著大信封赴美的金英哲，就是趁著在白宮橢圓形辦公室開會時，向川普提出這個主意。

金英哲說，拿出新辦法來確保朝鮮半島長久和平，表示川普政府願意與北韓邁入有別以往的關係。川普則表示，他不排斥簽訂停戰宣言，但未來雙方仍須設法達成真正的和平條約。

雖然維持戰時狀態有助於營造北韓國內凝聚力，但金氏政權早就想要簽署和平條約了——這樣北韓就能堅定立場，主張美軍沒必要繼續駐紮在南韓。然而，美國一向不願意將軍隊與軍事設備撤出南韓，任由盟友陷入險境。

金正恩耗費大量金錢與精力才得到核武庫，但現在至少要放棄其中一些，因此，締結和平條約對他來說不失為一個可下的臺階。再者，一旦朝美雙方脫離嚴格意義上的戰爭狀態，北韓也就有辦法擺脫重創國內經濟的國際制裁。

儘管華府人士不屑川普的戰術，但這位美國總統對於什麼能激勵金正恩，倒是顯得頗有見地，叫人意外。這一回表現的手法同樣非比尋常，卻能激發金正恩的認同感。

會晤過程中，川普拿出 iPad 請北韓人看一支影片。雖然川普說是國安人員做了那支影片，但片尾工作人員名單顯示是製作公司「Destiny Pictures」。後來，川普也讓北韓人帶了一份複製檔案回去。

那支影片勾勒出一幅前程光明的願景，看起來可笑至極，但用在金正恩身上倒也正中紅心。

影片一開頭是一張白頭山頂的火山口湖照片，接著畫面迅速掠過一些世界地標建築，有埃及金字塔、古羅馬競技場（Colosseum）、泰姬瑪哈陵（Taj Mahal）、曼哈頓摩天大樓，當然也有金日成廣場。

影片旁白說，這是「一個關於機會的故事」，關於「兩個男人，兩個領袖，唯一的命運」。影片從頭到尾不斷呈現這兩個男人，把他們刻劃成旗鼓相當的人物。

但更重要的是，影片將北韓描繪成巨大的發展機會，在平壤天際線上綴滿吊車。影片先播出那張著名的北韓夜景外太空空拍照[*]，再為空拍照上黑洞般的北韓大地點亮燈火，看起來就好像北韓與南韓擁有一樣多的電力。

川普在峰會過後對記者說，「從房地產的角度想想看」，想像「漂亮的公寓大樓」蓋在元山「漂亮的沙灘上」。「哇，看看這片景色，你可以擁有世上最棒的飯店。」他說。

那支影片有一張特別醒目的照片，是高度開發的佛羅里達海灘，而川普名下的私人度假村海湖莊園（Mar-a-Lago）就在這裡。

一位評論家打趣說，這不是現實政治（realpolitik）[*]，而是「房地產政治」（real estate politik）。[8]

川普想誘使金正恩放棄核武，成為國際社會的合法成員，所以設法讓他覺得自己快要錯過大好機會。

美國總統對這位北韓領導人說，在關於成功與人類進步的各種排行榜上，你樣樣都敬陪末座。不過川普接著就改口，加油添醋對金正恩說，只要你願意重新省思關於成功的假設，想一想成功還有什麼可能的面貌，那麼，我們也會很樂意協助。

川普甚至提出幾個不同的榜樣，建議「偉大的接班人」如法炮製。他以中國與越南為例，說明即使採行資本主義經濟原則，共產黨仍然能保有政治掌控權。他甚至建議北韓效法世界第三大經濟體日本，成為君主立憲國家。他建議金正恩向日本天皇看齊，成為廣受敬重的虛位元首，並由民選政府負責治理國家。[9]

長久以來，北韓政權有很多機會採行中國式或越南式改革，但它從來就不想走那條路。再者，金正恩一定也不想像日本天皇那樣，就只是當個傀儡——順帶一提，現任天皇的父親當年還曾殘暴占領朝鮮半島。儘管如此，兩人各自的願景還是有其他可討論的空間。

因此，就算川普趁金正恩坐下吃午餐時對攝影師揶揄說，一定要把他們拍得「又帥又瘦又完

* 指 NASA 公布的外太空夜間空拍照，照片中南韓與中國大陸皆燈火輝煌，唯獨北韓幾乎一片黑暗。
* 在內政與外交上以現實條件與利益為首要考量，而非意識形態或道德原則。

美」，金正恩照樣可以感到怡然自得。

這頓午餐就像這場談話一樣煞費苦心才大功告成。菜單上每一道料理都經過來來回回討論才決定。最後，他們這頓工作午宴吃的是「東西合璧餐」，共有九道菜，包括油封牛肋排、韓式時蔬醬燒鱈魚，以及甘納許黑巧克力塔。

北韓人對飲食安全草木皆兵，遠超乎川普總統手下人員接待過的其他領袖。金正恩的試吃人員更提早兩小時到場，檢驗飯菜是否遭到下毒。

不過午餐桌上的談話氣氛十分輕鬆，還聊到籃球與汽車。金正恩對波頓說，他在北韓「名聲很響亮」，然後提議兩人一起拍張照。金正恩說這麼一來，也許能提升波頓在平壤政府強硬派眼中的形象。金正恩說的強硬派，大概就是幾年前將波頓斥為「人渣」的北韓官員。然而，這位華府強硬派聽了這話只是放聲大笑，算是給金正恩的答覆。[10]

川普接著提議讓金正恩看「野獸」（the Beast），也就是他滿載高科技維安配備的裝甲禮車。眼看他們倆先是相偕走向那部特殊轎車，隨後金正恩又邁向敞開的車門，我還以為他們打算一起開車去哪裡兜風，不過川普手下的特勤局探員搶先出面阻撓，不讓任何北韓人有機會靠得太近。

後來，兩人一起在嘉佩樂酒店綠意盎然的庭園漫步，還登上其中一個露臺向眾人揮手致意——跟英國女王在白金漢宮（Buckingham Palace）露臺上揮手有幾分像。

他們一行人接著就到一間巨大的會議室，準備簽署那份語焉不詳的文件。一名戴著白色乳膠手套的北韓官員，已經先替領導人檢查並清洗放在桌上的筆，但「偉大的接班人」連碰都不碰那支筆。金與正拿文件給哥哥簽署的同時，遞給他一支價值一千美元的萬寶龍（Montblanc）鋼筆；等哥哥簽完文件後，她又將鋼筆收回自己的手提包裡。

金正恩簽署這份文件後，又為歷史添上新的一頁。在這之前，他已經在不合時宜的獨裁政權中駕馭住高層幹部，也已經製造出氫彈及射程遠達美國大陸的飛彈，一次又一次讓大家跌破眼鏡。

現在，金正恩又成功讓世界第一強國總統宣布，願意同心協力實現他的願景。眼下棘手的問題，就是要想辦法解除美國率眾實施的制裁，好讓北韓經濟蓬勃發展，又不必放棄作為核心軍事力量的核武與飛彈。

核計畫依舊完好無缺，而金正恩一回到老家，就展開保權戰略第二階段：提升全國人民生活水準。

從這一刻起，他執政早年那種放牛吃草的經濟方針宣告結束。

酷熱難耐的七月天，金正恩來到位於朝中邊境新義州的紡織廠，為了工廠屢屢未能達到目標，以及那「像馬廄一樣的破爛建築」，而狠狠訓斥一群主管。

他到附近視察化學纖維廠時同樣不假辭色，後來廠內主管企圖推諉塞責，更氣得他嚴詞痛批。「我視察過千百個單位，還從沒看過這種工人！」金正恩按捺著一肚子火說。

他一路從東北部巡到西南部，沿途視察紡織廠、魚塭、造船廠、馬鈴薯加工廠、發電所、餅乾工廠、背包工廠，以及採煤機。此外，他也針對泡麵包裝給予建議。

過去金正恩為了發展核武與飛彈計畫，對軍事建設傾注極大的熱忱，現在卻通通轉移到經濟建設上。他鼓勵工人秉持「立體戰」(three-dimensional warfare)*的精神做好工作，並要求大家像打「閃電戰」(blitzkrieg)*一樣迅速完成建設。他甚至下令要一支軍團騰出場地，以便「以閃電般的速度」建造一座大型蔬菜溫室。

金正恩擺明要振興市場，鼓勵民間消費，彷彿國家存亡全繫於此。不過，金家政權存亡倒是一定要靠經濟。他已經兌現承諾，在主打「並進」的第一階段取得核武，如今必須邁入第二階段，用相同的熱情來處理經濟問題。

金正恩倒不是出於關心人民福祉才這麼做。從他過去七年的種種行徑就能清楚看出，他壓根兒不在意一般百姓的死活。

沒錯，他只在乎自己能否長治久安。祖父活到八十二歲，父親活到七十歲，金正恩大可幻想自己繼續統治個三十年、四十年，甚至五十年。

金正恩自二〇一一年掌權後，已經採取時而利誘、時而威嚇的手段，把擁護他當政的黨幹管得死死的。他已經落實可靠的核武計畫，已經稍微鬆綁國內經濟管制，已經說服那位自由世界領袖相信，他是理性思考的領導人。同時，他也已經讓「金主」中國的領導人打消疑慮，相信他還是懂得最起碼的分寸。

如今，他正迎來迄今最大的考驗。他必須向北韓人民證明，在「偉大的接班人」治下，生活正變得愈來愈好。

＊意指陸海空三方協同作戰。

＊意指出其不意地進攻，讓敵人猝不及防。

終幕

縱然北京大馬路上常有兩千一百萬人通行，這座城市的交通說起來仍是糟糕透頂。二〇一九年一月九日，二環路交通癱瘓得厲害，不少人乾脆乘隙在車子旁邊做做早操。我也下計程車為眼前交通壅塞的景象拍張照，順便試試能否看見金正恩的車隊。

金正恩又進北京城來了。話說人民大會堂是一座富麗堂皇的大禮堂，位於天安門廣場西側。就在前一晚，國家主席習近平為了慶祝金正恩三十五歲生日，才剛在大會堂舉辦奢靡的晚宴，隔天又在國營的北京飯店——毛澤東當年也在同一家飯店款待金日成——辦午宴，招待這位年輕的鄰國領袖用餐。

事到如今，經過互相敵視的前五年，習近平表現得彷彿金正恩浪子回頭，而金正恩訪中也成家常便飯，不再是什麼新鮮事，徒然給北京通勤客添麻煩。

「偉大的接班人」已經排除萬難，以不同凡響的方式轉型成功。他順利說服幾位最有權勢的世界領袖，將他視為合法國家的正常領袖。

確實，八天前，金正恩發表元旦談話時十足一副一國之君的架勢。不像往年站在講臺上發言，他在午夜鐘聲響起時步入鑲滿木板的書房，坐進皮製大扶手椅。他的背後懸著父親與祖父的肖像，書櫃裡滿是皮裝書。

這幅畫面似曾相識，並非純屬巧合。金正恩手下有個親信，正在讀小羅斯福（Franklin Delano Roosevelt）的傳記。後來，他明白建議金正恩學小羅斯福總統的著名方法，像經濟大蕭條時期的「爐邊談話」般發表今年的元旦談話。

一九三〇年代，小羅斯福就靠這招培養和美國人民的親密感。如今「偉大的接班人」如法炮製，企圖與北韓全體公民拉近距離，順便讓大家更相信他是值得敬重的領袖。

一週前才剛度過三十五歲生日的金正恩，現在正穿著西裝發表談話。他說，二〇一八年一連串事件「留下不可磨滅的歷史印記」，接下來的二〇一九年，將是「充滿希望」的一年。

「隨著南北關係在雙方努力下迎來重大轉捩點，我盼望能放心相信，朝美關係將在這一年裡結實纍纍。」他看著提詞機讀稿，偶爾瞥一眼手上的筆記。

在這段講話中，他有三十九次提到「經濟」，只有一次提到「核計畫」，而且是為了宣告北韓政權再也不開發、試驗、使用或增產核武器。

核武退居幕後，飛彈銷聲匿跡，至於不到兩年前在馬來西亞暗殺同父異母的哥哥這回事，幾乎給忘個精光，而後來的美國大學生溫畢爾之死，也逐漸淡出公眾視線。關於溫畢爾事件，川普總統甚至放了他一馬。二月底在越南完成第二次會晤後，川普說：「金正恩告訴我，他一點也不知情，而我相信他說的話。」

然而，第二次峰會結果顯示，朝美外交之路將是一波三折。

川普已經斷言，正因他採行「極限施壓」大作戰，才成功誘使金正恩走出核掩體，登上談判桌。

這其實是一種誤解。的確，經濟制裁對金正恩起了某種作用，但那並非唯一的因素。這位北韓年輕人首先具備自信與確實可靠的核武計畫，最後加上國際制裁的壓力，才讓他有了展開對話的動力。

另一方面，北韓人同樣難以理解川普的行事作風。他們想要看明白川普的決策邏輯或決策模式，以便根據他的為人進行沙盤推演。

有位北韓官員為了蒐集線索，還特地去看以白宮與國務院為藍本拍攝的美國電視劇：《白宮風雲》（*West Wing*）與《國務卿女士》（*Madame Secretary*）。那位官員詢問一位美方發言人：「那就是白宮運作的方式嗎？由部門官員向白宮政府提出想法，是一種由下而上的過程？」美國人聞言吃了一驚，想辦法婉轉回應這個問題：「不是，剛好相反，川普的做法非常傾向由上而下。」

就這樣，雙方各自帶著誤解到越南河內市（Hanoi）展開峰會。川普指望一心發展經濟的北韓領導人情急之下，會不惜以放棄核武來換取美國解除制裁；金正恩則相信重大決策全由川普定奪，還以為他極力要在Twitter上發表外交勝利。

兩人第一晚在河內市一起吃北韓霜降牛排時，才發現彼此的談判出發點，就像各自對牛排熟度的喜好般大相逕庭——金正恩喜歡一分熟，川普喜歡全熟。

北韓外務省副相崔善熙在峰會結束後表示，只要明訂條款，規定一旦北韓重啟武器試驗，美國得即刻重新施加經濟制裁，川普就願意解除目前的制裁。

然而實際上，強硬派國安顧問波頓與國務卿蓬佩奧從中作梗，已經說服上司川普放棄對北韓放寬制裁。這位美國總統對北韓領導人說，他必須先全面放棄核計畫，經濟制裁才會開始鬆綁。

基本上，數十年來歷任美國總統就是想談成這項協議，而波頓任職於小布希政府時也是這種打算。

偏偏這種談法向來不會成功，完全沒顧及北韓最初發展核計畫的原因：為了讓美國投鼠忌器。

談判要成功就不能光是談去核化。不但要徹底扭轉朝美七十年來惡劣的關係，還要讓金正恩相信沒必要用核武防著美國，或起碼也要說服他同意，這麼多核武器與用來搭載核彈頭的飛彈，其實都用不著。

在這樣的過程中，雙方都必須表達出充分的信任，放慢腳步建立起穩健的常態關係。藉由設立方便雙方對話的聯絡辦事處，來作為日後發展全面外交關係的基礎，就是很好的第一步。下一步則是設法簽訂和平條約。的確，雙方已經在新加坡商定採行漸進互惠的合作方式，而雙方官員在兩場峰會間也不斷商量實際做法。

話說回來，金正恩到河內會談是有備而來。他表明願意逐步拆除寧邊核設施（這座工廠反正派不上用場），條件是川普解除二〇一六至二〇一七年間施加的貿易制裁。這項制裁行動幾近經濟封鎖，用意是對飛彈試射與核試驗進行懲罰，讓北韓無法對其他國家輸出海鮮、金屬、煤。

美國人懷疑北韓人會不守信用也有理，畢竟早在十多年前，金正恩的父親就曾這麼提議，甚至炸掉位於寧邊的冷卻塔，私底下卻繼續在其他核設施實行核計畫。

然而，金正恩顯然認為自己的提案夠好了，至少一定能暫時中止經濟制裁，所以他想必不會讓步。

結果協議談不攏，兩位領導人拂袖而去。銀製餐具與玻璃杯原封不動，擺在他們原該一塊兒用餐的桌面，本來要為兩位領導人端上的肥肝（foie gras）與鱈魚，全給飯店工作人員吃掉了。原子筆躺在預先為簽署典禮備妥的桌子上，只是典禮始終未曾舉行。正當這兩個男人忙著使出虛張聲勢的「邊緣策略」（brinkmanship）*，另外兩個擁有核武的國家——印度與巴基斯坦——卻陷入真正的軍事衝突。

若非這種口水戰確實攸關生死，整個場面只會顯得荒謬至極。

這兩位領導人並不因循守舊，而他們最大的優點正是破舊立新，可惜現在都受到傳統思維矇蔽了。

✪✪✪

*利用軍事力量把事情推向開戰邊緣，從而說服對方屈服的戰略。

到了這時候，大家往往很容易認定整個努力過程註定要失敗，還把河內會談當成歷史重蹈覆轍的證據。二十五年來斷斷續續的外交努力已經證明，對朝美外交接觸別抱太高期望，才是明智之舉。

不過，我從北京觀察這一系列事件的動向時，卻仍然保有樂觀的預感，覺得這一回可能有別以往。我照樣斬釘截鐵認為，金正恩不可能放棄核計畫這把「寶劍」。他才不想變成下一個格達費，明明放棄了核武器，卻落到腹背受敵乃至政權傾覆的下場。再者，我認為他也不會採行中國式或越南式經濟改革。鄧小平推行「改革開放」後，成功讓中國轉型為世界第二大經濟體，但金正恩無法在北韓複製這種模式；越南在「革新政策」下國勢蒸蒸日上，但金正恩同樣無法沿襲這種路線。

不論在中國或越南，即使資本主義變成激勵許多人的意識形態，共產黨仍然都成功穩住掌控權，但兩者與北韓有個決定性的差異。中國與越南的共產黨都不是家天下，歷任領袖各有各不同的姓氏，再怎麼樣都得為了謀奪高位而內鬥。在北韓，金家人可不會容許這種領袖爭霸戰。

正因如此，經濟協助誘人歸誘人，聽在「偉大的接班人」耳裡卻可能覺得很危險。先前川普曾對金正恩說要提供經濟協助，算是其中一種改革模式，後來美國談判代表在越南也再三提到這一點。

有鑑於北韓經濟不能就這麼開放，勢必要先大幅鬆動金家的支配權，才能讓資訊、財富與人民更自由流動，因而長久以來，北韓都將外界力勸改革的行為視同要求政權更迭。

然而，當中或許還是有某種折衷方法，金正恩也許會放棄一部分核計畫，也許會一步一步邁向某種經濟自由化試驗。安德烈．蘭科夫（Andrei Lankov）是研究北韓的著名學者，曾就讀金日成大學，他形容這種方法是「不開放的改革」（reform without opening）。

而金正恩可能採行這種方法的原因在於，儘管談判過程起起落落，他的目標卻一直都很清楚。

他已經仿效鄧小平的第一部分格言：「讓一部分人先富起來。」現在，如果他想順利在未來的日子裡保住權力，就要貫徹大家常忘掉的第二部分格言：「然後帶動其他的人，逐步達到共同富裕。」

因此，他要自己主導一波切實有感的經濟成長，絕不能假手外人。

眼下正好出現千載難逢的一線機會，雖然目標可能實現，但機會稍縱即逝。「偉大的接班人」已經連番締造出人意表的成績，和平會談也讓北韓人民對他刮目相看。現在，他要搶在民主思潮來襲、民眾興致消退之前，維持住他在老百姓心目中的正面形象。

南韓總統文在寅積極接納北韓，是促進兩韓外交關係的重要推手，不過他的任期只到二〇二二年，卸任前一兩年的權力還會變得大不如前。文在寅為人堅忍不拔，行事棉裡藏針，是不可多得的談判夥伴。換作其他繼任者，恐怕都不會像他這麼熱衷促成兩韓和平。

另一方面，金正恩最近找上的談判夥伴川普，到二〇二〇年底就要競選連任，甚至比文在寅更早，能否連任成功也還很難說。

北韓人很擔心川普的連任之路。金正恩的顧問還找上傳統的北韓算命師，卜一卜川普會不會連任。（答案是會。）

至於川普這邊，同樣表示希望繼續談判。他回到華府後在Twitter上寫道：「我們關係好得很，接下來拭目以待吧！」

到了三月底，川普已經表明他是多麼樂意和金正恩談協議，就這樣推翻自家財政部一天前才剛對北韓施加的新制裁——看起來是在對北韓領導人釋出善意。後來外界要求說明這項出乎意料的舉措時，川普的發言人說：「川普總統喜歡金委員長，而且他認為沒必要實施這些制裁。」

金正恩可以打包票，要是一年後川普輸掉選舉，下一位與他周旋的總統大概沒有這麼好擺布。

不過，金正恩用不著擔心隔壁的中國領導人退位。國家主席習近平取消了自己的任期限制，得以無限期保有統治權。儘管如此，這對金正恩來說其實幫助不大。習近平顯然不怎麼欣賞這位「小鄰居同志」，唯有需要在外交解凍過程中刷存在感時，才會表現得比較熱絡。對他來說，要像從前那樣冷落金正恩是輕而易舉。

金正恩乘著火車離開河內市，伴著車輪轆轆穿越中國回到平壤時，心裡也明白擺脫制裁的機會倏忽即逝。的確，中國與俄國已經放鬆邊境管制，給了他一點喘息空間，同時也敦促聯合國解除對北韓的制裁，說沒必要繼續為了核試驗懲罰他。然而，金正恩要的不光是如此。他希望制裁解除不僅限於實際面，還要成為國際間原則上的共識。

因此，他依舊敞開大門，期待更多對話。第二次峰會失敗後，朝鮮中央通訊社報導：「金正恩感謝川普遠道而來，積極努力舉辦成功的會議與對談。他也對川普道聲再會，許諾舉行下一場峰會。」

金正恩為朝美協商的前景下了最好的總結。在河內，經過牛排晚宴桌上的對話後，雙方才發現隔天的談判將困難重重。就在主要會談開始前，「偉大的接班人」描述了他觀察到的關係發展趨勢。

一位美國記者問金正恩作何感想時，他答道：「現在言之過早，可是我並不悲觀。」金正恩居然回答媒體提問，這種情形委實聞所未聞，也是他有意打破慣例的另一個跡象。

金正恩環顧四週，微微一笑，川普就在他身邊。他接著說：「不過，我有預感未來會有好結果。」

謝辭

書寫北韓是一項大工程，過程相當美妙，充滿挑戰，有時叫人抓狂，卻又樂趣無窮，而我們總有解不開的問題，這項工程也因此永無止境。我很感謝各方人士不吝分享見解，幫我寫好這個世上最神祕莫測的國度，同時感謝各位親友，在我著手撰寫本書時惠予鼓勵。

我也要向各位脫北者獻上最大的謝意，他們無法獲得任何回報，卻願意把自己的故事告訴我。這麼做其實可能危及自身安全，還可能連累故鄉的親人身陷險境，但數十位勇敢的脫北者依然花上好幾小時，對我傾訴備嘗艱辛的遭遇，並耐心回應我沒完沒了的問題，好讓我盡可能如實呈現金正恩治下的北韓風貌。在這裡，我一樣要維持各位的匿名身分，但我要向你們每一個人說聲「謝謝」。你們的故事意義重大，我很榮幸能為你們訴說這一切。

我為了順利訪問脫北者，承蒙各路人馬鼎力相助。他們畢生致力於協助脫北人士，而我多虧有他們穿針引線，才能寫出當今北韓內部的真實生活。萬分感謝「解放北韓」（No Chain for North Korea）的鄭光日（Jung Gwang-il）、Woorion 的朴大泫（Park Dae-hyeon）及他的團隊、「團結行動提升北韓人權」（Now Action and Unity for North Korean Human Rights）的池成鎬（Ji

Seong-ho），以及「北韓人權資料庫」（North Korea Database for Human Rights）的金仁成（Kim In-sung）。

我也要感謝令人激賞的尹麗娜（Lina Yoon），陪我費了大把小時的工夫探討北韓女性面臨的困境。我也深深感激「自由北韓」（Liberty in North Korea）的朴錫吉（Sokeel Park），不但熱誠協助北韓人，也對當今北韓生活洞察敏銳。

數年來，還有很多專家撥出寶貴的時間，熱心分享他們觀察北韓的心得。因此，我要感謝白枝恩（Jieun Baek）、喬·白穆德斯（Joe Bermudez）、比爾·布朗（Bill Brown）、鮑伯·卡林（Bob Carlin）、亞當·凱斯卡特（Adam Cathcart）、車維德、鄭相昌、崔真旭（Choi Jinwook）、崔剛（Choi Kang）、趙奉賢（Cho Bong-hyun）、趙太庸（Cho Tae-yong）、趙潤濟（Cho Yoon-jae）、千英宇（Chun Yung-woo）、柯羅夫（Ralph Cossa）、魯樂漢、肯尼斯·戴克雷瓦（Kenneth Dekleva）、克里斯托弗·葛林（Christopher Green）、湯瑪斯·菲斯勒（Thomas Fisler）、戈登·弗雷克（Gordon Flake）、呂第格·法蘭克（Rüdiger Frank）、塔蒂安娜·迦帛森寇（Tatiana Gabroussenko）、肯·高斯（Ken Gause）、葛來儀（Bonnie Glaser）、五味洋治、史楝芬·海格爾（Stephan Haggard）、咸在鳳（Hahm Chai-bong）、梅麗莎·漢納姆（Melissa Hanham）、彼特·海斯（Peter Hayes）、席斐·赫克爾、奧布里·伊梅曼（Aubrey Immelman）、石丸次

郎（Jiro Ishimaru）、季浩豐（Frank Jannuzi）、康燦雄（David Kang）、金炳連（Kim Byung-yeon）、金大衛（David Kim）、金杜妍（Duyeon Kim）、金麥克（Michael Kim）、金錫光（Kim Seokhyang）、金承敏（Kim Seung-min）、孔珊（Stephanie Kleine-Ahlbrandt）、布魯思・克林諾（Bruce Klingner）、李學俊（Lee Hark Joon）、李晛瑞（Hyeon-seo Lee）、史帝芬・列維茨基（Steven Levitsky）、傑福瑞・路易斯（Jeffrey Lewis）、李模楷（Mark Lippert）、基史・魯斯（Keith Luse）、邁可・麥登、艾歷山大・曼斯洛夫（Alexandre Mansourov）、派崔克・易切恩（Patrick McEachern）、克蒂斯・麥爾文、亞拉斯泰・摩根（Alastair Morgan）、托尼・南孔（Tony Namkung）、馬可思・諾蘭德、查特・歐卡羅（Chad O' Carroll）、白鶴淳（Paik Hak-soon）、朴約翰（John Park）、朴基（Kee Park）、丹・品克斯頓（Dan Pinkston）、羅鍾一（Ra Jong-yil）、李維亞、庫利斯多夫・李察遜（Christopher Richardson）、葛雷格・史卡拉托（Greg Scarlatoiu）、施國興（Geoffrey See）、席德・塞勒（Syd Seiler）、申景旭（Gi-wook Shin）、班傑明・卡澤夫・希伯斯頓（Benjamin Katzeff Silberstein）、雪菈・史密斯（Sheila Smith）、丹・施奈德（Dan Sneider）、史考特・史奈德（Scott Snyder）、宋漢娜（Hannah Song）、凱希・史棣芬斯（Kathy Stephens）、托凱・史登羅夫（Torkel Stiernlöf）、大衛・史兆柏（David Straub）、金秀美（Sue Mi Terry）、太永浩、麥可・瓦提裘提斯（Michael Vatikiotis）、王宣澤（Wang

Son-taek）、奎森·沃克（Grayson Walker）、尹汝尚。

此外，還有很多人跟我分享自己的看法，但他們以後還會繼續去北韓，所以要求我別提到他們的名字。這些人心裡有數，我對他們同樣滿懷感激。

另一方面，我要特別感謝安德烈·蘭科夫。打從二〇〇四年我第一次到首爾，他就帶給我源源不絕的淵博知識與精闢見解。

在瑞士，泰特斯·普拉特納（Titus Plattner）在我寫書時分享許多自己的報導，克莉斯蒂娜·史塔奇（Christina Stucky）臨時陪我前往克尼茨市政辦公室，還協助我了解瑞士的保密作風。再者，我要向伊默金·歐尼爾致上最深沉的謝意。歐尼爾好心分享她對北韓金家的見解，還大方允許我引用她尚未出版的著作。

二〇一四年，我有幸成為《華盛頓郵報》記者。我一加入這家報社就有了歸屬感，編輯准許我為報導北韓投注大量時間與資源，在我懷著成果未卜的心態前往各地採訪時，依然信任我的直覺。我在《華盛頓郵報》待了四年，寫過不少日本與兩韓的報導，後來也成為本書的一部分內容。

有威爾·英格倫（Will Englund）當我的編輯，真的非常幸運。他總能把我的報導改得更精彩，在我發現自己陷入麻煩，不知如何是好時，也給了我不少寶貴的建議。艾蜜莉·勞哈拉（Emily Rauhala）不斷為我打氣加油，也是讓我試水溫的好幫手。感謝施家曦（Gerry Shih）在最後幾週替我代班。另外，我也要謝謝道格・吉爾（Doug Jehl）與崔西・葛蘭特（Tracy Grant），不但支持我完成這項寫作企畫，還不吝惠予我充裕時間來完成。

在首爾，以及在中國與泰國採訪的艱險旅途中，我有幸能和徐尹貞（Yoonjung Seo）合作。她是優秀得沒話說的工作同事兼報導夥伴，多次為我安排脫北者的採訪行程。她的態度溫和，能事先放鬆脫北者的心情，方便我到場後開始提問。

我撰寫本書時，在研究與翻譯上都受惠於不少寶貴協助，為此我要感謝金敏珠（Min Joo Kim）、金妍姬（Yeonji Ghim）、金玟貞（Min Jung Kim）、織田有紀（Yuki Oda）。敏珠更在最後關頭陪我搞定翻譯與其他問題。

我的韓文老師李恩慶（Lee Un-kyung）長期以莫大的耐心包容我，允許我改變上課內容，從學習文法轉向理解北韓專業術語。

原稿一寫好，有些人就試讀了部分內容並給予有用的回饋，為此我要誠摯感謝派崔克・易切恩、泰特斯・普拉特納、伊默金・歐尼爾、強納森・波拉克（Jonathan Pollack）、席雅・柯頓（Shea Cotton）。托比・曼海爾（Toby Manhire）身為編輯，眼光敏銳，瀏覽幾近完成的書稿後給我建議，提升本書品質功不可沒。

菲歐德・特提斯基（Fyodor Tertiskiy）表現出色，精讀書稿後帶給我許多有用的建議與更正。

倘若書中還有任何錯誤，一定是我自己疏忽了。

經紀人弗利．柏菲（Flip Brophy）打從一開始就對這項企畫有信心，還替我找到任職於PublicAffairs的優秀編輯克萊夫．普利鐸（Clive Priddle），而我和普利鐸合作起來也十分愉快。

我在職涯中有幸在恰到好處的時間點，找到激勵人心的導師：安．瑪莉．禮賓斯基（Ann Marie Lipinski）引領我進入哈佛大學（Harvard University）尼曼新聞基金會（Nieman Foundation for Journalism），又將躍躍欲試的我送回社會一展長才。戴維．羅斯可夫（David Rothkopf）說服我相信自己具備見解與經驗，應該好好寫本書。李正民（Chung Min Lee）則在我懷疑自己的能力時鼓舞了我。

另外要感謝莎拉．波克（Sarah Birke）、艾瑪．錢勒特-埃弗利（Emma Chantlett-Avery）、丹尼埃勒．德米特奧（Danielle Demetriou）、艾麗絲．胡（Elise Hu）、珍妮佛．林德（Jennifer Lind）和元子．瑞奇（Motoko Rich），我從和他們一起研究日本與兩韓的過程中獲益良多，同時也很享受彼此的友誼。我在東京花了很多時間與珊卓拉．法伊（Sandra Fahy）比肩寫作，她在北韓人權方面的學術研究無人能出其右。在北京，龍凱希（Kathy Long）和伊芳．穆雷（Yvonne Murray）持續鼓勵我完成本書最後一部分。

在東京，我有幸能結交一些朋友，不但鼓勵我、逗樂我，還在北韓飛彈試射與核試驗期間幫我帶小孩。感謝杉山有子．威爾森（Tomoko Sugiyama Wilson）與湯姆．威爾森（Tom Wilson）、別府理佳子（Rika Beppu）與沖浦泰斗（Taito Okiura）、莎拉．波克與藍斐歷（Philip Blue）、亞當．戴（Adam Day）與溫蒂．麥柯林契（Wendy MacClinchy）。

我也要感謝在遠方一路相挺的朋友：愛米麗．安德敦（Emily Anderton）、納塔利婭．安特拉娃（Natalia Antelava）、蘇西．班尼卡琳（Susie Banikarim）、崔誠娥（Soung-ah Choi）、愛瑪．賈博（Emma Jacobs）、露西．柯貝爾（Lucy Kebbell）、史黛芬妮．契許蓋絲娜（Stephanie Kirchgaessner）、芙拉維亞．克勞斯傑克遜（Flavia Krause-Jackson）、瑪姬．金姆（Maggie Kymn）、托比．曼海爾、蕾歐尼．馬林諾維奇（Leonie Marinovich）、安德魯．諾斯（Andrew North）。

第一次到南韓擔任駐外記者期間，我很幸運和傑出記者芭芭拉．德米克成為朋友。她後來撰寫的《我們最幸福》，為其他有志探討北韓的書籍樹立了典範。親愛的芭芭拉，妳一直是慷慨的朋友兼導師，我從妳身上學到很多。

感謝我的父親布萊恩（Brian），把我生得愛閱讀、愛旅行，又愛探索其他文化。我成為海外特派記者後，跟他說我要動身前往巴格達或德黑蘭，他一聽只是微微打了個哆嗦。老爸，謝謝你始終信任我。珍妮（Janine），也謝謝妳堅定支持著我。

我接獲工作邀約，準備赴日擔任《華盛頓郵報》特派記者時，我的母親克莉絲汀（Christine）離開舒適的生活，從紐西蘭千里迢迢遷居日本，為了我第一次住到國外來。在東京那四年裡，多虧她對我的兒子呵護備至，我才得以頻繁出差旅行，沒日沒夜寫作。老媽，要不是有妳，我大概寫不出這本書。

我最感謝的人就是我的兒子裘德（Jude），在我出遠門蒐集更多資訊來拼湊真相時，要忍受我不在身邊；在我難得現身時，又要忍受我心不在焉。但願北韓的孩子不久就能自由發表意見，探索更加寬廣的世界，並像你一樣盡情看網飛（Netflix）。

安娜·費菲爾德
二〇一九年三月
寫於北京

注釋

第一章・・開端

1 *Korean Pictorial*, January 1986 issue.

2 Lee U Hong, *Angu na kyowakoku: Kita Chosen kogyo no kikai* (Tokyo: Aki shobo, 1990), 20.

3 關於種子及農法的描述來自李佑泓，32, 118, 168.

4 Yi Han-yong, Taedong River Royal Family: My 14 Years Incognito in Seoul(Seoul: Dong-a Ilbo, 1996).

5 Ju-min Park and James Pearson, "In Kim Jong Un's Summer Retreat, Fun Meets Guns," Reuters, October 10, 2017.

6 Kim Il Sung, *With the Century*, vol. 2 (Pyongyang: Foreign Languages Publishing House, 1992), 54.

7 關於史達林對於金日成與曹晚植的計畫，以及金日成設宴討好蘇聯人的情形，詳參 Blaine Harden, *The Great Leader and the Fighter Pilot* (New York: Penguin Books, 2015), 64–66.

8 關於金日成重返北韓一事及蘇聯人對他的看法，詳參 Bradley K. Martin, *Under the Loving Care of the Fatherly Leader: North Korea and the Kim Dynasty* (New York: Griffin, 2006), 46–52.

9 關於金日成在這場集會上獲得的反響，詳參 Harden, 67.

10 Martin, Under the Loving Care, 52–53; Andrei Lankov, *The Real North Korea: Life and Politics in the Failed Stalinist Utopia*(Oxford: Oxford University Press, 2014), 6.

11 Baik Bong, *Kim Il Sung*, vol. 2 (Tokyo: Miraisha Publishing, 1970), 55–56.

12 Martin, *Under the Loving Care*, 67.

13 Bruce Cumings, *The Korean War: A History* (New York: Modern Library Edition, 2010), 152.

14 Blaine Harden, "The US War Crime North Korea Won't Forget," Washington Post, March 24, 2015.

15 Strategic Air Warfare: An Interview with Generals Curtis E. LeMay, Leon W. Johnson, David A. Burchinal, and Jack J. Catton, edited and with an introduction by Richard H. Kohn and Joseph P. Harahan (Office of Air Force History, US Air Force, 1988), 88.

16 "Record of a Conversation with Illarion Dmitriyevich Pak, Chairman of the Jagang Provincial People's Committee," April 13, 1955, History and Public Policy Program Digital Archive, RGANI fond 5, opis 28, delo 314. Translated for NKIDP by Gary Goldberg. https://digitalarchive . wilsoncenter.org/document/116308.

17 Suh Dae-sook, *Kim Il Sung: The North Korean Leader* (New York: Columbia University Press, 1988), 302.

18 Don Oberdorfer, *The Two Koreas: A Contemporary History*(New York: Little, Brown and Company, 1998), 347.

19 "GDR Ambassador Pyongyang to Ministry for Foreign Affairs, Berlin," April 14, 1975, History and Public Policy Program Digital Archive, Political Archive of the Foreign Office, Ministry of Foreign Affairs (PA AA, MfAA), C 6862.

20 Kim Hakjoon, *Dynasty: The Hereditary Succession Politics of North Korea* (Stanford, CA: Shorenstein Asia-Pacific Research Center, 2017), 87.

21 Kim Jong Il, *Brief History* (Pyongyang: Foreign Languages Publishing House, 1998).

22 Oberdorfer, The Two Koreas, 341.

23 David Sanger, "Kim Il Sung Dead at 82," *New York Times*, July 9, 1994.

24 Anna Fifield, "Selling to Survive," *Financial Times*, November 20, 2007.

25 Kim Hakjoon, *Dynasty*, 131.

26 金正男的表姐李南玉（Ri Nam Ok）認為，高容姬是此事的幕後推手。From Imogen O'Neil's unpublished book, *The Golden Cage: Life with Kim Jong Il, a Daughter's Story*.

27 O'Neil, *The Golden Cage*.

28 Kenji Fujimoto, *I Was Kim Jong-il's Cook* (Tokyo: Fusosha Publishing, 2003).

29 Kenji Fujimoto, *I Was Kim Jong-il's Cook* (Tokyo: Fusosha Publishing, 2003).

第二章・・與帝國主義者共同生活

1 *Immortal Anti-Japanese Revolutionary, Teacher Kim Hyong Jik* (Pyongyang: Publishing House of the Workers' Party of Korea, 1968), 93–94.

2 Yi Han-yong, *Taedong River Royal Family: My 14 Years Incognito in Seoul* (Seoul: Dong-a Ilbo, 1996).

3 David Halberstam. *The Coldest Winter: America and the Korean War* (New York: Hachette Books, 2007), 80.

4 Robert S. Boynton, *The Invitation-Only Zone: The True Story of North Korea's Abduction Project* (New York: Farrar, Straus and Giroux, 2016), 33.

5 Yoji Gomi, *Three Generations of Women in North Korea's Kim Dynasty* (Tokyo: Bunshun Shinso, 2016).

6 Ko Yong-gi, "A Curious Blood Line Connecting Kim Jong Un and Osaka," *Daily North Korea*, December 14, 2015.

7 Sin Yong Hui's memoir, cited in the South Korean media, including by investigative journalist Cho Gab-je in a post on chogabje.com on June 26, 2012.

8 Anecdotes of Kim Jong Un's Life (Pyongyang: Foreign Languages Publishing House, 2017), 49.

9 關於這些宅邸與相關布置的資訊，詳參 Imogen O'Neil's unpublished book*The Golden Cage: Life with Kim Jong Il, a Daughter's Story*.

第三章・・隱姓埋名的瑞士生活

1 湯瑪斯・巴赫（Thomas Bach）為國際奧委會主席，本文取材自他在一場作者訪談會上的發言內容。

2 Guy Faulconbridge, "North Korean Leaders Used Brazilian Passports to Apply for Western Visas," Reuters, February 28, 2018.

3 Evan Thomas, "North Korea's First Family," *Newsweek*, July 17, 2009.

4 Andrew Higgins, "Who Will Succeed Kim Jong Il?" *Washington Post*, July 16, 2009.

5 Mira Mayrhofer and Gunther Müller, "Nordkorea: Kim Jong-un Wird auf die Machtübernahme Vorbereitet," *Profil* (Austria), September 21, 2010.

6 根據瑞士記者博納・歐德拿（Bernhard Odehnal）未發表的採訪稿。

7 "Kim Jung-un mochte Nike Air-Turnschuhe, aber keine Mädchen," Berner Zeitung, October 6, 2010.

8 Higgins, "Who Will Succeed."

9 Interview with Odehnal.

10 路斯托描述金正恩高中時代打籃球的情形，出自 Titus Plattner, Daniel Glaus, and Julian Schmidli, *In Buglen und Kochen eine 4*, SonntagsZeitung, April 1, 2012.

11 "Revealed: Kim Jong-un the Schoolboy," Al Jazeera English, November 7, 2010.

12 Atika Shubert, "Swiss Man Remembers School with Son of North Korean Leader," CNN, Sept. 29, 2010.

13 Higgins, "Who Will Succeed."

14 Colin Freeman and Philip Sherwell, "North Korea Leadership: 'My Happy Days at School with North Korea's Future Leader,'" *Daily Telegraph*, September 26, 2010.

15 "Kim Jong-Un Mochte Nike Air-Turnschuhe, Aber Keine Mädchen," Berner Zeitung, October 6, 2010.

16 Interview with Odehnal.

第四章・・獨裁統治時期・・主體一〇一年

1 關於當時電視及電臺播放的歌曲，以及南韓媒體的臆測說法，詳參 Kim Hakjoon, Dynasty: The Hereditary Succession Politics of North Korea (Stanford, CA: Shorenstein Asia-Pacific Research Center, 2017), 156–158.

2 Anecdotes of Kim Jong Un’s Life (Pyongyang: Foreign Languages Publishing House, 2017), 4.

3 “Kim Jong Il’s Doctor Opens Up on ’08 Stroke,” Associated Press, December 19, 2011.

4 Jamy Keaten and Catherine Gaschka, “French Doctor Confirms Kim Had Stroke in 2008,” Associated Press, December 19, 2011.

5 Lee Yung-jong, Successor Kim Jong Un (Seoul: NP Plus, 2010).

6 Thae Yong-ho, Password from the Third-Floor Secretariat (Seoul: Giparang, 2018), 280.

7 語出南韓世宗研究所（Sejong Institute）資深研究員鄭相昌（Cheong Seong-chang）。

8 “‘Mother of Military-first Chosun’ Made Public,” *Daily NK*, July 12, 2012.

9 Cho Jong Ik, “‘Great Mother’ Revealed to the World,” Daily NK, June 30, 2012.

10 Christopher Richardson, “North Korea’s Kim Dynasty: The Making of a Personality Cult,” Guardian, February 16, 2015.

11 Barbara Demick, “Nothing Left,” *New Yorker*, July 12, 2010.

12 Demick, “Nothing Left.”

13 Stephan Haggard and Marcus Noland, *Witness to Transformation: Refugee Insights into North Korea*(Washington, DC: Peterson Institute for International Economics, 2010).

14 “N. Korean Technocrat Executed for Bungled Currency Reform,” Yonhap News Agency, March 18, 2010.

15 Kim Hakjoon, *Dynasty*, 176.

16 “Kim Jong Il Issues Order on Promoting Military Ranks,” Korean Central News Agency, September 27, 2010.

第五章・・第三代金氏領袖

1 Ken Gause, “North Korean Leadership Dynamics and Decision-Making under Kim Jong-un: A Second-Year Assessment,” CNA, March 2014, 2.

2 Gause, “North Korean Leadership Dynamics,” 110.

3 Gause, “North Korean Leadership Dynamics,” 3.

第六章・・再也不用勒緊褲帶生活

1 Stephan Haggard and Marcus Noland, *Famine in North Korea: Markets, Aid, and Reform* (New York: Columbia University Press, 2009), 187.

2 數據資料由約翰霍普金斯大學（Johns Hopkins University）美韓研究所（US-Korea Institute）研究員克蒂斯．麥爾文（Curtis Melvin）提供。

3 Benjamin Katzeff Silberstein, *Growth and Geography of Markets in North Korea: New Evidence from Satellite Imagery* (US-Korea Institute at the Johns Hopkins School of Advanced International Studies, October 2015), 29–36.

4 Kang Mi-jin, "Stall Transfers Yield Big Profits at the Market," *Daily NK*, May 14, 2015.

5 Cha Moon-seok, *Information about North Korea' s Market: Focusing on Current Status of Its Official Market* (Seoul: Korean Institute for National Unification, 2016).

6 Kim Byung-ro, "North Korea' s Marketization and Changes in the Class Structure," from*The Economy and Society in the Kim Jong-Un Era: New Relationship between the State and Market*, edited by Yang Moon-soo (Paju: Haneul Academy, 2014).

7 Yonho Kim, North Korea's Mobile Telecommunications and Private Transport Services in Kim Jong Un Era (US-Korea Institute at SAIS, 2018).

8 Yonho Kim, *North Korea' s Mobile Telecommunications*.

第七章‧‧與其受人愛戴，不如受人畏懼

1 "N. Korea Requires Students to Take 81-hour Course on Kim Jong-un," KBS, November 25, 2014.

2 Helen-Louise Hunter, "The Society and Its Environment," in*North Korea: A Country Study*, edited by Robert L. Worden, 79–86 (Federal Research Office, Library of Congress, 2008), 85–86.

3 James Pearson, "The $50 Device That Symbolizes a Shift in North Korea," Reuters, March 26, 2015.

4 Greg Scarlatoiu, preface to*Coercion, Control, Surveillance, and Punishment: An Examination of the North Korean Police State*(Washington: Committee for Human Rights in North Korea, 2012), 5.

5 Hunter, "The Society and Its Environment," 79–80.

6 Andrei Lankov, "The Evolution of North Korea's 'Inminban,'" NK News, April 28, 2015.

7 Andrei Lankov, "Daily Life in North Korea," Al Jazeera, May 21, 2014.

8 Kang Dong-wan, Hallyu Phenomenon in North Korea: Meaning and Impact(Institute for Unification Education of South Korea), 73–74.

9 David Hawk, *Parallel Gulag* (Washington: Committee for Human Rights in North Korea, 2017), 21.

10 David Hawk, *The Hidden Gulag: The Lives and Voices of "Those Who Are Sent to the Mountains"* (Washington: Committee for Human Rights in North Korea, 2012), 4.

11 Hawk, *Parallel Gulag*, 11.

12 All descriptions of torture are from the Commission of Inquiry on Human Rights in the Democratic People's Republic of Korea Report of Detailed Findings, 2014, 235.

13 Commission of Inquiry report, 2014, 124.

14 Hawk, *Parallel Gulag*, 31.

15 Anna Fifield, "North Korea' s Prisons Are as Bad as Nazi Camps, Says Judge Who Survived Auschwitz," *Washington Post*, December 11, 2017.

第八章・・姑丈，永別了

1 Milan W. Svolik, *The Politics of Authoritarian Rule* (UK: Cambridge Studies in Comparative Politics, 2012), 5.

2 Ju-min Park and James Pearson, "North Korea Executes Defence Chief with an Anti-Aircraft Gun: South Korea Agency," Reuters, May 13, 2015.

3 Ra Jong-yil, *Jang Song Thaek' s Path: A Rebellious Outsider* (Seoul: ALMA, 2016).

4 Ra, *Jang Song Thaek' s Path*, 145.

5 Ra, *Jang Song Thaek' s Path*, 167.

6 "Kim' s Niece Kills Herself in Paris," *JoongAng Daily*, September 18, 2006.

7 Andray Abrahamian, *The ABCs of North Korea' s SEZs* (US-Korea Institute at SAIS, 2014).

8 Ra, Jang Song Thaek' s Path, 254.

9 Thae Yong-ho, *Password from the Third-Floor Secretariat*(Seoul: Giparang, 2018), 328.

10 Alexandre Mansourov, "North Korea: The Dramatic Fall of Jang Song Thaek," *38 North*, December 9, 2013.

11 Mansourov, "North Korea."

12 "Traitor Jang Song Thaek Executed," Korean Central News Agency, December 13, 2013.

第九章・・平哈頓菁英生活

1 Park In Ho, *The Creation of the North Korean Market System* (Seoul: Daily NK, 2017).

2 "The Complex Ties Interlinking Cadres and the Donju," *Daily NK*, July 8, 2016.

3 Jonathan Corrado, "Will Marketization Bring Down the North Korean Regime?" *The Diplomat*, April 18, 2017.

第十章・・千禧世代與現代性

1 "Rungna People's Pleasure Ground Opens in Presence of Marshal Kim Jong Un," Korean Central News Agency, July 25, 2012.

2 Thae Yong-ho, *Password from the Third-Floor Secretariat* (Seoul: Giparang, 2018), 307.

3 Yoji Gomi, *Three Generations of Women in North Korea's Kim Dynasty* (Tokyo: Bunshun Shinso, 2016).

4 Anna Fifield, "What Did the Korean Leaders Talk About on Those Park Benches? Trump, Mainly," *Washington Post*, May 2, 2018.

第十一章··與「豺狼」合作

1 Dennis Rodman, speaking at the Modern War Institute in West Point, New York, March 3, 2017.

2 Shane Smith in*VICE on HBO Season One: The Hermit Kingdom* (Episode 10), February 23, 2014.

3 Dennis Rodman to Megyn Kelly on NBC, June 19, 2018.

4 Jason Mojica, "In Dealing with North Korea, Fake It 'til You Make It," *Medium*, February 26, 2018.

5 Dennis Rodman in*Dennis Rodman's Big Bang in Pyongyang* (2015).

6 Vice News film.

7 Vice News film.

8 Darren Prince in*Dennis Rodman's Big Bang in Pyongyang*.

9 Dennis Rodman in*Dennis Rodman's Big Bang in Pyongyang*.

第十二章··派對時間

1 Timothy W. Martin, "How North Korea's Hackers Became Dangerously Good," *Wall Street Journal*, April 19, 2018.

2 Curtis M. Scaparrotti to House Committee on Armed Services, April 2, 2014.

3 Ellen Nakashima and Devlin Barrett, "U.S. Charges North Korean Operative in Conspiracy to Hack Sony Pictures, Banks,"

Washington Post, September 6, 2018.

4 Patrick Winn, "How North Korean Hackers Became the World's Greatest Bank Robbers," *Global Post Investigations*, May 16, 2018.

5 Martin, "How North Korea's Hackers Became Dangerously Good."

6 Ju-min Park, James Pearson, and Timothy Martin, "In North Korea, Hackers Are a Handpicked, Pampered Elite," Reuters, December 5, 2014.

7 Sam Kim, "Inside North Korea's Hacker Army," *Bloomberg Businessweek*, February 7, 2018.

8 Joshua Hunt, "Holiday at the Dictator's Guesthouse," *The Atavist Magazine*, no. 54, November 2015.

第十三章‧‧不受歡迎的哥哥

1 Bruce Bueno de Mesquita and Alastair Smith, *The Dictator's Handbook: Why Bad Behavior Is Almost Always Good Politics*(New York: PublicAffairs, 2011), 30.

2 "Jong-nam Kept Antidote to Poison in Sling Bag, Court Told," Bernama News Agency (Malaysia), November 29, 2017.

3 根據伊默金‧歐尼爾撰寫的李南玉口述回憶錄。

4 Song Hye Rang, *Wisteria House: The Autobiography of Song Hye-rang* (Seoul: Chisiknara, 2000).

5 Song Hye Rang, *Wisteria House*.

6 根據伊默金．歐尼爾撰寫的李南玉口述回憶錄。

7 Yi Han-yong, *Taedong River Royal Family: My 14 Years Incognito in Seoul*(Seoul: Donga Ilbo, 1996).

8 根據伊默金．歐尼爾撰寫的李南玉口述回憶錄。

9 Yi Han-yong, *Taedong River Royal Family*.

10 根據伊默金．歐尼爾撰寫的李南玉口述回憶錄。

11 Ju-min Park and A. Ananthalakshmi, "Malaysia Detains Woman, Seeks Others in Connection with North Korean's Death," Reuters, February 15, 2017.

12 根據熟知北韓情報活動的人受訪時所提供的資訊，但受訪者要求匿名。

13 根據馬克的說法。

14 Kim Jong Nam to Japan's TV Asahi, interview aired October 12, 2010.

15 "Kim Jong-il's Grandson Feels Sorry for Starving Compatriots," *Chosun Ilbo*, October 4, 2011.

16 Alastair Gale, "Kim Jong Un's Nephew Was in Danger After Father's Killing, North Korean Group Says," *Wall Street Journal*, October 1, 2017.

17 "Kim Jong-un's Brother Visits London to Watch Eric Clapton," BBC News, May 22, 2015.

第十四章‧‧北韓的寶劍

1 Anna Fifield, "After Six Tests, the Mountain Hosting North Korea's Nuclear Blasts May Be Exhausted," *Washington Post*, October 20, 2017.

2 Kim Jong Un to central committee meeting of the Workers' Party, as reported by KCNA, April 21, 2018.

3 Translation from Christopher Green, *Daily NK*.

4 Joseph S. Bermudez, *North Korea's Development of a Nuclear Weapons Strategy* (The US-Korea Institute at SAIS, 2015), 8.

5 James Person and Atsuhito Isozaki, "Want to Be a Successful Dictator? Copy North Korea," *The National Interest*, March 9, 2017.

6 Alexandre Y. Mansourov, "The Origins, Evolution, and Current Politics of the North Korean Nuclear Program," *The Nonproliferation Review* 2, no. 3 (Spring–Summer 1995): 25–38.

7 Mansourov, "The Origins, Evolution, and Current Politics."

8 Jonathan D. Pollack, *No Exit: North Korea, Nuclear Weapons and International Security* (The International Institute for Strategic Studies, 2014), chapter 3.

9 Scott Douglas Sagan and Jeremi Suri, "The Madman Nuclear Alert: Secrecy, Signaling, and Safety in October 1969," *International Security* 27, no. 4 (2003): 150–183.

10 H. R. Haldeman with Joseph DiMona, *The Ends of Power* (New York: Times Books, 1978), 83.

11 Mercy A. Kuo, "Kim Jong-un's Political Psychology Profile: Insights from Ken Dekleva," *The Diplomat*, October 17, 2017.

12 H. R. McMaster in interview on MSNBC, August 5, 2017.

第十五章‧‧魅力攻勢

1 根據伊默金‧歐尼爾《黃金打造的牢籠》一書內容。
2 根據壽司師傅藤本健二與康斯坦汀‧普里克夫斯基（Konstantin Pulikovsky）的說法。普里克夫斯基為俄國駐遠東大使，在金正日時期經常前往北韓。
3 根據「北韓領袖觀察站」（North Korea Leadership Watch）分析家邁可‧麥登（Michael Madden）的說法。
4 根據作者對南韓首爾高麗大學（Korea University）金氏家族專家林載淳（Lim Jae-cheon）的訪談內容。
5 Anna Fifield, "What Did the Korean Leaders Talk About on Those Park Benches? Trump, Mainly," *Washington Post*, May 2, 2018.
6 Anna Fifield, "Did You Hear the One about the North Korean Leader, the $100 Bill and the Trump Card?" *Washington Post*, April 30, 2018.

第十六章‧‧與「豺狼」談判

1 Eric Talmadge, "Economist: N. Korea Eying Swiss, Singaporean-Style Success," Associated Press, October 29, 2018.
2 Lee Seok Young, "Successor Looks Set for Own Escort," Daily NK, August 26, 2011, citing Lee Yeong Guk, author of the

book*I Was Kim Jong Il' s Bodyguard*.

3 根據藤本健二的說法。

4 John Bolton, "The Legal Case for Striking North Korea First," *Wall Street Journal*, February 28, 2018.

5 Andrew Kim, "North Korea Denuclearization and U.S.-DPRK Diplomacy," speech given at Stanford University on February 25, 2019.

6 Andrew Kim, "North Korea Denuclearization."

7 First reported by Alex Ward, "Exclusive: Trump Promised Kim Jong Un He' d Sign an Agreement to End the Korean War," Vox, August 29, 2018. Confirmed through my own reporting.

8 Freddy Gray, "Donald Trump' s Real-Estate Politik Is Working," *The Spectator*, June 12, 2018.

9 根據作者訪談內容，但受訪者要求匿名。

10 Karen DeYoung, Greg Jaffe, John Hudson, and Josh Dawsey, "John Bolton Puts His Singular Stamp on Trump' s National Security Council," *Washington Post*, March 4, 2019.

視野 85

偉大的接班人

從造神運動、籠絡權貴到高壓統治，揭密金正恩的權力遊戲

The Great Successor: The Divinely Perfect Destiny of Brilliant Comrade Kim Jong Un

作　　者：安娜．費菲爾德（Anna Fifield）
譯　　者：葉織茵
資深編輯：劉瑋
校　　對：劉瑋、林佳慧
封面設計：許晉維
美術設計：YuJu
寶鼎行銷顧問：劉邦寧

發 行 人：洪祺祥
副總經理：洪偉傑
副總編輯：林佳慧
法律顧問：建大法律事務所
財務顧問：高威會計師事務所
出　　版：日月文化出版股份有限公司
製　　作：寶鼎出版
地　　址：台北市信義路三段 151 號 8 樓
電　　話：(02)2708-5509／傳　真：(02)2708-6157
客服信箱：service@heliopolis.com.tw
網　　址：www.heliopolis.com.tw
郵撥帳號：19716071 日月文化出版股份有限公司

總 經 銷：聯合發行股份有限公司
電　　話：(02)2917-8022／傳　真：(02)2915-7212
製版印刷：中原造像股份有限公司
初　　版：2019 年 12 月
定　　價：480 元
ISBN：978-986-248-847-8

國家圖書館出版品預行編目資料

偉大的接班人：從造神運動、籠絡權貴到高壓統治，揭密金正恩的權力遊戲／安娜．費菲爾德（Anna Fifield）著；葉織茵譯 . -- 初版 . -- 臺北市：日月文化，2019.12
464 面；14.7×21 公分 . -(視野；85)
譯自：The Great Successor: The Divinely Perfect Destiny of Brilliant Comrade Kim Jong Un
ISBN：978-986-248-847-8（平裝）

1. 金正恩 2. 傳記 3. 北韓
783.288　　108017522

日月文化集團
HELIOPOLIS
CULTURE GROUP
客服專線 02-2708-5509
客服傳真 02-2708-6157
客服信箱 service@heliopolis.com.tw

廣告回函
台灣北區郵政管理局登記證
北台字第 000370 號
免貼郵票

日月文化集團 讀者服務部 收

10658 台北市信義路三段151號8樓

對折黏貼後，即可直接郵寄

日月文化網址：**www.heliopolis.com.tw**

最新消息、活動，請參考 FB 粉絲團

大量訂購，另有折扣優惠，請洽客服中心（詳見本頁上方所示連絡方式）。

大好書屋　寶鼎出版　山岳文化

EZ TALK　EZ Japan　EZ Korea

日月文化集團
HELIOPOLIS
CULTURE GROUP

感謝您購買　偉大的接班人：從造神運動、籠絡權貴到高壓統治，揭密金正恩的權力遊戲

為提供完整服務與快速資訊，請詳細填寫以下資料，傳真至02-2708-6157或免貼郵票寄回，我們將不定期提供您最新資訊及最新優惠。

1. 姓名：＿＿＿＿＿＿＿＿　性別：□男　□女
2. 生日：＿＿＿年＿＿＿月＿＿＿日　職業：
3. 電話：（請務必填寫一種聯絡方式）
   （日）＿＿＿＿＿＿（夜）＿＿＿＿＿＿（手機）＿＿＿＿＿＿
4. 地址：□□□＿＿＿＿＿＿＿＿
5. 電子信箱：＿＿＿＿＿＿＿＿
6. 您從何處購買此書？□＿＿＿＿縣/市＿＿＿＿書店/量販超商
   □＿＿＿＿網路書店　□書展　□郵購　□其他
7. 您何時購買此書？　年　月　日
8. 您購買此書的原因：（可複選）
   □對書的主題有興趣　□作者　□出版社　□工作所需　□生活所需
   □資訊豐富　□價格合理（若不合理，您覺得合理價格應為＿＿＿＿）
   □封面/版面編排　□其他＿＿＿＿＿＿＿＿
9. 您從何處得知這本書的消息：　□書店　□網路／電子報　□量販超商　□報紙
   □雜誌　□廣播　□電視　□他人推薦　□其他
10. 您對本書的評價：（1.非常滿意 2.滿意 3.普通 4.不滿意 5.非常不滿意）
    書名＿＿＿　內容＿＿＿　封面設計＿＿＿　版面編排＿＿＿　文/譯筆＿＿＿
11. 您通常以何種方式購書？□書店　□網路　□傳真訂購　□郵政劃撥　□其他
12. 您最喜歡在何處買書？
    □＿＿＿＿縣/市＿＿＿＿書店/量販超商　□網路書店
13. 您希望我們未來出版何種主題的書？＿＿＿＿＿＿＿＿
14. 您認為本書還須改進的地方？提供我們的建議？

視野 起於前瞻，成於繼往知來

Find directions with a broader VIEW

寶鼎出版